법인세법

이종태

교육과학사

이 책은 대학의 학부에서 한 학기 동안 법인세법을 강좌하기 위한 목적으로 집필되었다. 법인세법은 복잡한 규정과 함께 빈번한 개정으로 그 실체를 완전히 이해하는 데는 상당한 시간이 요구된다. 특히 세법의 체계에 따라 그 내용을 구성하다보면 전체를 파악하는 데는 상당한 어려움이 따르게 된다. 따라서 이 책은 다음의 두 가지 점에 초점을 맞추어 그 내용을 구성하였다.

첫째, 법인세법의 전체적인 체계에 따라 내용을 구성하되, 재무회계에서 전개되고 있는 내용과 비교하면서 그 체계를 구성하였다. 즉 익금항목과 손금항목은 재무회계에서의 수익・비용회계, 자산의 취득가액 결정과 자산・부채의 평가는 재무회계에서의 자산・부채회계와 비교하면서 법인세법의 내용을 정리하였다. 이렇게 정리하는 것은 상당한 무리가 있었고, 그 내용이 실제와는 다른 부분도 있었지만 법인세법의 전체적인 흐름을 파악하는 데는 도움이 되리라 확신한다.

둘째, 가능한 한 법인세법의 개정에 따른 교재의 수정을 최소화하고자 노력하였다. 따라서 법 조문의 명시는 생략하였고, 자주 개정되는 내용은 축소하려고 노력하였다. 그러나 조세특례제한법의 내용은 수시로 바뀌게 되므로 이 부분에서는 한계를 가지며, 개정이 될 때마다 교재를 수정할 수밖에 없을 것이다.

세무회계 중에서도 법인세법은 재무회계의 완전한 이해가 있어야만 수강이 가능할 것이다. 따라서 이 문제에 대해 가능한 한 관련 재무회계의 내용을 알기 쉽게 설명하고자 노력하였다. 또한 회계학은 실무와의 관련성을 중시하는 학문이므로 선배제현의 서적을 참고하여 가능한 한 많은 예제를 만들려고 노력하였다. 그러나 이 부분은 상당히 어려운 작업이고, 많은 부족함이 있을 줄 안다. 이는 앞으로 계속 추가 내지는 개선하고자 한다.

이 책의 출간에 앞서 많은 분들의 도움이 있었다. 30여년간 수업에 임한 제자들도 있었고, 여러 선후배 동료교수님들의 조언에도 감사드린다. 특히 시장성이 없고 어려운 개정 작업이 예상되는 이 책의 출판을 쾌히 허락해 준 교육과학사 관계자분들께도

감사의 말씀을 드린다.

앞으로 이 책의 내용에 대한 많은 叱正을 부탁드리며 끊임없는 노력으로 독자 여러분에 보답할 것을 다짐하는 바이다.

2019년 3월

저자 씀

차 례

제 1 장 총설

1-1 세무회계와 세무회계학

세무회계(tax accounting)는 과세의 기준이 되는 과세소득의 계산이나 과세가액의 평가를 목적으로 하는 회계이다. 즉 회계적 측정 방법에 의해 확정되는 과세표준의 산정 및 파악을 위하여 재무적 정보의 측정과 전달을 기능으로 하는 조세목적의 회계가 세무회계인 것이다.

따라서 세무회계에 있어 가장 중요한 문제는 과세의 척도가 되는 소득, 즉 과세소득(taxable income)이 무엇인지를 명확히 하는 것과 그 과세소득을 어떠한 계산원리나 원칙에 의해 산정해야 할 것인지를 명확히 하는 것이다. 여기서 전자는 과세소득 개념의 해명, 즉 과세소득개념론에 해당하고, 후자는 과세소득 계산원리의 해명, 즉 세무회계원리론에 해당한다. 이러한 문제를 학문적으로 연구하고 해명하는 것이 세무회계의 중심적 과제가 될 것이다.

과세소득의 개념과 세무회계의 원리를 명확히 하여 세무회계이론을 확립하는 것은 세무회계가 어떠한 것이며 기업회계와 비교하여 어떠한 특징 내지는 특이점을 가지고 있는가를 명확히 하여 세무회계의 독자성이나 특이성을 선명히 함과 동시에 세무회계의 존재이유를 명확히 하는 것으로 볼 수 있다.

이를 위해 본장에서는 세무회계가 무엇이며 어떻게 생성·발전되어 왔는가를 명확히 함과 동시에 세무회계의 학문적 연구를 과제로 하는 세무회계학이 어떠한 학문인지를 명확히 하고자 한다.

1. 세무회계

1) 세무회계의 생성과 발전

회계가 개별기업의 사적인 계산도구가 아니라 사회적 도구로서 공공적 성격을 가지며 공적인 사회질서를 형성하기 위한 기능을 발휘해야 하는 것과 같이, 세무문제에 있어서도 회계의 사회적·제도적 기능을 살려나가지 않으면 안 될 것이다. 이러한 회계의 공공적 기능의 증대에 따라 조세부담의 공정한 배분질서의 형성을 위한 회계의 독자적인 원리와 기법의 활용이 요구되는 것으로부터 세무회계영역의 생성과 발전이 있게 되었다. 즉 세무회계는 회계의 공공적 기능의 증대와 회계학 연구의 눈부신 발전에 의해 회계의 사회적 유용성을 목표로 형성된 새로운 회계의 한 분야로 발전된 것이다.

우리나라에서는 민주주의를 기반으로 하는 정치체제 및 사회구조에 적합한 조세사상을 전제로 조세에 대한 관념은 정부나 지방자치단체로부터 강제적으로 부과되는 부과과세제도로부터 납세자 국민이 자주적으로 납세하는 신고납세제도로 발전하였다. 신고납세제도하에서는 신고자가 신뢰할 수 있는 회계기록을 가지고 이에 따라 스스로 과세표준을 산정하여 스스로 납세할 수 있는 과세표준금액의 계산이 가능하다는 것을 전제로 하고 있다. 이러한 신고납세제도를 원활히 운영하기 위한 기반으로서 회계와 세무의 관련성, 특히 세무의 회계에의 의존성이 중요한 과제로 등장하게 된다.

조세는 이러한 신고납세액의 계산근거를 기록에서 구하고 그 중요한 전제를 회계에 두고 있다. 따라서 과세표준금액의 결정은 일반적으로 인정된 기업회계기준을 기반으로 하는 적정한 기업회계제도의 운영을 기본적인 배경으로 하여 기업회계와 불가분의 관계로 운영되고 있다. 세무회계의 영역은 이러한 관점에서 생성되고 발전되어 왔다고 할 수 있다. 이와 같이 세무회계의 형성과 발전은 기업회계의 규범으로서 제정된 기업회계기준이 세법의 영역에 침투함으로써 이루어진 것이라 할 수 있다.

그런데 기업회계기준은 기업의 회계행위에 대한 판단기준이 되며 사회적으로 인정된 기준이므로 항상 제도적 결정체이지 않으면 안 된다. 또한 한 나라의 산업사회가 합리적으로 발전하기 위해서는 거기서 발생하는 모순점을 없애고 대립되는 경제적 이해를 조정함과 동시에 많은 이해관계자에 의하여 지켜져야 할 원칙이 존재하지 않으면 안 된다. 따라서 과세와 관련된 이해의 대립을 조정하기 위해서는 기업회계에 따른 논리가 도입되고 이러한 노력이 제도화되면서 세무회계의 발전에 큰 기여를 하게 된 것이다.

특히 법인소득 세무회계의 영역은 기업회계기준과 세법과의 조정과정을 거쳐 근대적 회계논리를 세법에 적용시키면서 세무회계의 발전에 큰 기여를 하게 된 것이다. 이하 본서에는 이러한 법인소득 세무회계의 영역만을 대상으로 전개될 것이다.

2) 세무회계의 정의와 영역

세무회계란 회계적 측정 방법에 의해 확정되는 과세표준의 산정 및 파악을 위하여 재무적 정보의 측정과 전달을 기능으로 하는 조세목적의 회계이다. 이는 조세현상을 요인으로 하는 회계이며, 조세주체인 개별경제의 회계현상이지만, 조세부담의 사회적 배분 관계를 통해 전체경제 또는 국민경제, 즉 국가경제와도 관련을 가지는 회계현상이다. 또한 세무회계는 조세부담의 배분기준이 되는 과세표준의 산정을 기능으로 하여 회계의 사회·공공적 기능이 더욱 발휘될 수 있도록 하는 회계분야이다.

이러한 세무회계는 다음과 같이 정의될 수 있다.

「세무회계는 기업이 산정한 소득을 기초로 하여 세법의 규정에 따라 조세부담능력의 기준이 되는 과세소득과 세액의 산정에 관한 재무적 정보를 이해관계자에게 전달하는 기능을 가진 회계이다.」

회계적 측정 방법을 매개로 하여 확정되는 과세표준의 전형적 예로는 소득을 들 수 있다. 따라서 세무회계는 법인소득세(법인세) 및 개인소득세(소득세)와 같이 소득과세에 있어서의 과세표준인 과세소득의 측정을 문제로 하는 소득세무회계가 중심적 과제이다.

그러나 세무회계로서 상속세나 증여세, 재산세 등과 같이 재산과세에 있어서의 과세표준인 과세재산에 대한 과세가액의 산정을 위한 재산세무회계도 있다. 또한 부가가치세나 일반소비세 등과 같이 소비과세에 있어서의 과세표준인 과세소비에 대한 과세가액의 산정을 위한 소비세무회계의 분야도 있다.

그러나 본서에서는 소득세무회계, 그 중에서도 특히 법인소득세만을 대상으로 세무회계의 이론을 전개하고자 한다. 이는 기업회계에 있어서도 법인기업, 그 중에서도 주식회사를 중심으로 회계이론을 전개하고 있는 것과 그 맥락을 같이 한다.

3) 세무회계의 기능과 특징

세무회계는 과세소득의 금액이나 과세재산의 가액 등 과세표준금액의 산정에 관한 회계적 측정 및 전달을 통하여 조세당국으로서의 정부 및 지방자치단체와 납세자로서의 국민 및 기업 간의 이해를 조정하는 역할을 수행한다. 또한 이는 납세자의 조세부담을 공정하게 배분하고, 기업의 경영성과와 이윤을 사회에 배분하는데 있어서의 이해를 조정하는 것을 중요한 기능으로 하는 특수회계의 한 영역이다.

세무회계에 있어 특정 납세자인 기업이나 국민의 과세표준 금액을 계산할 경우, 단지 해당 기업이나 국민의 개별적인 입장에서 해당 납세자만을 위해 행하여서는 안 될 것이다. 이와 같은 관점에서 세무회계는 조세부담의 공정한 사회배분을 위하여 회계가 수행해야 할 사회적 역할을 담당하는 분야로 볼 수 있다.

조세는 납세자의 부담능력에 따라 적정하게 부과되어야 하고, 납세자 간에 그 부담이 공평하게 배분되지 않으면 안 된다. 이와 같은 조세의 기본이념을 달성하기 위해서는 어떠한 세목을 선정하여 어떤 세율을 설정할 것인가 하는 것도 중요하지만, 현실적으로 가장 중요한 것은 과세의 기준이 되는 과세표준, 즉 과세소득금액이나 과세재산가액 등의 계산이나 평가가 어떠한 구조에 의해 어떻게 행해지고 있는지, 또한 그 과세표준의 산정과 파악이 과연 적정한 것인지 하는 문제이다.

따라서 한 나라의 세제가 정말로 공정하고 타당한 것인지는 현실적으로 그 세제의 근간이 되는 세무회계시스템이 공정하게 형성되어 적절히 운영되고 있는지에 의해 결정된다고 할 수 있다.

세무회계 분야 중 소득세무회계에서는 일반적으로 인정된 기업회계기준에 따라 결정된 기업이익을 기초로 이로부터 유도되거나 조정된 과세소득금액을 계산하는 것을 의도하고 있다. 그러나 조세목적을 위한 이념과 기업회계기준 간에 합리적인 이유에 의한 차이가 존재하는 분야에는 그 타당성이 인정되어, 기업회계에 대한 세무회계의 독자성을 이념적으로 명확히 할 수 있는 분야에 한해서 그 독자성이 주장될 수 있는 것이다,

세무회계는 이와 같은 회계로서의 기본이념과 그 기능을 달성하기 위하여 독자적인 세무회계의 논리 내지는 이론체계를 가지고 있다. 거기에는 조세부담의 공평, 조세부담의 능력, 조세운영의 배려, 회계제도에의 의존, 납세주체의 설정, 공공정책의 배려 등과 같은 독자적인 논리가 존재한다. 이들은 세무회계에 있어서의 특유한 계산사고의 근원적인 기반이 되는 것으로 이들을 기초적 전제로 일련의 세무회계상의 원칙들이 형성되게 되는 것이다.

기업회계에는 기업회계기준과 같은 기업회계로서의 독자적인 논리나 그 근본적인 정신이 있는 것과 마찬가지로 세무회계에서도 세무회계로서의 독자적인 논리나 그 목표로 하는 본래의 이념과 정신이 있는 것이다.

2. 세무회계학[1)]

1) 세무회계학의 의의와 과제

조세에 대한 학문적 연구의 흐름으로 가장 오래된 것은 국가의 세입으로서의 조세와 그 부담의 문제를 논하는 재정학 영역에 있어서의 조세론을 들 수 있다. 이에 이어 국민소득론의 관점에서 이루어지는 조세의 경제학적 연구와 조세의 법

1) 이는 다음의 문헌을 참조하여 정리하였음. 富岡幸雄著, 税務會計論講義, 中央經濟社(1993)

학적 입장에서 추구하는 세법학 또는 조세법학으로 전개되어 왔다.

그러나 조세는 납세주체(국민 · 기업)가 납부하는 것이므로 이 문제에 대해서는 납세주체로서의 개별경제적 관점에서의 연구가 필요하다. 물론 조세는 납부능력 내지는 지불능력에 따라 부담하는 것을 전제로 한다. 일반적으로 조세납부능력은 조세부담의 배분기준에 따라 부담하는 것을 전제로 한다. 또한 이는 조세부담의 배분기준에 대한 척도로서의 소득(과세소득)이나 재산(과세재산), 소비(과세소비) 등의 크기를 화폐로 측정하여 나타내게 된다. 따라서 이들의 계산과정 또는 평가과정에 있어서의 전문적 · 기술적인 문제들을 해명하고 그 계산 또는 평가의 방법을 이론적 · 체계적으로 연구하는 것이 필요하다.

이와 같은 조세문제의 성격으로부터, 과세표준의 계산 또는 평가에 대한 세법의 규정들을 어떻게 형성(입법)하여 어떻게 운용(집행)하는가 하는 것이 단순한 재정학적 논리, 경제학적 논리, 또는 법학적 논리만으로는 충분히 해명될 수 없다는 것은 명백하다. 이 때문에 회계학적 사고나 접근방법에 따른 논리를 전개하여 조세문제를 분석 · 탐구하는 세무회계학의 필요성이 존재하는 것이다.

세무회계학(science of tax accounting)은 조세현상을 개별경제와의 관련을 중심으로 개별 경제적 입장에서 회계학적으로 접근하는 광의의 회계학 영역에 속하는 특수회계학이다. 이는 세법과 회계학과의 경계영역에 속하는 것으로 법학, 재정학, 경제학, 경영학 등을 인접 관련과학으로 하는 새로운 학문적 영역이다.

이 세무회계학은 조세현상을 회계현상, 경영현상, 사회현상으로서 분석 · 연구함으로써 납세주체인 개별경제의 조세납부능력의 측정기준을 확립하고, 조세부담의 공정한 배분 질서를 형성하여 개별경제와 국민경제와의 이해 조정을 도모하는 것을 연구의 주요과제로 하고 있다. 또한 이는 기업경영에 있어서의 경영 · 경제적 영향요인으로서의 조세현상을 개별경제적 경영현상으로 보고 연구하는 학문분야이다.

이미 언급한 바와 같이 조세에 관한 학문적 연구로서는 재정학적 연구, 경제학적 연구, 법학적 연구의 분야가 있다. 이들 분야와 세무회계학의 차이점은 다음과 같다.

재정학이나 경제학적 접근방법에서의 조세론은 국가재정, 지방재정의 입장에서 재정의 과정에 대한 조세의 경제적 기능을 규정하고, 이에 따른 조세원칙과 조세체계를 논하게 된다. 재정학이 공적 공동체에 있어서의 재원조달에 관한 조세를 연구하는데 비해서, 세무회계학은 개별경제적 관점에서의 조세를 연구하게 된다.

조세법학(세법학이라고도 한다)은 조세법을 법학적인 체계에서 해명하고, 조세입법과 함께 그 해석이나 적용이 법치국가적 요청에 적합한지 아닌지를 규명하는데 그 특징이 있다. 과세소득의 산정을 위한 회계규정을 조세법률주의의 입장에서 규명하는 것이 조세법학의 중요한 사명이라 한다면, 이와 같은 법률적 형식논리로부터의 고찰에 그치지 않고, 보다 넓은 실질적인 경제적 관점에서 세무회계의 이론적 검토를 하여 과세소득의 계산규정에 대한 회계적 타당성의 검토와 비판적 연구를 하는 것이 조세법학과 다른 세무회계학의 과제와 사명이라 할 수 있다.

2) 세무회계학의 연구영역

세무회계학의 연구영역에는 원리론적으로 순수한 이론적 연구를 전개하는 「세무회계원리론」, 실천과학으로서 기업경영관리에 유용한 역할을 하는 「세무경영관리론」(「세무관리론」이라고도 함), 이들 두 가지 연구 영역에 대한 고찰을 전제로 세법 및 세무회계제도의 기초적 이해와 해명을 담당하는 「세무회계해명론」의 영역이 있다.

(1) 세무회계원리론

세무회계학의 원리론적 연구는 세법에 있어서의 과세표준의 계산규정이 조세의 기본이념에 비추어 세무회계적으로 타당한 지를 비판적으로 검토하고, 이에 따라 적정・타당한 과세표준의 산정체계와 세무회계제도를 확립하는 것을 그 연구주제로 한다.

이와 같이 세무회계원리론은 조세의 배분에 대한 사회적 정의를 실현하는 것을 이념으로 하여, 구체적으로는 개별경제의 조세납부능력을 파악하고 측정하기 위한 적정・타당한 세무회계기준의 확립에 기여하는 것을 주제로 하는 연구영역이다. 따라서 이는 현행의 조세관련법령을 주어진 것으로 하여 단지 이를 해석・해명하거나 계산技術的으로 記述하는 이른바 해석론이나 계산記述論을 전개하는 것을 목적으로 하는 것이 아니다. 세법상의 과세표준의 계산에 관한 회계 규정의 타당성・적합성・합리성・이론성을 음미하고 이를 비판적으로 추구하는 것이 세무회계원리론의 특징이다.

세무회계원리론은 이념으로서의 본연의 세무회계이론을 구축하여, 이 세무회계이론을 조세에 있어서의 실제문제의 해결에 적용하기 위한 연구이며, 여러 가지 어려운 현실문제를 개선 내지는 개혁하여 공정한 사회적 정의에 기여할 수 있는 이론의 형성을 목적으로 한다.

(2) 세무경영관리론

세무회계학의 관리론적 연구는 세무경영관리(tax management)로서 기업의 경영관리 면에 있어서의 세무계획(tax planning)과 세무통제(tax control)의 문제를 다룬다. 즉 세금공제후 순이익(net income after taxes)의 극대화를 실현하기 위하여 기업의 경영활동을 사전에 어떻게 계획하고, 이 계획에 따라 경영활동을 어떻게 통제할 것인지 하는 문제를 연구주제로 하는 영역이다. 또한 개인의 재산관리에 있어서는 적절한 세무계획에 의하여 잔여재산의 극대화를 실현하는 것이 과제이다.

기업의 입장에서 조세의 문제는 경영상의 모든 결정과 관련시켜 다루어야 한다. 이는 기업의 경영계획이나 경영정책의 설정 여부가 기업의 조세부담에 중대한 영향을 미치는 것으로부터 당연한 것이다. 세무경영관리론은 이러한 조세문제에 대한 기업경영활동의 사전적・계획적 조정을 주제로 하는 연구영역이다.

(3) 세무회계해명론

현실적으로 법으로 정해져 적용되고 있는 실정조세법규(과세실체규정)에 준거하여 과세표준을 산정・파악하는 실재적 세무회계의 규명을 과제로 하는 세무회계학의 연구영역이 세무회계해명론이다.

세무회계해명론은 세무회계규정의 일반적・기본적 이해를 비롯하여 세무회계의 독자적・특징적 논리를 규명하고, 세무회계시스템・세무회계제도를 구체적・실천적으로 해명하는 것을 중심으로 세무회계지식을 정리・습득하기 위한 연구영역이다.

여기서 습득한 세무회계지식이 기초가 되어 다시 이념적 세무회계의 추구를 목적으로 하는 세무회계원리론과, 세금공제후 순이익의 극대화 및 세금공제후 잔여재산의 극대화를 실현하기 위하여 기업의 경영활동을 사전적・계획적으로 조정하는 것을 주제로 하는 세무경영관리론이 전개되게 되는 것이다.

1-2 법인세의 과세소득

1. 법인세의 의의

법인세는 법인이 얻은 소득에 대하여 그 법인에게 부과되는 조세이다. 즉 법인세는 법인이 얻은 소득을 과세대상으로 하며 납세의무자는 법인이 된다. 일반적으로 소득을 과세대상으로 하는 조세를 소득세(income tax)라 하는데, 이는 개인의 소득에 과세되는 개인소득세(individual income tax)와 법인의 소득에 과세되는 법인소득세(corporate income tax)로 나누어진다. 우리나라에서는 개인소득세를 소득세, 법인소득세를 법인세라 부르고 있다.

[표] 과세소득의 범위에 관한 학설과 세법의 규정방법

과세소득의 범위에 관한 학설	소득원천설	순자산증가설
	• 계속적 · 경상적 소득만 과세	• 계속적 · 경상적 소득뿐 아니라 일시적 · 우발적 소득도 과세
세법의 규정방법	열거주의	포괄주의
	• 세법에 열거된 소득만 과세	• 모든 소득 과세 → 세법에 열거된 것은 예시이고, 열거되지 않은 것이라도 순자산증가액은 과세
우리나라 세법의 입장	• 소득세법* • 법인세법 – 비영리법인	• 법인세법 – 영리법인

* 소득세법은 순자산증가설을 일부 가미하고 있으며, 이자 · 배당소득은 포괄주의 과세방식을 채택하고 있음

2. 과세소득

법인세의 과세소득에는 다음의 세 가지가 있다.

1) 각 사업연도 소득

각 사업연도 소득은 법인이 경제활동을 통하여 얻은 순자산증가액을 말하는 것으로 각 사업연도의 익금총액에서 손금총액을 공제한 금액을 말한다. 법인은 사업연도마다 각 사업연도 소득에 대해 법인세를 신고 · 납부하여야 하므로 가장 기본적이고 전형적인 형태의 법인세 과세소득이다.

2) 토지 등 양도소득

토지 등 양도소득은 부동산투기를 방지하기 위해 법인의 일정한 토지 등(주택 · 별장과 비사업용토지를 말함)을 양도함으로써 발생하는 소득을 말한다. 이는 법인의 각 사업연도 소득에 대한 법인세에 추가하여 과세되는 소득이다.

3) 청산소득

법인이 존속기간의 만료 등의 사유로 해산하는 경우 청산절차를 밟아야 하는데, 이러한 청산과정에서 발생하는 소득을 청산소득이라 한다. 청산소득은 법인이 해산(합병·분할에 의한 해산은 제외)에 의해 소멸할 때 그 잔여재산가액이 자기자본총액을 초과하는 금액을 말한다.

[표] 법인세의 과세소득

구 분	각 사업연도 소득	토지 등 양도소득	청산소득
대상	계속적인 기업활동을 통하여 매년 발생되는 각 사업연도에 얻은 소득	국내소재 주택, 별장, 비사업용토지를 양도함으로써 발생하는 소득	해산으로 인하여 청산할 때 발생하는 소득
과세표준	익금총액 − 손금총액 = 각 사업연도 소득금액 − 이월결손금 − 비과세소득 − 소득공제 = 과세표준	양도금액 − 장부가액 = 토지 등 양도차익 − 비과세소득 = 과세표준	잔여재산가액 − 자기자본총액 = 과세표준
세율	2억원 이하분 : 10% 2억원 초과 200억원 이하분 : 20% 200억원 초과 3,000억원 이하분 : 22% 3,000억원 초과분 : 25%	10% (미등기자산은 40%)	각 사업연도 소득의 세율과 동일
신고·납부	각 사업연도 종료일이 속하는 달의 말일부터 3개월 이내	각 사업연도 소득에 대한 법인세에 가산	잔여재산가액확정일이 속하는 달의 말일부터 3개월 이내

1-3 납세의무자

법인세의 납세의무자는 법인이다. 여기에는 국세기본법에 따라 법인으로 보는 단체도 포함하는데, 이는 비영리법인으로 보도록 하고 있다. 이러한 법인은 다음과 같이 분류한다.

1. 내국법인과 외국법인

내국법인이란 국내에 다음 중 어느 하나를 둔 법인을 말한다.

① 본점

② 주사무소

③ 사업의 실질적 관리장소

외국법인이란 외국에 본점 또는 주사무소를 둔 법인(국내에 사업의 실질적 관리장소를 두지 않은 경우만 해당)을 말한다.

내국법인은 국내원천소득뿐만 아니라 국외원천소득에 대해서도 각 사업연도의 소득에 대한 법인세 납세의무를 지는 데 반하여, 외국법인은 국내소득에 대해서만 각 사업연도의 소득에 대한 법인세 납세의무를 진다.

2. 영리법인과 비영리법인

영리법인이란 영리를 목적으로 하는 법인을 말하며, 비영리법인이란 학술·종교·자선 그 밖의 영리 아닌 사업을 목적으로 하는 법인을 말한다. 여기서 영리란 단순히 이윤추구를 목적으로 하는 사업에 그치지 않고, 그러한 사업에서 발생한 이윤을 구성원에게 분배하는 것을 가리킨다. 비영리법인도 수익사업으로서 영리사업을 경영할 수는 있으나, 그 이윤을 구성원에게 분배하지 않고 비영리사업에 사용하여야 한다는 점에서 영리법인과 다르다.

영리법인은 해당 법인에 귀속되는 모든 소득에 대하여 각 사업연도의 소득에 대한 법인세 납세의무를 지지만, 비영리법인은 수익사업에서 발생하는 소득에 대해서만 각 사업연도의 소득에 대한 법인세 납세의무를 진다.

[표] 법인종류별 납세의무의 범위

구 분		각 사업연도 소득	토지 등 양도소득	청산소득
내국법인	영리법인	국내외 모든 소득	○	○
	비영리법인	국내외 수익사업소득	○	×
외국법인	영리법인	국내원천 모든 소득	○	×
	비영리법인	국내원천 수익사업소득	○	×
국가・지방자치단체*		×	×	×

* 외국의 정부・지방자치단체는 비영리외국법인에 포함되므로 국내원천 수익사업소득에 대해 납세의무를 진다.

1-4 사업연도와 납세지

1. 사업연도

1) 의의

사업연도란 법인의 소득을 계산하는 1 회계기간을 말하며, 구체적인 내용은 다음의 표와 같다.

[표] 사업연도의 내용

구 분	사업연도
원칙	법령이나 정관에서 정하는 1 회계기간. 단, 그 기간은 1년을 초과하지 못함 → 1년을 초과하지 않는 범위에서 임의로 정할 수 있음
법령・정관에 규정이 없는 경우	별도로 사업연도를 정하여 납세지 관할세무서장에게 신고한 사업연도
신고하지 않은 경우	매년 1월 1일부터 12월 31일까지

2) 신설법인의 최초 사업연도 개시일

신설법인의 최초 사업연도의 개시일은 다음의 날로 한다.

[표] 최초 사업연도의 개시일

구 분	최초 사업연도의 개시일
원 칙	① 내국법인: 설립등기일 ② 외국법인: 국내사업장을 가지게 된 날(국내사업장이 없는 경우에는 부동산소득 또는 양도소득이 최초로 발생한 날
특 례	최초 사업연도의 개시일 전에 생긴 손익을 사실상 그 법인에 귀속시킨 것이 있는 경우에는 해당 손익이 최초로 발생한 날

3) 사업연도의 변경

사업연도를 변경하려는 법인은 그 법인의 직전 사업연도 종료일부터 3개월 이내에 납세지 관할세무서장에게 신고하여야 하며, 기한 내에 신고하지 않은 경우에는 그 법인의 사업연도는 변경되지 않은 것으로 본다.

사업연도가 변경된 경우에는 종전의 사업연도 개시일부터 변경된 사업연도 개시일 전날까지의 기간을 1 사업연도로 한다. 다만, 그 기간이 1개월 미만인 경우에는 변경된 사업연도에 그 기간을 포함한다. 따라서 이 경우에는 사업연도가 1년을 초과할 수 있는데, 이는 예외적으로 허용한다.

4) 사업연도의 의제

사업연도의 의제란 해산·합병·분할 등 특수한 사유가 발생하는 경우에 본래의 사업연도에 관계없이 일정한 기간을 사업연도로 간주하는 것을 말한다. 이를 표로 정리하면 다음과 같다.

[표] 사업연도의 의제

구 분	의제사업연도
사업연도 중에 합병·분할에 따라 해산하는 경우	사업연도개시일부터 합병등기일 또는 분할등기일까지의 기간(존속법인의 사업연도는 기존사업연도를 그대로 적용)
국내사업장이 있는 외국법인이 사업연도 중에 그 국내사업장을 가지지 않게 된 경우	사업연도개시일부터 국내사업장을 가지지 않게 된 날까지의 기간(단, 국내에 다른 사업장을 계속하여 가지고 있는 경우에는 그렇지 않음)
국내사업장이 없는 외국법인으로서 부동산소득 또는 양도소득이 발생하지 않게 되어 납세지 관할세무서장에게 그 사실을 신고한 경우	사업연도개시일부터 신고일까지의 기간
사업연도 중에 설립무효·설립취소의 판결을 받은 경우	사업연도개시일부터 확정판결일까지의 기간
사업연도 중에 연결 납세방식을 적용받는 경우	사업연도개시일부터 연결사업연도 개시일 전날까지의 기간
해산(합병·분할에 따른 해산은 제외)한 경우	사업연도개시일부터 해산등기일까지의 기간과 해산등기일 다음 날부터 사업연도 종료일까지의 기간을 각각 1 사업연도로 본다.
청산 중인 법인 ① 잔여재산가액이 사업연도 중에 확정된 경우 ② 상법에 따라 사업을 계속하는 경우	사업연도개시일부터 잔여재산가액확정일까지의 기간 사업연도개시일부터 계속등기일(계속등기를 하지 않은 경우에는 사실상의 사업계속일)까지의 기간과 계속등기일 다음 날부터 그 사업연도 종료일까지의 기간을 각각 1 사업연도로 본다.
조직변경의 경우	조직변경 전의 법인해산등기 또는 조직변경 후의 법인설립등기에 관계없이 조직변경 전의 사업연도가 계속되는 것으로 한다.

2. 납세지

납세지란 납세의무자가 납세의무를 이행하고 과세권자가 부과징수를 행하는 기준이 되는 장소를 말한다. 따라서 법인세는 이러한 납세지를 관할하는 세무서장 또는 지방국세청장이 과세하게 된다.

1) 법인세의 납세지

법인세의 납세지는 다음의 표와 같다.

[표] 법인세의 납세지

구 분	납세지
내국법인	그 법인의 등기부에 따른 본점이나 주사무소의 소재지(국내에 본점이나 주사무소가 있지 않는 경우에는 사업을 실질적으로 관리하는 장소의 소재지)
외국법인	국내사업장의 소재지(둘 이상의 국내사업장이 있는 경우에는 주된 사업장* 의 소재지)

* 주된 사업장이란 사업수입금액이 가장 많은 사업장을 말한다.

2) 원천징수한 법인세의 납세지

원천징수한 법인세의 납세지는 해당 원천징수의무자의 소재지로 한다. 이의 구체적인 장소는 다음의 표와 같다.

[표] 원천징수한 법인세의 납세지

원천징수의무자		납세지
개인	거주자	거주자가 원천징수하는 사업장의 소재지(사업장이 없는 경우에는 거주자의 주소지 · 거소지)
	비거주자	비거주자가 원천징수하는 국내사업장의 소재지(국내사업장이 없는 경우에는 비거주자의 거류지 · 체류지)

원천징수의무자		납세지
법인	원칙	해당 법인의 본점 등의 소재지(법인으로 보는 단체의 경우에는 그 단체의 법인세 납세지, 외국법인의 경우에는 해당 법인의 주된 국내사업장의 소재지)
	특례	법인의 지점·영업소 그 밖의 사업장이 독립채산제에 따라 독자적으로 회계사무를 처리하는 경우에는 그 사업장의 소재지(그 사업장의 소재지가 국외에 있는 경우는 제외)

3) 납세지의 지정

관할지방국세청장 또는 국세청장은 납세지가 다음과 같이 그 법인의 납세지로 적당하지 않다고 인정되는 경우에는 위의 규정에도 불구하고 그 납세지를 지정할 수 있다.

① 내국법인의 본점 등의 소재지가 등기된 주소와 동일하지 않은 경우

② 내국법인의 본점 등의 소재지가 자산 또는 사업장과 분리되어 있어 조세포탈의 우려가 있다고 인정되는 경우

③ 둘 이상의 국내사업장을 가지고 있는 외국법인의 경우로서 주된 사업장의 소재지를 판정할 수 없는 경우

④ 국내사업장이 없는 외국법인으로서 둘 이상의 자산이 있는 외국법인이 납세지 신고를 하지 아니한 경우

이처럼 납세지를 지정한 경우에는 해당 법인의 사업연도 종료일부터 45일 이내에 해당 법인에 통지하여야 하며, 기한 내에 통지를 하지 않은 경우에는 종전의 납세지를 그 법인의 납세지로 한다.

4) 납세지의 변경

법인은 그 납세지가 변경된 경우 그 변경된 날부터 15일 이내에 변경 후의 납세

지 관할세무서장에게 이를 신고하여야 한다. 이 경우 납세지가 변경된 법인이 부가가치세법의 규정에 따라 그 변경된 사실을 신고한 경우에는 법인세법에 따른 납세지 변경신고를 한 것으로 본다.

이러한 납세지 변경신고를 하지 않은 경우에는 종전의 납세지를 그 법인의 납세지로 하며, 신고기한을 경과하여 변경신고를 한 경우에는 변경신고를 한 날부터 그 변경된 납세지를 해당 법인의 납세지로 한다. 또한 외국법인이 납세지를 국내에 가지지 않게 된 경우에는 그 사실을 납세지 관할세무서장에게 신고하여야 한다.

제 2 장 법인세의 계산구조

2-1 개요

과세소득, 즉 법인세의 과세표준이 되는 소득금액의 계산에 대하여 우리나라의 법인세법에서는 다음과 같이 규정하고 있다.

「내국법인의 각 사업연도의 소득은 그 사업연도에 속하거나 속하게 될 익금의 총액에서 그 사업연도에 속하거나 속하게 될 손금의 총액을 공제한 금액으로 한다.」

이를 산식으로 표현하면 다음과 같다.

> 각 사업연도 소득(과세소득)의 금액
> = 해당 사업연도의 익금의 총액 − 해당 사업연도의 손금의 총액

이와 같은 규정과 함께 익금 및 손금에 대해서는 다음과 같이 정의하고 있다.

「익금이라 함은 자본 또는 출자의 납입 및 법인세법에서 규정하는 것을 제외하고 그 법인의 순자산을 증가시키는 거래로 인하여 발생하는 수익의 금액을 말한다.」

「손금이라 함은 자본 또는 출자의 환급, 잉여금의 처분 및 법인세법에서 규정하는 것을 제외하고 그 법인의 순자산을 감소시키는 거래로 인하여 발생하는 손비의 금액을 말한다.」

이에 따라 수익 및 손비로 정의하고 있는 것을 제외하고 법인세법에서 별도로 규정하고 있는 개별적 규정은 세무회계 특유의 사고에 의한 것으로 그 목적에 따라

다양한 범위에 이르고 있다. 이들 규정은 「익금에 산입한다」, 「익금에 산입하지 않는다」, 「손금에 산입한다」, 「손금에 산입하지 않는다」라는 표현으로 되어 있는데, 이들 개별적 규정에 의한 각 사업연도 소득금액의 계산요소로서의 「세무회계상 손익항목」은 다음의 네 가지로 분류된다.

① 익금산입항목

② 익금불산입항목

③ 손금산입항목

④ 손금불산입항목

따라서 각 사업연도 소득금액 계산의 기본구조는 다음과 같이 된다.

각 사업연도 소득(과세소득)금액
= 해당 사업연도의 익금의 총액 − 해당 사업연도의 손금의 총액
= (익금산입항목 − 익금불산입항목) − (손금산입항목 − 손금불산입항목)

이와 같이 각 사업연도 소득금액 계산의 기본구조는 익금에 해당하는 금액에서 손금에 해당하는 금액을 공제하여 각 사업연도 소득금액을 구하도록 되어 있지만, 현행 우리나라 법인세법에서의 실질적인 각 사업연도 소득금액은 기업회계에서 계산된 당기순이익을 기초로 하여 이에 조세목적에 따른 조정과정을 거쳐 계산하도록 하고 있다.

신고납부제도를 채택하고 있는 우리나라의 법인세법 제도 하에서는 법인은 법인세법의 규정에 따라 스스로 과세표준 및 세액을 계산하여 자주적으로 신고·납부하는 것에 의해 납세의무를 수행하도록 하고 있는데, 이때 각 사업연도 소득의 계산은 법인의 확정된 결산 및 그 결과로 계상된 당기순이익의 금액을 기초로 이에 조세목적에 따른 소정의 조정(세무조정)을 하여 최종적으로 결정하도록 하고 있다. 여기서 확정된 결산이란 주주총회 또는 이에 준하는 기관의 승인을 얻은 결산, 즉 확정된 상법상 결산을 의미하는 것으로 해석되고 있다.

즉 법인세법은 상법상 결산에 의한 당기순이익을 기초로 각 사업연도 소득금액을 계산하도록 하는 구조로 되어 있는 것이다. 이와 같이 상법상 결산에 기초를 두어 각 사업연도 소득금액을 계산하도록 하는 세무상 요청을 확정결산주의 원칙이라 한다.

따라서 각 사업연도 소득금액은 다음과 같이 계산되는 것이다.

> 각 사업연도 소득(과세소득)금액
> = 결산서상 당기순이익 + 익금산입 및 손금불산입 − 손금산입 및 익금불산입

이와 같이 결산서상 당기순이익에 기초하여 각 사업연도의 소득금액을 유도하는 절차를 세무조정이라 한다. 이에 대해 다음 절에서 구체적으로 살펴보기로 한다.

2-2 세무조정

1. 세무조정의 의의

기업회계는 이해관계자의 경제적 의사결정에 도움을 주기 위하여 목적적합성과 신뢰성이 있는 유용한 정보를 제공하는 것을 목적으로 하는데 비하여, 세무회계는 조세채권의 확보와 납세의무의 명확화를 위해 세법의 규정에 따라 적정한 과세소득과 세액을 계산하는 것을 목적으로 한다.

이에 따라 기업회계에서는 기업회계기준에 따른 손익계산을 하여 당기순이익(net income)을 계산하게 되고, 세무회계에서는 법인세법의 규정에 따라 과세소득(taxable income : 각 사업연도 소득)을 계산하게 된다. 따라서 기업회계에 의한 당기순이익과 세무회계에 의한 과세소득 간에는 차이가 발생하게 되는데 이를 원인별로 살펴보면 다음과 같다.

[표] 기업회계와 세무회계의 차이

차이발생 원인	기업회계	세무회계
소득의 개념	손익거래와 자본거래를 구분하여 손익거래에서 발생한 수익과 비용만을 인식하여 이익을 계산	손익거래와 자본거래를 구분하지 않고 순자산증가설에 의해 과세소득을 계산 (예 : 기타자본잉여금의 익금산입)
손익의 인식기준	발생주의	권리의무확정주의
경제적 계산	기업실체의 공준에 따른 회계처리를 하므로 법인과 출자자 등 특수관계인과의 거래라 하더라도 그 내용이 객관적 증거에 의해 검증되면 그 법인의 계산에 따름	공평과세와 조세채권의 확보를 위하여 경제적인 계산을 함(예 : 부당행위계산의 부인, 업무와 직접 관련이 없는 경비의 부인, 채권자가 불분명한 私債이자의 부인 등)
법률의 강제성	계속성 및 중요성의 원칙에 따라 회계처리방법을 자유로이 선택할 수 있음	세법에 따라 선택의 폭이 제한되고 법률적 강제성이 부여됨
조세정책적 목적	특정한 정책적 목적을 위한 규정은 없음	조세정책적 목적으로 특정한 사항에 대해 세제상 특전을 부여하거나 불이익을 가함 (특전의 예 : 이월결손금공제, 비과세소득, 소득공제, 준비금의 손금산입 등 불이익의 예 : 기부금・접대비의 손금산입 제한, 벌금 등 특정비용의 손금불산입 등)

한편, 기업회계에서는 해당 회계기간 중의 수익합계에서 비용합계를 차감하여 손익을 계산하는데 비해, 세무회계에서는 이에 대응되는 개념으로 해당 사업연도 중의 익금합계에서 손금합계를 차감하여 과세소득(각 사업연도 소득)을 계산하도록 하고 있다. 이에 따라 기업회계에서 당기순이익을 계산하고 재무제표를 작성하기 위해 회계기간 중에 발생한 거래를 기록・정리하는 것과 마찬가지로 세무회계에서도 별도의 장부를 유지・기록하여 각 사업연도 소득금액을 계산하여야 할 것이다.

그러나 기업회계상 장부와 세무회계상 장부를 이중으로 유지하는 것은 비용과 시간면에서 낭비일 뿐 아니라 수익과 익금, 비용과 손금이 대부분 일치하는 경우에는 그 실익이 없다. 따라서 우리나라의 법인세법에서는 기업회계에 의하여 계산된 당기순이익을 기초로 하여 기업회계와 세무회계의 차이가 발생하는 항목만을 가감조정하여 법인의 각 사업연도 소득금액을 계산하도록 하고 있는 것이다.

이와 같이 기업회계상 당기순이익에 기업회계와 세무회계와의 차이발생 항목을 가감조정하여 각 사업연도 소득금액을 계산하는 것을 세무조정이라 한다.

이러한 세무조정사항의 내용은 다음에 설명할 「소득금액조정합계표」에 표시되며, 「소득금액조정합계표」에서 집계된 가산조정과 차감조정의 합계금액은 「법인세 과세표준 및 세액조정계산서」의 소득조정금액 란에 그대로 옮겨지게 된다.

이러한 세무조정을 그림으로 설명하면 다음과 같다.

[그림] 세무조정

결산서	세무조정		법인세법
수 익	(+) 익금산입 (−) 익금불산입	(=)	익 금
(−)			(−)
비 용	(+) 손금산입 (−) 손금불산입	(=)	손 금
(=)			(=)
당기순이익	(+) 익금산입 · 손금불산입 (−) 손금산입 · 익금불산입	(=)	각 사업연도 소득금액

1) 익금산입 : 결산서에 수익으로 계상하지 않았으나 법인세법상 익금에 해당하는 것
2) 익금불산입 : 결산서에 수익으로 계상하였으나 법인세법상 익금에 해당하지 않는 것
3) 손금산입 : 결산서에 비용으로 계상하지 않았으나 법인세법상 손금에 해당하는 것
4) 손금불산입 : 결산서에 비용으로 계상하였으나 법인세법상 손금에 해당하지 않는 것

따라서 세무조정은 앞에서 설명한 바와 같이 결산서상 당기순이익에 익금산입 · 손금불산입은 가산하고 손금산입 · 익금불산입은 차감하여 각 사업연도 소득금액을 계산하는 구조로 되어 있다.

여기서 세무상 동일한 효과를 나타내는 익금산입과 손금불산입의 구별 또는 손금

산입과 익금불산입의 구별은 그 실익이 없다. 즉 익금산입과 손금불산입은 당기순이익에 가산하는 조정(가산조정)이고 손금산입과 익금불산입은 당기순이익에 차감하는 조정(차감조정)이라는 점에서 이들의 구별은 아무런 의미가 없다는 것이다.

또한 법인의 회계처리가 기업회계기준을 위배하여 행해질 수 있기 때문에, 세무조정은 기업회계기준과 법인세법 간의 차이를 조정하는 것이 아니라 법인이 결산서에 계상한 내용과 법인세법에 의한 내용과의 차이를 조정하는 것이다.

2. 세무조정의 유형

1) 결산조정과 신고조정

세무조정은 그 조정방법에 따라 결산조정과 신고조정으로 구분된다.

결산조정이란 특정 손비항목에 대하여 기업이 결산과정에서 이를 장부에 비용으로 계상한 경우에 한하여 손금으로 인정하는 것을 말한다. 이는 특정 손비항목을 과세소득금액의 계산시 손금으로 인정하여 주는 대신에 그 금액만큼을 장부에 비용으로 계상하도록 강제함으로써 기업이 결산상 당기순이익을 감소시켜 이를 사외로 유출시키는 것을 방지하기 위한 것이다.

법인세법에서는 특정 비용들에 대하여 손금산입을 강제하지 않고 법에 정하는 일정한 범위 내에서 손금산입 여부 및 손금산입 금액을 임의로 결정할 수 있도록 하고 있는데, 이와 같이 손금산입이 강제되지 않고 법인에게 선택권이 부여된 사항이 결산조정사항인 것이다. 따라서 결산조정사항은 그 이후 사업연도의 비용으로 계상하면 그 이후 사업연도의 손금으로 인정되는 것이다.

이러한 특정 손비항목을 장부에 비용으로 계상하게 되면 기업회계와 세무회계 간에는 차이가 발생하지 않는다. 따라서 결산조정은 회사가 이러한 손비항목을 결산서에 반영하는 결산절차에 관한 것을 의미하는 것뿐으로 세무조정이라고 할 수는 없다. 그러나 장부에 비용으로 계상하지 않은 경우에는 세무회계상 손금으로 인정될 수 없다는 점에서 세무조정에 직접적인 영향을 미치게 된다. 법인세법에서는 이러한 결산조정사항에 대해 "……를 결산서에 손금으로 계상한 때 이를 손금에 산입한다"라고 표현하고 있으며, 이에는 다음과 같은 것이 있다.

[표] 결산조정사항

구 분	결산조정사항	예 외
자산상각비	① 감가상각비	IFRS 적용법인은 신고조정도 가능
자산평가손실 등	② 회수불능채권의 대손금	소멸시효 완성채권 등의 일부 대손금은 신고조정사항(강제조정사항)
	③ 파손·부패로 인한 재고자산의 평가손실	
	④ 중소기업창업투자회사 등의 주식평가손실	
	⑤ 천재지변 등으로 인한 고정자산의 평가손실	
	⑥ 시설개체·기술낙후로 인한 생산설비의 폐기손실	
충당금	⑦ 대손충당금	
	⑧ 퇴직급여충당금	퇴직연금충당금은 신고조정사항(강제조정사항)
	⑨ 구상채권상각충당금	
	⑩ 일시상각충당금, 압축기장충당금	과세이연 제도로 임의선택 사항이며 신고조정도 가능
준비금	⑪ 법인세법상 준비금	고유목적사업준비금과 비상위험준비금은 잉여금처분에 의한 신고조정도 가능
	⑫ 조세특례제한법상 준비금	과세이연 제도로 임의선택 사항이며 신고조정도 가능

이에 비해 신고조정은 기업회계와 세무회계와의 차이를 세무조정계산서에서 익금산입·손금불산입 또는 손금산입·익금불산입으로 조정하는 것으로 일반적으로 세무조정이라 함은 이 신고조정을 의미한다. 이러한 신고조정은 그 성격에 따라 강제신고조정사항과 임의신고조정사항으로 구분할 수 있다.

① 강제신고조정사항 : 임의신고조정사항을 제외한 대부분의 신고조정은 강제신고조정사항으로 결산서에 과대 또는 과소계상된 경우에는 세무조정 과정에서 반드시 신고조정(익금산입 · 손금산입)하여야 하며, 만일 조정이 누락된 경우에는 이후 사업연도의 소득금액 계산에 있어서 이를 수정할 수 없는 항목을 말한다.

② 임의신고조정사항 : 신고조정에 의한 손금산입의 여부를 회사가 선택할 수 있는 사항으로 이는 본래 결산조정사항이지만, 기업회계에서 이러한 비용을 인정하지 않기 때문에 정책적으로 특별히 신고조정을 허용하는 것이다.
→ 세부담 최소화의 가정이 제시된 경우에는 회사가 결산서에 비용으로 계상하지 않았더라도 임의신고조정사항을 신고조정으로 손금산입하여야 한다.

이러한 임의신고조정사항에 해당하는 것은 위의 결산조정사항 중 다음의 세 가지가 있다.

㉠ 일시상각충당금(비상각자산은 압축기장충당금)
㉡ 고유목적사업준비금과 비상위험준비금
㉢ 조세특례제한법상 준비금

이 중에서 준비금(㉡과 ㉢)에 해당하는 것은 이를 신고조정으로 손금으로 인정받기 위해서는 세무조정계산서에 손금산입함과 동시에 정기주주총회에서 해당 사업연도의 잉여금을 처분할 때 이와 같은 금액을 임의적립금으로 반드시 적립하여야 한다.

2) 자기조정과 외부조정

세무조정에는 법인 스스로 세무조정계산서를 작성하여 조정하는 자기조정과 세무사(세무사법의 규정에 의하여 등록한 세무사인 공인회계사 포함)가 세무조정계산서를 작성하여 조정하는 외부조정이 있다. 법인은 원칙적으로 자기조정과 외부조정을 임의로 선택할 수 있으나, 기획재정부장관이 외부조정계산서를 첨부하여야 할 법인으로 지정한 법인은 반드시 외부조정을 하여야 한다.

한편, 법인세의 신고가 없거나 신고내용이 부당하다고 인정하는 경우에는 정부가 과세표준과 세액을 결정 또는 경정한다. 이 경우에도 세무조정이 이루어지는데, 이를 정부조정이라 한다.

[예제 2-1] 결산조정과 신고조정

다음의 자료로 세무조정을 하시오.

과목	결산서 계상액	법인세법에 따른 한도액	세무조정
임원상여금	₩300	₩200	손금불산입 ₩100
접대비	400	300	손금불산입 100
대손상각비	500	400	손금불산입 100
감가상각비	600	700	세무조정 없음

• 감가상각비의 손금산입은 결산조정 사항이기 때문에 회사가 감가상각비를 과소계상한 경우에는 상각범위액에 미달하는 금액을 신고조정으로 손금산입할 수 없다. 대손충당금을 설정한 대손상각비도 결산조정사항인데, 이는 한도를 초과하였기 때문에 초과금액을 손금불산입하는 것이다.

2-3 소득처분

1. 의의

기업회계에서의 당기순이익은 이익잉여금을 구성하게 되어 정기주주총회에서 이를 배당금이나 성과급 등과 같이 이익을 분배하여 사외로 유출시킬 것인지, 아니면 이익준비금 등과 같이 각종 적립금으로 적립하여 사내에 유보시킬 것인지를 결정하게 된다.

이와 마찬가지로 세무회계에서도 각 사업연도 소득의 계산에 있어 당기순이익에 가산 또는 차감한 세무조정사항이 사내에 유보되었는지 또는 사외에 유출되었는지 그 귀속을 결정할 필요가 있다. 이와 같이 세무조정사항의 귀속을 확정하는 절차를 소득처분이라 한다.

이러한 소득처분에는 여러 가지 유형이 있는데 이를 요약하여 그림으로 나타내면 다음과 같다.

[그림] 소득처분

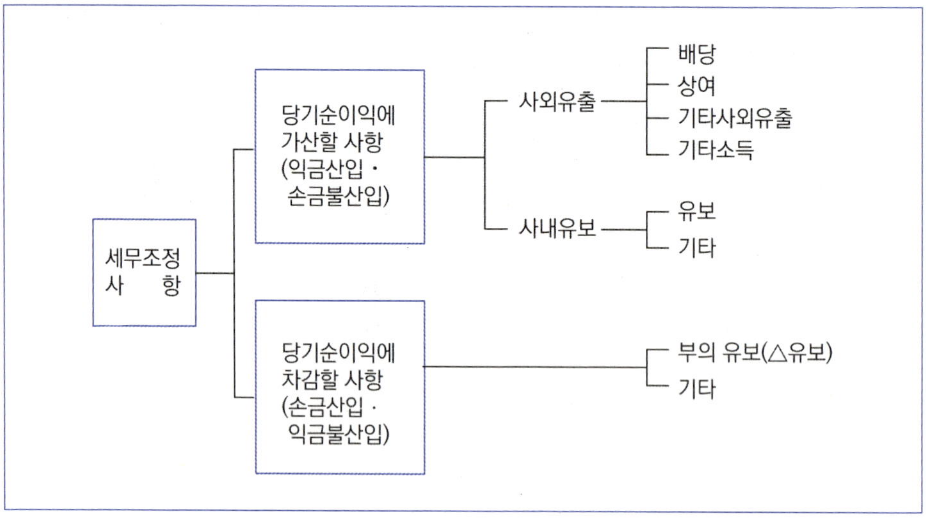

2. 사외유출

사외유출은 익금산입·손금불산입으로 세무조정한 금액이 기업 외부로 유출된 것이 분명하여 기업 외부의 자에게 귀속된 것으로 인정하는 소득처분이다. 이 경우에는 그 귀속자에게 해당 법인의 이익이 분여된 것이므로 추가적으로 그 귀속자의 소득세 또는 법인세의 납세의무를 발생시킨다. 이러한 사외유출의 소득처분을 유형별로 살펴보면 다음과 같다.

1) 소득의 귀속자가 분명한 경우

(1) 배당

익금산입·손금불산입으로 세무조정된 금액이 사외로 유출되고 그 귀속자가 주주 등 출자자인 경우에는 배당으로 소득처분한다. 배당으로 소득처분된 금액은 해당 주주 등의 배당소득이 되어 소득세가 과세되며 해당 법인은 이를 원천징수하여야 한다. 그러나 출자자가 임원 또는 사용인인 경우에는 상여로 소득처분하며, 법인인 경우에는 기타사외유출로 소득처분한다.

- 출자임원·출자사용인이 귀속자인 경우 → 상여로 소득처분
- 법인주주가 귀속자인 경우 → 기타사외유출로 소득처분

(2) 상여

익금산입·손금불산입으로 세무조정된 금액이 사외로 유출되고 그 귀속자가 임원 또는 사용인(출자임원 또는 출자사용인 포함)인 경우에는 상여로 소득처분한다. 상여로 소득처분된 금액은 해당 임원 또는 사용인의 근로소득을 구성하여 소득세가 과세되며 해당 법인은 이를 원천징수하여야 한다. 이는 일반적인 상여와 구분하여 인정상여라 하는데, 이익처분에 의한 상여로 처분하기 때문에 해당 법인은 이를 손금에 산입할 수 없다.

(3) 기타사외유출

익금산입·손금불산입으로 세무조정된 금액이 사외로 유출되고 그 귀속자가 법인이거나 개인사업자인 경우에는 기타사외유출로 소득처분한다. 기타사외유출로 소득처분된 금액은 이미 귀속자의 각 사업연도 소득 또는 사업소득에 포함되어 있으므로 해당 법인이나 개인의 추가적인 소득을 구성하지 않는다. 따라서 다른 사외유출의 항목과는 달리 소득을 처분한 법인은 원천징수의 의무가 없다.

(4) 기타소득

익금산입·손금불산입으로 세무조정된 금액이 사외로 유출되고 그 귀속자가 위 이외의 자인 경우에는 기타소득으로 소득처분한다. 기타소득으로 소득처분된 금액은 해당 소득 귀속자의 기타소득이 되어 소득세가 과세되고 해당 법인은 이를 원천징수하여야 한다.

[예제 2-2] 소득처분(사외유출)

법인이 업무와 무관한 수선비 ₩100을 지출하고 다음과 같이 회계처리하였다.

(차) 수선비 100 (대) 현금 100

이 업무무관수선비의 귀속자가 다음과 같을 때 세무조정과 소득처분을 하시오.

(1) 임원 또는 사용인이 아닌 개인주주인 경우
(2) 임원 또는 사용인인 경우
(3) 출자임원 또는 출자사용인인 경우
(4) 주주가 아닌 법인인 경우
(5) 법인주주인 경우
(6) 그 밖의 자인 경우

해답 (1) 손금불산입 ₩100 (배당)
(2) 손금불산입 100 (상여)
(3) 손금불산입 100 (상여)
(4) 손금불산입 100 (기타사외유출)
(5) 손금불산입 100 (기타사외유출)
(6) 손금불산입 100 (기타소득)

2) 소득의 귀속자가 불분명한 경우

익금산입·손금불산입으로 세무조정된 금액이 사외로 유출되고 그 귀속자가 불분명한 경우에는 대표자에 귀속된 것으로 보아 대표자상여로 소득처분한다. 예컨대 현금매출누락의 익금산입액이나 증명서류불비경비의 손금불산입액은 그 귀속을 밝히지 못한 책임을 대표자에게 지우기 위해 대표자에 대한 상여로 소득처분하는 것이다.

그러나 내국법인이 수정신고기한 내에 매출누락, 가공경비 등 부당하게 사외유출된 금액을 회수하고 세무조정으로 익금에 산입하여 신고하는 경우의 소득처분은 사내유보로 한다. 다만, 다음 중 어느 하나에 해당하는 경우로서 경정이 있을 것을 미리 알고 사외유출된 금액을 익금산입하는 경우에는 그 귀속자에 따라 사외유출로 소득처분한다(귀속이 불분명한 경우 대표자상여).

① 세무조사의 통지를 받은 경우
② 세무조사에 착수된 것을 알게 된 경우
③ 세무공무원이 과세자료의 수집 또는 민원 등을 처리하기 위하여 현지출장이나 확인업무에 착수한 경우
④ 납세지 관할세무서장으로부터 과세자료 해명 통지를 받은 경우
⑤ 수사기관의 수사 또는 재판 과정에서 사외유출 사실이 확인된 경우
⑥ 그 밖에 위 ①~⑤에 따른 사항과 유사한 경우로서 경정이 있을 것을 미리 안 것으로 인정되는 경우

3) 무조건 기타사외유출로 처분하는 경우

다음의 세무조정사항은 귀속자를 묻지 않고 반드시 기타사외유출로 소득처분하여야 한다. 이는 사후관리가 불필요하거나 불가능한 사항들로서 정책적 목적으로 그 귀속자에 대한 납세의무를 지우지 않는 것이다.

① 임대보증금의 간주익금
② 적격증명서류 미수취 접대비 및 접대비 한도초과액의 손금불산입액
③ 기부금 한도초과액 및 비지정기부금의 손금불산입액
④ 업무무관자산에 대한 지급이자의 손금불산입액
⑤ 손금불산입한 채권자 불분명한 私債이자 및 지급받은 자가 불분명한 채권·증권의 이자 중 원천징수세액 상당액

⑥ 귀속이 불분명하여 대표자에 대한 상여로 처분한 경우 해당 법인이 그 처분에 따른 소득세 등을 대납하고 이를 손비로 계상하거나 그 대표자와의 특수관계가 소멸될 때까지 회수하지 아니함에 따라 손금불산입한 금액
⑦ 불공정자본거래로 인한 부당행위계산의 부인 규정에 따라 익금에 산입한 금액으로서 상속세및증여세법에 의하여 귀속자에게 증여세가 과세되는 금액
⑧ 외국법인의 국내사업장의 각 사업연도의 소득에 대한 법인세의 과세표준을 신고하거나 결정 또는 경정할 때 익금에 산입한 금액이 그 외국법인 등에 귀속되는 소득

4) 추계결정하는 경우

추계에 의하여 결정된 과세표준과 결산서상 법인세비용차감전순이익과의 차이에 대해서는 그 귀속이 불분명한 것이므로 이도 대표자에 대한 상여로 소득처분한다. 다만, 천재지변 등 불가항력으로 장부나 그 밖의 증빙서류가 멸실되어 추계결정하는 경우에는 기타사외유출로 소득처분한다.

한편 외국법인에 대한 과세표준을 추계결정·경정하는 경우에 결정된 과세표준과 당기순이익과의 차액도 기타사외유출로 소득처분한다.

3. 유보와 △유보

익금산입·손금불산입(또는 손금산입·익금불산입)으로 세무조정된 금액의 효과가 사외로 유출되지 않고 사내에 남아 있는 경우 유보(또는 △유보)로 소득처분한다. 유보로 소득처분된 금액은 결산서에는 나타나지 않으나 세무상으로는 존재하는 잉여금으로 세무상 잉여금과 결산서상 잉여금의 차이가 있다는 것을 의미한다.

이 유보(또는 △유보)는 결산서상 자본과 세무상 자본의 차이가 있다는 것을 의미한다. 자본의 차이는 자산과 부채의 차이이므로, 결국 유보(또는 △유보)는 세무조정한 금액이 결산서상 자산보다 세무상 자산을 증감시키거나, 결산서상 부

채보다 세무상 부채를 증감시키는 경우에 행하는 소득처분이다.

세무조정	결산서상 상태	세무상 필요한 처분	소득처분
익금산입 · 손금불산입	자산의 과소계상 부채의 과대계상	자산의 증가 부채의 감소	유보
손금산입 · 익금불산입	자산의 과대계상 부채의 과소계상	자산의 감소 부채의 증가	△유보

이는 주로 기업회계와 세법 간의 귀속시기의 차이(일시적 차이)로부터 발생하며, 유보로 소득처분된 금액은 추후 손금산입 또는 익금불산입하는 세무조정을 하여 △유보로 추인하게 된다. 반대로 △유보로 소득처분된 금액은 추후 익금산입 또는 손금불산입하는 세무조정을 하여 유보로 추인한다. 따라서 유보(또는 △유보)로 소득처분된 금액은 사후관리가 필요하며, 이를 「자본금과 적립금조정명세서(을)」의 양식에 별도로 기록하여 관리하게 된다.

유보로 소득처분하는 예로 재고자산평가감이 있는데, 이는 결산서에서 세법상 기말재고자산 평가액보다 과소평가하여 매출원가를 과대계상한 경우를 말한다. 이때 매출원가의 과대계상 분만큼 손금불산입하여 유보로 소득처분한다. 그러나 법인의 결산서에서는 그 다음연도가 되면 반대로 기초재고자산이 과소평가되어 매출원가가 과소계상된다. 따라서 그 다음 사업연도가 되면 이를 손금산입하여 △유보로 전기에 유보로 소득처분하였던 것을 추인하게 된다.

이와 같이 유보(또는 △유보)는 기업회계와 세법 간의 일시적 차이를 구성하게 되어 해당 연도에 유보의 세무조정이 이루어지면 항상 그 다음 사업연도 이후에 이를 추인하는 과정이 있게 된다.

이에 비해 사외유출로 소득처분된 금액은 결산서상 자본과 세무상 자본의 차이를 가져오지 않으며 차기 이후의 반대의 세무조정도 필요하지 않다. 따라서 이는 기업회계와 세법간의 영구적 차이를 초래하는 것이다.

유보로 소득처분되는 세무조정사항의 예로는 다음과 같은 것이 있다.

① 감가상각비 한도초과액의 손금불산입

② 대손충당금 한도초과액의 손금불산입

③ 기말재고자산평가감의 손금불산입

④ 선급비용 과소계상액의 손금불산입

이와 같이 유보로 소득처분된 금액은 그 다음연도에 즉시 손금으로 추인되는 사항과 일정한 조건이 성립되는 경우에 한하여 손금으로 추인되는 사항으로 나눌 수 있다.

전자의 예로는 대손충당금 한도초과액, 기말재고자산의 평가감 등에 대한 손금불산입이 있는데, 이는 차기 사업연도에 즉시 반대의 세무조정을 하여 △유보로 추인하게 된다. 후자의 예로는 감가상각비 한도초과액, 자산의 과소계상액 등에 대한 손금불산입이 있는데, 이는 그 자산의 감가상각이나 양도시에 반대의 세무조정을 하여 △유보로 추인하게 된다.

[예제 2-3] 소득처분(유보)

㈜경성의 다음 자료에 따라 필요한 세무조정을 하시오.

제1기 : 토지를 ₩1,000(취득세 ₩30)에 취득하고 다음과 같이 회계처리하였다.

(차) 토지	1,000	(대) 현금	1,030
세금과공과	30		

제2기 : 위 토지를 ₩1,500에 처분하고 다음과 같이 회계처리하였다.

(차) 현금	1,500	(대) 토지	1,000
		토지처분이익	500

해답 제1기 : 〈손금불산입〉 토지 ₩30 (유보)

제2기 : 〈익금불산입〉 전기토지 ₩30 (△유보)

해설 취득세 ₩30은 토지의 원가에 가산해야 하는데 비용으로 계상하였으므로 손금불산입하고, 자산이 과소계상되었으므로 유보로 소득처분한다. 처분시는 세무상 토지는 ₩1,030이고 토지처분이익은 ₩470이 되어야 하는데 ₩500으로 계상하였으므로 ₩30을 익금불산입하고 △유보로 전기의 유보를 추인하는 것이다.

[예제 2-4] 소득처분(△유보)

㈜경성은 제1기에 기부금 ₩1,000을 지출하고 선급비용(자산)으로 계상한 뒤, 제2기에 기부금으로 비용으로 계상하였다. 법인세법상 기부금은 지출한 사업연도의 손금으로 한다. 이에 따라 필요한 세무조정을 하시오.

해답 제1기 : 〈손금산입〉 선급비용 ₩1,000 (△유보)
제2기 : 〈손금불산입〉 기부금 ₩1,000(유보)

해설 제1기에 기부금으로 비용으로 계상하여야 하는데 선급비용으로 자산으로 계상하였으므로 손금산입하고 자산이 과대계상되었으므로 △유보로 소득처분한다. 제2기에 기부금으로 비용으로 계상하였으나 세무상으로는 제1기의 기부금이기 때문에 손금불산입하고 전기의 △유보를 추인하여 유보로 소득처분한다.

4. 기타

기타는 세무조정의 효과가 기업 외부로 유출되지 않고 기업 내부에 남아 있으나, 결산서상 자산·부채(자본)가 세무상 자산·부채(자본)와 차이가 없는 경우에 행하는 소득처분으로, 주로 익금과 손금항목을 잉여금으로 처리한 경우에 발생한다.

예컨대 세무상 익금에 해당하는 것을 결산서에 수익으로 계상하지 않고 재무상태표상 잉여금으로 처리하여 이를 익금산입으로 세무조정한 경우에 기타로 소득처분하는 것이다. 이는 기업회계와 세법 간의 영구적 차이에 해당하는데, 해당 익금산입액이 사외로 유출된 것이 아니므로 유보로 소득처분하여야 할 것이다. 그러나 결산서에 이미 해당 금액이 잉여금으로 처리되었으므로 이를 유보로 소득처분하게 되면 잉여금이 이중으로 계산되게 된다. 따라서 이를 기타로 소득처분하고 사후관리도 하지 않는 것이다.

이의 대표적인 예로 자기주식처분이익이 있다. 자기주식처분이익은 법인세법에서는 익금에 해당하는데, 기업회계에서는 기타자본잉여금으로 계상하도록 하고 있다. 따라서 이를 익금산입하고 결산서상 자본은 세무상 자본과 차이가 없으므로 이의 소득처분을 기타로 하는 것이다.

또한 손금산입 또는 익금불산입으로 세무조정된 금액이 △유보에 해당하지 않는 경우에는 모두 기타로 소득처분하고 이의 사후관리도 필요 없다.

[예제 2-5] 소득처분(기타)

㈜경성은 자기주식을 처분하고 기업회계기준에 따라 자기주식처분이익 ₩1,000을 자본잉여금으로 계상하였다. 법인세법상 자기주식처분이익은 익금에 해당한다. 이 경우 필요한 세무조정을 하시오.

해답 세무조정 : 〈익금산입〉 자기주식처분이익 ₩1,000 (기타)

2-4 각 사업연도 소득에 대한 법인세 계산구조

각 사업연도 소득에 대한 법인세의 계산구조는 다음과 같다. 이는 「법인세 과세표준 및 세액조정계산서」의 작성에 의해 이루어지며, 각 항목에 대해서는 별도의 부속서류를 작성하여야 한다.

[표] 법인세의 계산구조

	항목	비고
	결산서상당기순이익	
(+)	익금산입 · 손금불산입	• 소득금액조정합계표상 가산조정 합계금액
(−)	손금산입 · 익금불산입	• 소득금액조정합계표상 차감조정 합계금액
(=)	차가감소득금액	
(+)	기부금한도초과액	• 다른 세무조정이 완료되고 차가감소득금액이 계산된 후에 이루어지는 세무조정
(−)	기부금한도초과이월액손금산입	
(=)	각사업연도소득금액	
(−)	이월결손금	• 10년(2008.12.31 이전은 5년) 이내 개시한 사업연도에서 발생한 세무상 이월결손금
(−)	비과세소득	
(−)	소득공제	
(=)	과세표준	
(×)	세율	
(=)	산출세액	• 토지 등 양도소득에 대한 법인세 가산
(−)	세액감면	
(−)	세액공제	
(+)	가산세	
(+)	감면분추가납부세액	
(=)	총부담세액	
(−)	기납부세액	• 중간예납세액 · 원천징수세액 · 수시부과세액
(=)	차감납부할세액	

2-5 세무조정계산서

우리나라의 법인세법에서는 법인세 과세표준 및 세액의 신고시 다음의 서류를 첨부하여 제출하도록 하고 있다.

① 기업회계기준을 준용하여 작성한 개별 내국법인의 재무상태표·포괄손익계산서 및 이익잉여금처분계산서(또는 결손금처리계산서)

② 세무조정계산서

③ 그 밖에 대통령령으로 정하는 서류

여기서 세무조정계산서는 기업회계상 당기순이익을 기초로 법인세법의 규정에 따른 조정을 통하여 각 사업연도의 소득을 계산하는 절차를 나타내는 표를 말한다. 현행 법인세법상 세무조정계산서는 별지 제3호 서식에 의한 「법인세 과세표준 및 세액조정계산서」를 말하는 것으로 그밖에 대통령령으로 정하는 서류들은 이의 부속서류로 볼 수 있다. 이 중 세무조정 및 소득처분과 관련하여 몇 가지 중요한 서류들을 설명하면 다음과 같다.

1. 소득금액조정합계표[별지 제15호 서식]

이는 기부금 한도초과액을 제외한 해당 사업연도의 모든 세무조정사항을 기재하는 표로 세무조정 항목별 금액과 이에 대한 소득처분 내용을 표시한다.

이 표의 익금산입·손금불산입 및 손금산입·익금불산입으로 세무조정된 금액의 합계액은 다음의 「법인세 과세표준 및 세액조정계산서」로 보내 해당 사업연도의 소득금액을 계산하게 된다. 이때 기부금 한도초과액은 「소득금액조정합계표」에 표시하지 않고 「기부금조정명세서」에서 계산한 후 직접 「법인세 과세표준 및 세액조정계산서」로 보내진다. 이는 기부금의 한도액이 해당 사업연도 소득금액을 기초로 계산되기 때문인데 이에 대해서는 기부금에서 후술하기로 한다.

「소득금액조정합계표」상 유보로 소득처분된 금액은 「자본금과 적립금조정명세서(을)」로 보내 해당 사업연도말의 유보금액을 계산하게 되고, 배당·상여·기타소득으로 소득처분된 금액은 「소득자료(인정상여, 인정배당, 기타소득)명세서」로 보내 각 소득 귀속자의 소득세 과세자료 및 법인의 원천징수자료로 이용된다.

2. 법인세 과세표준 및 세액조정계산서[별지 제3호 서식]

이는 「소득금액조정합계표」에서 보내진 자료를 기초로 각 사업연도의 소득금액 및 과세표준과 세액의 계산내역을 나타내는 표이다.

3. 자본금과 적립금조정명세서(을)[별지 제50호 서식(을)]

이는 유보의 기말잔액을 계산하기 위한 표로, 「소득금액조정합계표」에서 유보 또는 △유보로 소득처분된 금액을 기록하여 두었다가 이에 대한 반대의 세무조정으로 추인이 이루어질 때 사후관리를 위하여 작성하는 표이다. 이 표는 당기에 발생한 유보(△유보) 금액은 증가란에, 당기에 추인되어 소멸되는 금액은 감소란에 각각 기록하여 이를 유보의 기초잔액에 가감하여 기말잔액을 계산하도록 하고 있다.

■ 법인세법 시행규칙[별지 제3호서식] 〈개정 2016.3.7.〉 (앞 쪽)

사업연도	. . ~ . .	법인세 과세표준 및 세액조정계산서	법인명	
			사업자등록번호	

구분	항목		코드	금액
① 각 사업연도 소득계산	(101) 결산서상 당기순손익		01	
	소득조정 금액	(102) 익금산입	02	
		(103) 손금산입	03	
	(104) 차가감소득금액 (101+102-103)		04	
	(105) 기부금한도초과액		05	
	(106) 기부금한도초과이월액 손금산입		54	
	(107) 각 사업연도소득금액 (104+105-106)		06	
② 과세표준 계산	(108) 각 사업연도소득금액 (108=107)		■	
	(109) 이월결손금		07	
	(110) 비과세소득		08	
	(111) 소득공제		09	
	(112) 과세표준 (108-109-110-111)		10	
	(159) 선박표준이익		55	
③ 산출세액 계산	(113) 과세표준(112+159)		56	
	(114) 세율		11	
	(115) 산출세액		12	
	(116) 지점유보소득 (「법인세법」 제96조)		13	
	(117) 세율		14	
	(118) 산출세액		15	
	(119) 합계(115+118)		16	
④ 납부할 세액 계산	(120) 산출세액(120=119)		■	
	(121) 최저한세 적용대상 공제감면세액		17	
	(122) 차감세액		18	
	(123) 최저한세 적용제외 공제감면세액		19	
	(124) 가산세액		20	
	(125) 가감계(122-123+124)		21	
	기납부세액 / 기한내납부세액	(126) 중간예납세액	22	
		(127) 수시부과세액	23	
		(128) 원천납부세액	24	
		(129) 간접투자회사등의 외국납부세액	25	
		(130) 소계 (126+127+128+129)	26	
	기납부세액	(131) 신고납부전가산세액	27	
		(132) 합계(130+131)	28	

구분	항목		코드	금액
	(133) 감면분추가납부세액		29	
	(134) 차감납부할세액 (125-132+133)		30	
⑤ 토지등양도소득에 대한 법인세 계산	양도차익	(135) 등기자산	31	
		(136) 미등기자산	32	
	(137) 비과세소득		33	
	(138) 과세표준 (135+136-137)		34	
	(139) 세율		35	
	(140) 산출세액		36	
	(141) 감면세액		37	
	(142) 차감세액 (140-141)		38	
	(143) 공제세액		39	
	(144) 동업기업 법인세 배분액 (가산세 제외)		58	
	(145) 가산세액 (동업기업 배분액 포함)		40	
	(146) 가감계(142-143+144+145)		41	
	기납부세액	(147) 수시부과세액	42	
		(148) ( ) 세액	43	
		(149) 계 (147+148)	44	
	(150) 차감납부할세액(146-149)		45	
⑥ 미환류소득법인세	(161) 과세대상 미환류소득		59	
	(162) 세율		60	
	(163) 산출세액		61	
	(164) 가산세액		62	
	(165) 이자상당액		63	
	(166) 납부할세액(163+164+165)		64	
⑦ 세액계	(151) 차감납부할 세액계 (134+150+166)		46	
	(152) 사실과 다른 회계처리 경정세액공제		57	
	(153) 분납세액계산범위액 (151-124-133-145-152+131)		47	
	분납할세액	(154) 현금납부	48	
		(155) 물납	49	
		(156) 계 (154 + 155)	50	
	차감납부세액	(157) 현금납부	51	
		(158) 물납	52	
		(160) 계 (157 +158) (160 = (151-152-156))	53	

210mm×297mm[백상지 80g/㎡ 또는 중질지 80g/㎡]

■ 법인세법 시행규칙 [별지 제15호서식] 〈개정 2013.2.23.〉 (앞 쪽)

사업연도	. . . ~ . . .	소득금액조정합계표	법 인 명	
			사업자등록번호	

익금산입 및 손금불산입				손금산입 및 익금불산입			
①과 목	②금 액	③소득처분		④과 목	⑤금 액	⑥소득처분	
		처분	코드			처분	코드
합 계				합 계			

210mm×297mm[백상지 80g/㎡ 또는 중질지 80g/㎡]

[별지 제50호서식(을)] (앞 쪽)

사업연도	. . . . . .	자본금과 적립금조정명세서(을)	법인명	

※ 관리번호 □□ - □□   사업자등록번호 □□□ - □□ - □□□□□

※ 표시란은 기입하지 마십시오.

세무조정유보소득 계산

①과목 또는 사항	②기초잔액	당 기 중 증 감		⑤기말잔액 (익기초현재)	비 고
		③감 소	④증 가		
합 계					

22226-84011일   210mm×297mm

99.4.1 개정승인   (신문용지 54g/㎡(재활용품))

(뒤 쪽)

작성요령

1. 본 서식은 세무조정 유보소득의 증감내용을 계산하는 표로서 기초잔액중 당기소득금액 계산상 익금 또는 손금으로 가산하여야 할 금액을 조정합니다.
2. ②기초잔액란은 전기말 현재의 세무계산상 유보소득을 기입합니다.
3. ③당기중 감소란은 전기말 현재의 유보금액중 당해 사업연도 중에 손금가산 등으로 감소된 금액을 기입합니다.
4. ④당기중 증가란은 당해 사업연도 세무계산상 익금가산유보로 처분된 금액(특별비용종합한도초과액을 포함합니다)을 기입하고 손금가산유보분은 △표시 기입합니다.
5. ⑤기말잔액란은 기초잔액에서 당기중 증감란을 차가감한 금액으로서 차기로 이월될 세무계산상 유보소득을 기입합니다.
6. 합계란의 금액을 자본금과 적립금조정명세서(갑)[별지 제50호서식(갑)]에 옮겨 적습니다.
7. 비고란에는 과목 또는 사항에 대한 구체적인 유보내역 등을 필요시 기입합니다.

■ 법인세법 시행규칙 [별지 제50호서식(갑)] 〈개정 2012.2.28〉 (앞 쪽)

사 업 연 도	. . . ~ . . .	자본금과 적립금 조정명세서(갑)	법 인 명	
			사업자등록번호	

Ⅰ. 자본금과 적립금 계산서

①과목 또는 사항		코드	②기초잔액	당 기 중 증 감		⑤기 말 잔 액	비 고
				③감 소	④증 가		
자본금 및 잉여금 등의 계산	1. 자 본 금	01					
	2. 자 본 잉 여 금	02					
	3. 자 본 조 정	15					
	4. 기타포괄손익누계액	18					
	5. 이 익 잉 여 금	14					
		17					
	6. 계	20					
7. 자본금과 적립금명세서(을) 계		21					
손익 미계상 법인세 등	8. 법 인 세	22					
	9. 지 방 소 득 세	23					
	10. 계 (8+9)	30					
11. 차 가 감 계(6+7-10)		31					

Ⅱ. 이월결손금 계산서

1. 이월결손금 발생 및 증감내역

⑥사업연도	이월결손금					감 소 내 역				잔 액		
	발 생 액			⑩소급공제	⑪차감계	⑫기공제액	⑬당기공제액	⑭보전	⑮계	⑯기한 내	⑰기한경과	⑱계
	⑦계	⑧일반결손금	⑨배 분 한도초과 결손금 (⑨=㉕)									
계												

2. 법인세 신고 사업연도의 결손금에 동업기업으로부터 배분한도를 초과하여 배분받은 결손금(배분한도 초과결손금)이 포함되어 있는 경우 사업연도별 이월결손금 구분내역

⑲법인세 신고 사업연도	⑳동업기업 과세연도 종료일	㉑손금산입한 배분한도 초과 결손금	㉒법인세 신고 사업연도 결손금	배분한도 초과결손금이 포함된 이월결손금 사업연도별 구분			
				㉓합 계 (㉓=㉕+㉖)	배분한도 초과결손금 해당액		㉖법인세 신고 사업연도 발생 이월결손금 해당액 (⑧일반결손금으로 계상) (㉑≥㉒의 경우는 "0", ㉑<㉒의 경우는 ㉒-㉑)
					㉔이월결손금 발생 사업연도	㉕이월결손금 (㉕=⑨) ㉑과㉒ 중 작은 것에 상당하는 금액	

Ⅲ. 회계기준 변경에 따른 자본금과 적립금 기초잔액 수정

㉗과목 또는 사항	㉘코드	㉙전기말 잔액	기초잔액 수정		㉜수정후 기초잔액 (㉙+㉚-㉛)	㉝비 고
			㉚증가	㉛감소		

210mm×297mm[일반용지 70g/㎡(재활용품)]

[예제 2-6] 세무조정(소득금액조정합계표)

다음은 ㈜경성의 세무조정 자료이다. 이를 토대로 소득금액조정합계표를 작성하시오.

1. 포괄손익계산서

과 목	금 액
매출액	₩3,000,000
매출원가	(1,500,000)
매출총이익	1,500,000
판매비와관리비	(1,000,000)
영업이익	500,000
영업외수익	300,000
영업외비용	(200,000)
법인세비용차감전순이익	600,000
법인세비용	(400,000)
당기순이익	200,000

2. 세무조정 자료

(1) 당기말 외상판매한 매출액 ₩500,000과 매출원가 ₩250,000이 누락되어 있다.

(2) 판매비와 관리비 중 임원상여금 한도초과액 ₩100,000 포함되어 있다.

(3) 여비교통비 중 ㈜경성의 지배주주에게 지급한 금액 ₩30,000이 포함되어 있다.

(4) 판매비와 관리비 중 손금귀속시기가 도래하지 않은 선급비용 해당액 ₩200,000이 포함되어 있다.

(5) 접대비는 ₩200,000으로 계상하였으나 세무상 한도액은 ₩150,000이다.

(6) 감가상각비는 ₩300,000으로 계상하였으나 세무상 상각범위액은 ₩150,000이다.

(7) 당기에 귀속되는 이자비용 ₩70,000을 선급비용으로 계상하였다.

(8) 법인세법상 법인세비용은 손금불산입항목이다.

해답 소득금액조정합계표

익금산입 및 손금불산입			손금산입 및 익금불산입		
과 목	금 액	소득처분	과 목	금 액	소득처분
매출액	₩500,000	유보	매출원가	₩250,000	유보
임원상여금	100,000	상여	이자비용	70,000	유보
여비교통비	30,000	배당			
선급비용	200,000	유보			
접대비한도초과액	50,000	기타사외유출			
감가상각부인액	150,000	유보			
법인세비용	400,000	기타사외유출			
합 계	1,430,000		합 계	320,000	

제3장 익금항목과 익금불산입항목

법인세법상 익금은 자본 또는 출자의 납입 및 법인세법에서 익금불산입항목으로 규정하는 것을 제외하고 그 법인의 순자산을 증가시키는 거래로 인하여 발생하는 수익의 금액을 말하고, 손금은 자본 또는 지분의 환급, 잉여금의 처분 및 법인세법에서 손금불산입항목으로 규정하는 것을 제외하고 그 법인의 순자산을 감소시키는 거래로 인하여 발생하는 손비의 금액을 말한다.

이와 같이 우리나라의 법인세법에서는 익금 및 손금을 순자산증가설에 의하여 정의하고 있다. 따라서 법인세법상 열거된 소득은 예시적인 것으로 보아야 하며, 열거에서 누락된 순자산증가액이 있다면 이도 과세소득에 포함하여야 한다.

법인세법에서는 이에 따라 익금 및 손금에 포함시킬 항목(익금산입항목 및 손금산입항목)과 익금과 손금에 포함시키지 않을 항목(익금불산입항목 및 손금불산입항목)을 규정하고 있는데, 이하에서는 이들 항목들을 구체적으로 살펴보기로 한다.

3-1 익금항목

법인세법에서는 이러한 익금에 해당하는 수익으로 다음과 같은 항목을 열거하고 있는데, 이에 대해 기업회계에서 수익으로 계상하면 세무조정이 필요 없고, 수익으로 계상하지 않으면 익금산입으로 세무조정하여야 한다.

1. 일반적인 익금항목

1) 사업수입금액

사업수입금액이란 해당 법인이 목적으로 하고 있는 사업에서 발생한 영업수입금액을 말하는데, 이에는 제조업의 판매금액, 건설업의 도급수입금액, 금융업의 이자수입금액 등이 있다.

사업수입금액은 접대비 등의 손금산입 한도액 계산시 기준금액이 되므로 세무조정에 있어 매우 중요한 의미를 가진다. 기업회계상 수익금액은 영업수입, 영업외수익으로 나뉘지만, 세무회계상 사업수입금액은 영업수입만을 의미한다.

여기서 영업수입은 기업회계상 매출액으로 총매출액에서 매출에누리와 매출환입, 매출할인을 차감한 금액으로 보면 되지만, 영업외수익 중 잡이익에 포함되는 부수수익(정상적인 영업활동을 영위함에 있어 경상적으로 발생되는 폐자재, 작업폐물 등의 판매액)은 영업수입금액에 포함된다.

이러한 사업수입금액은 기업회계상 수익(매출 또는 영업외수익)으로 계상되므로 별도의 세무조정이 필요 없다. 그러나 부동산임대업을 영위하는 법인의 경우에는 임대보증금 등에 대한 이자상당액을 익금(간주임대료)으로 보도록 하고 있는데. 이는 기업회계에는 없는 개념이므로 간주임대료를 별도로 계산하여 익금산입하는 세무조정이 필요하게 된다. 또한 기업회계상 수익인식기준과 법인세법상 손익의 귀속사업연도에 대한 확정기준이 다를 경우에도 별도의 세무조정이 필요하게 되는데, 이에 대해서는 후술하기로 한다.

2) 자산의 양도금액

자산의 양도금액이란 위의 사업수입금액에 해당하지 않는 것으로서, 재고자산외의 자산(예 : 유형자산)의 양도금액을 말한다. 이러한 자산의 양도금액에 대해 기업회계에서는 자산의 양도금액에서 장부금액을 차감한 처분손익(예 : 유형자산처분손익)만을 손익계산서에 계상하나, 법인세법에서는 양도금액의 총액을 익금으로, 장부금액을 손금으로 하는 총액주의에 의한다.

따라서 기업회계에 따라 자산의 양도금액에서 장부금액을 차감한 처분손익만을 계상한 경우, 해당 자산의 장부금액만큼을 익금산입하고, 동시에 같은 금액을 손금산입하여야 하나, 이는 세무조정상 실익이 없으므로 이와 같은 조정은 생략하여도 된다.

그러나 자기주식의 양도에 있어서는 기업회계기준과 법인세법 간에 차이가 있기 때문에 세무조정이 필요하다. 기업회계기준에서는 자기주식의 취득은 자본거래로 하여 자본조정 계정에 차감 표시하지만, 법인세법에서는 이를 유가증권의 취득으로 본다. 또한 자기주식을 처분할 때 처분이익은 기업회계기준에서는 기타자본잉여금의 자기주식처분이익으로 하고, 처분손실은 자기주식처분이익과 우선 상계하며 그 잔액은 자본조정으로 계상한 후 결손금의 처리순서에 따라 처리한다.

그러나 법인세법에서는 이를 유가증권의 처분손익에 해당하는 것으로 본다. 따라서 자기주식을 처분하고 기업회계기준에 따라 자기주식처분이익 ₩1,000을 기타자본잉여금으로 계상하였을 때는 다음과 같은 세무조정이 필요하다.

〈익금산입〉 자기주식처분이익 ₩1,000 (기타)

그러나 자기주식소각손익에 대해서는 기업회계기준에서는 소각이익은 감자차익(자본잉여금)으로 소각손실은 감자차손(자본조정)으로 처리하며, 법인세법에서도 이를 자본거래로 보아 자기주식소각손익을 익금 및 손금으로 보지 않으므로 별도의 세무조정이 필요 없다.

3) 자산의 임대료

자산의 임대료란 사업수입금액으로 분류되는 임대업을 영위하는 법인의 임대료수입을 제외한 자산의 임대수입금액을 말한다. 이는 일시적으로 자산을 임대하고 얻는 수익을 말한다. 자산의 임대가 계속적·반복적이라면 그 임대료는 사업수입금액에 해당하기 때문이다.

4) 자산의 평가이익

자산의 평가이익이란 자산의 시가가 장부금액을 초과하는 경우 그 자산을 시가로 평가함으로써 발생하는 차익을 말한다. 이러한 자산의 평가이익은 미실현이익이므로 법인세법에서는 원칙적으로 인정하지 않는다(익금불산입항목). 그러나 예외적으로 다음과 같은 경우에 익금에 산입하도록 하고 있다.

① 보험업법이나 그 밖의 법률에 따른 고정자산의 평가이익

② 「자본시장과 금융투자업에 관한 법률」에 따른 투자회사 등이 보유한 유가증권 등의 평가이익

③ 화폐성외화자산·부채의 환율변동으로 인한 평가이익

5) 자산수증이익과 채무면제이익(채무의 출자전환시 채무면제이익 포함)

자산수증이익은 타인으로부터 무상으로 증여받은 재산적 가액을 말하며, 채무면제이익은 타인으로부터 채무의 면제를 받음으로써 얻는 이익을 말한다. 이러한 자산수증이익과 채무면제이익은 원칙적으로 익금항목이다.

그러나 법인세법에서는 자산수증이익이나 채무면제이익 중 이월결손금의 보전에 충당된 부분은 기업의 자본을 충실히 한다는 의미에서 이를 다시 익금불산입항목으로 규정하고 있다.

기업회계기준에서는 자산수증이익과 채무면제이익을 수익으로 계상하도록 하고 있으므로 별도의 세무조정이 필요 없으나, 이들이 이월결손금의 보전에 충당되는 경우에는 익금불산입하고 기타로 소득처분하여야 한다.

6) 손금에 산입한 금액 중 환입된 금액

손금에 산입한 금액 중 환입된 금액이란 전기 이전에 손금으로 인정된 금액이 당기에 환입된 금액을 말한다. 이러한 경우에는 이미 손금에 산입한 금액이 환입되는 것이므로 이의 환입시에 익금으로 보는 것이다. 그러나 전기 이전에 손금으로

인정받지 못한 금액이 당기에 환입되는 경우에는 이를 익금으로 보지 않는다.

예컨대 재산세 등 조세공과금이 과오납으로 환급되었을 경우에는 이미 조세공과로 손금으로 인정된 금액이 환입되었으므로 이를 익금으로 본다. 그러나 법인세가 환급된 경우에는 법인세가 손금으로 인정되지 않기 때문에(손금불산입항목) 이의 환급액을 익금으로 보지 않는 것이다

- 재산세 환급액 → 익금에 해당함
- 법인세 환급액 → 익금에 해당하지 않음

따라서 재산세 환급액을 수익으로 계상한 경우에는 세무조정이 필요 없지만, 법인세 환급액을 수익으로 계상한 경우에는 익금불산입(기타)하는 세무조정을 하여야 한다.

7) 이익처분에 의하지 않고 손금으로 계상된 적립금액

이익처분에 의하지 않고 손금으로 계상된 적립금액이란 잉여금의 처분에 의하여 적립하여야 할 금액이 비용으로 계상된 금액을 말한다. 예를 들어 이익처분에 의하여 적립하여야 할 사업확장적립금을 비용으로 계상한 경우에는 이를 손금으로 볼 수 없으므로 손금불산입하는 세무조정을 하여야 할 것이다.

법인세법에서는 이를 익금항목으로 규정하고 있지만, 이는 손금불산입항목에서 설명하는 것이 타당할 것이다. 그러나 세무조정에 있어 익금산입과 손금불산입은 동일한 효과를 나타내기 때문에 별 문제는 없다고 할 수 있다.

만약, 사업확장적립금 ₩1,000을 비용으로 계상한 경우 다음과 같은 세무조정이 필요하다.

〈손금불산입〉 사업확장적립금 ₩1,000 (기타)

8) 불공정자본거래로 인하여 특수관계인으로부터 분여받은 이익

불공정자본거래로 인하여 특수관계인으로부터 분여받은 이익은 익금으로 본다. 이에 대해서는 제14장 부당행위계산의 부인에서 설명하기로 한다.

2. 특수한 익금항목

1) 의제배당(배당금 또는 분배금의 의제)

의제배당이란 형식적으로 상법상 이익배당은 아니지만 실질적으로 이익배당과 유사한 성질의 경제적 이익이 주주에게 귀속되는 경우에 이를 배당으로 보아 익금에 산입하는 것을 말한다. 이에 대해서는 절을 달리하여 자세히 설명하기로 한다.

2) 세액공제되는 간접외국납부세액

내국법인이 외국자회사로부터 수입배당금액을 받는 경우에 외국자회사의 외국법인세액 중 해당 수입배당금액에 대응하는 금액(세액공제된 경우에만 해당)은 익금으로 본다. 이에 대해서는 제15장 과세표준과 세액의 계산에서 설명하기로 한다.

3) 동업기업으로부터 배분받은 소득금액(또는 결손금)

동업기업 과세특례에 따라 법인인 동업자가 동업기업으로부터 배분받은 소득금액(또는 결손금)은 익금(손금)으로 본다.

4) 유가증권의 저가매입에 따른 이익

자산의 저가매입에 따른 이익은 일반적으로 매입시점에는 익금으로 보지 않는다. 왜냐 하면 저가매입 당시에 과세하지 않더라도 처분시 그 차액이 익금에 포함되어 과세되기 때문이다. 다만, 법인이 ① 특수관계인인 ② 개인으로부터 ③ 유가증권을 시가에 미달하는 가액으로 매입하는 경우 매입가액과 시가와의 차액은 익금으로 보며, 그 차액을 해당 유가증권의 취득가액에 포함한다.

이는 매도하는 자산이 유가증권이고 매도자가 특수관계 있는 개인인 경우 대부분 매도자에게 소득세를 과세할 수 없어 증여세의 회피 수단으로 악용될 수 있으므로 이를 매입하는 시점에 매입법인에게 매입가액과 시가와의 차액을 익금으로 보아 과세하는 것이다.

예컨대 특수관계인인 개인으로부터 시가 100만원의 유가증권을 80만원에 매입한 후 150만원에 양도하였다면, 유가증권처분이익 70만원에 대해 양도시점에 전부 과세하지 않고 매입시점에 20만원, 양도시점에 50만원을 각각 과세하는 것이다. 따라서 매입시점에 20만원을 익금산입하여 유보로 소득처분하고 양도시점에 이를 익금불산입하여 △유보로 추인하는 세무조정을 하여야 한다.

이와 같이 특수관계인으로부터 유가증권을 저가로 매입한 경우 매입시 그 차액을 익금에 산입하는 규정은 과세시점을 처분시점에서 매입시점으로 앞당기는 효과만 있을 뿐이다.

[예제 3-1] 자산의 저가매입에 따른 이익

다음 자료에 따라 필요한 세무조정을 하시오.

1. ㈜경성은 제1기에 K씨로부터 시가 ₩3,000인 자산을 ₩2,000에 매입하고 다음과 같이 회계처리하였다.

(차) 자 산	2,000	(대) 현 금	2,000

2. ㈜경성은 제2기에 위의 자산을 ₩3,500에 처분하고 다음과 같이 회계처리하였다.

(차) 현 금	3,500	(대) 자 산	2,000
		자산처분이익	1,500

(case 1) 해당 자산이 유가증권이며, K씨가 ㈜경성과 특수관계에 있는 경우
(case 2) 그 밖의 경우

해답 (case 1)

1. 제1기 : 〈익금산입〉 유가증권 저가매입이익 ₩1,000 (유보) ← 자산의 과소계상
2. 제2기 : 〈익금불산입〉 자산처분이익 ₩1,000 (△유보)

(case 2) : 그 밖의 경우에는 세무조정 없음

5) 임대보증금에 대한 간주임대료

부동산 등을 임대하고 받는 임대료는 익금에 해당하지만, 임대보증금이나 전세금은 부채로서 익금에 해당하지 않는다. 그러나 이를 그대로 두면 임대료를 받는 경우와 임대보증금 등을 받는 경우와의 사이에 과세형평이 맞지 않는다. 또한 부동산임대업자가 임대보증금을 활용하여 다른 부동산을 취득함으로써 부동산투기를 할 우려가 있다.

따라서 법인세법에서는 임대보증금 등의 수령에 따른 경제적 이익(이자상당액)을 임대료로 보아 익금에 산입하도록 하고 있는 것이다.

임대보증금에 대한 간주임대료의 규정은 추계결정 이외의 경우와 추계결정의 경우에 따라 그 적용이 달라지는데, 이와 같이 계산된 간주임대료는 소정의 산식에 의해 계산된 금액일 뿐 실제로 임대료수입이 있는 것은 아니다. 따라서 간주임대료는 장부상 수익으로 계상되는 것이 아니므로 소정의 산식에 의해 계산된 금액을 익금산입으로 세무조정하고 기타사외유출로 소득처분하여야 한다.

(1) 추계결정 이외의 경우

장부나 증빙에 의하여 임대보증금에 대한 소득금액을 계산할 수 있는 경우로서 그 적용대상법인은 다음과 같다.

① 영리내국법인
② 차입금과다법인 : 차입금적수가 자기자본적수의 2배를 초과하는 법인
③ 부동산임대업을 주업으로 하는 법인 : 해당 법인의 사업연도종료일 현재 기준시가에 의한 자산총액 중 임대사업에 사용된 자산가액이 50% 이상인 법인

이와 같은 추계결정 이외의 경우 간주임대료는 다음과 같이 계산한다.

간주임대료
= (해당 사업연도의 보증금 등의 적수 − 임대용 부동산의 건설비 상당액 적수)
$\times \frac{1}{365(\text{윤년은 } 366)}$ × 정기예금이자율 − 임대사업부분에서 발생한 금융수익

위의 내용에 대한 구성요소들을 설명하면 다음과 같다.

① 보증금 등: 부동산 또는 부동산에 관한 권리를 대여하고 받은 보증금·전세금을 말한다. 다만, 주택과 그 부수토지(주택정착면적의 5배(도시지역 밖의 토지는 10배) 이내)를 임대하고 받은 보증금 등은 간주임대료의 계산대상에서 제외한다.

② 적수: 적수의 계산은 보증금 등의 매일의 잔액의 합계액을 원칙으로 하되, 매월말 현재의 잔액에 경과일수를 곱하여 간편하게 계산할 수도 있다. 각 사업연도 중에 임대사업을 개시한 경우에는 임대사업을 개시한 날부터 적수를 계산한다. 따라서 임대보증금 등을 임대개시일보다 늦게 받은 경우에도 임대보증금 적수는 임대개시일부터 계산하며, 임대개시일 전에 건물 등이 준공되었더라도 건설비상당액 적수는 임대개시일부터 계산한다.

③ 건설비상당액: 토지가액을 제외한 건축물의 취득가액(자본적 지출액 포함)으로 한다. 건설비상당액은 실제로 지출한 금액을 대상으로 하므로 평가차액이나 감가상각누계액은 가감하지 않는다.

④ 금융수익: 해당 사업연도의 임대사업부분에서 발생한 수입이자와 할인료, 배당금, 신주인수권처분이익 및 유가증권처분이익(처분손실을 차감한 금액)의 합계액을 말한다.

⑤ 정기예금이자율: 금융회사의 정기예금이자율을 고려하여 기획재정부령으로 정하는 이자율을 말한다.

(2) 추계결정의 경우

장부나 증빙에 의하여 임대보증금에 대한 소득금액을 계산할 수 없는 경우로서, 이때는 영리법인·비영리법인 및 부동산임대업을 주업으로 하는지 여부에 불문하고 부동산임대업을 영위하는 모든 내국법인에 적용하고, 주택을 포함한 모든 부동산의 임대보증금을 대상으로 한다.

이와 같은 추계결정의 경우 간주임대료는 다음과 같이 계산한다.

간주임대료

$$= 해당\ 사업연도의\ 보증금\ 등의\ 적수 \times \frac{1}{365(윤년은\ 366)} \times 정기예금이자율$$

[예제 3-2] 간주임대료

부동산임대업을 주업으로 하고 차입금과다법인인 ㈜경성의 다음 자료에 의하여 제10기(1.1－12.31) 사업연도의 간주임대료에 대한 세무조정을 하시오.

1. ㈜경성은 제9기 중에 완공된 상가 건물을 10억원에 임대하였으나, 제10기 중(3월10일)에 임대보증금을 12억원으로 인상하였다.
2. 해당 건물의 신축에 사용된 총건설비상당액은 8억원(이 중 토지가액은 2억원)이다.
3. 해당 사업연도 중 임대보증금의 운용으로 발생한 금융수익은 다음과 같다.
   (1) 이자수익 : ₩10,000,000
   (2) 배당금수익 : ₩3,000,000
   (3) 유가증권처분이익 : ₩2,000,000
4. 정기예금이자율은 연간 5%, 1년은 365일로 가정한다.

해답 1. 임대보증금 적수 : 10억원 × 69일(1/1－3/10) = ₩69,000,000,000

12억원 × 296일(3/11－12/31) = ₩355,200,000,000

합계 ₩424,200,000,000

2. 건설비상당액 적수 : (8억원 − 2억원) × 365일 = ₩219,000,000,000

3. 간주임대료

: (임대보증금 적수 − 건설비상당액 적수) × 정기예금이자율 × 1/365 − 금융수익

= (424,200,000,000 − 219,000,000,000) × 5% × 1/365 − 15,000,000

= 28,109,589 − 15,000,000

= ₩13,109,589

4. 세무조정 : 〈익금산입〉 간주임대료 ₩13,109,589 (기타사외유출)

3. 기타 법인에 귀속되었거나 귀속될 금액

위에서 설명된 사항은 익금항목으로 법인세법에서 예시된 항목으로 이 외에도 그 법인에 귀속되었거나 귀속될 수익(순자산 증가액)은 익금불산입항목으로 규정되어 있지 않는 한 익금에 해당한다. → 포괄주의 과세방식

이러한 기타 익금에 해당하는 항목을 예시하면 다음과 같다.

1) 이자수익과 배당금수익

이자수익과 배당금수익도 법인의 순자산을 증가시키므로 익금에 해당한다.

2) 손해배상금

손해배상청구권 또는 손실보상청구권에 의하여 받는 보상금 등은 법인의 순자산을 증가시키는 거래로 인하여 발생한 수익이므로 각 사업연도의 소득금액 계산상 익금에 산입한다.

3) 공사부담금 · 국고보조금 · 보험차익

기업회계기준에서는 공사부담금 · 국고보조금을 받은 경우에는 일단 자본조정 항목으로 처리하였다가 자산 취득시에 해당 자산에서 차감하는 형식으로 기재하도록 하고 있으며, 보험차익은 포괄손익계산서에 기타수익으로 처리하도록 하고 있다.

이에 비해 법인세법에서는 공사부담금·국고보조금·보험차익은 법인의 순자산을 증가시키는 거래로 보아 익금항목으로 규정하고 있다. 익금에 산입한 공사부담금 등은 일시상각충당금 등의 설정에 의해 이를 다시 손금에 산입할 수 있도록 하고 있는데, 이에 대해서는 일시상각충당금 부분에서 후술하기로 한다.

3-2 익금불산입항목

법인세법에서는 순자산증가설에 의해 법인의 순자산이 증가한 경우 이를 익금으로 정의하고 있으나, 다음과 같은 경우에는 법인의 순자산이 증가하였다 하더라도 자본충실화 목적, 이중과세방지 목적, 조세정책적 목적 등에 의해 별도의 익금불산입항목으로 규정하고 있다.

1) 자본충실화 목적의 익금불산입항목

① 주식발행액면초과액

② 주식의 포괄적 교환차익·포괄적 이전차익

③ 감자차익

④ 합병차익과 분할차익(제13장 합병 및 분할 등에 대한 특례에서 설명)

⑤ 자산수증이익·채무면제이익 중 이월결손금 보전에 충당한 금액

⑥ 상법에 따라 자본준비금을 감액하여 받는 배당

2) 이중과세방지 목적의 익금불산입항목

① 이월익금

② 지출시 손금으로 인정받지 못한 조세의 환급액

③ 수입배당금 익금불산입(3-4. 배당소득에 대한 이중과세의 조정에서 설명)

3) 그 밖의 익금불산입항목

① 자산의 평가이익(일정한 평가이익은 제외)

② 부가가치세 매출세액

③ 국세·지방세 과오납금의 환급금에 대한 이자

1. 주식발행액면초과액

1) 일반적인 경우

일반적으로 주식발행액면초과액은 주식을 발행할 때 액면을 초과하여 발행한 경우 그 액면금액을 초과하는 금액을 말하는 것으로 익금으로 보지 않는다. 기업회계에서는 이를 주식발행초과금으로 하여 재무상태표에 자본잉여금으로 계상하도록 하고 있으므로 세무조정은 필요 없다.

2) 채무의 출자전환으로 주식을 발행하는 경우

법인이 채무의 출자전환으로 주식을 발행하는 경우로서 해당 주식의 발행가액이 시가(시가가 액면가액에 미달하는 경우에는 액면가액)를 초과하는 금액은 익금항목인 채무면제이익으로 본다. 그러나 해당 주식의 시가가 액면가액 이상이고 발행가액 이하에 해당하는 경우 시가가 액면가액을 초과한 금액은 주식발행액면초과액으로 보아 익금으로 보지 않는다.

[표] 채무의 출자전환시 채무면제이익

시가가 액면가액을 초과하는 경우		시가가 액면가액에 미달하는 경우	
발행가액(500)	채무면제이익(200) (익금항목)*	발행가액(500)	채무면제이익(200) (익금항목)*
시가(300)	주식발행액면초과액(100) (익금불산입항목)	액면가액(300)	주식발행액면초과액은 없음
액면가액(200)		시가(200)	
분개 (차) 차입금 500 (대) 자본금 200 주식발행초과금 100 채무면제이익 200		분개 (차) 차입금 500 (대) 자본금 300 채무면제이익 200	

* 기업회계에서도 이를 채무조정이익으로 하여 당기수익으로 계상하므로 세무조정이 필요 없다.

2. 주식의 포괄적 교환차익 · 포괄적 이전차익

회사는 상법에 따른 주식의 포괄적 교환에 의하여 완전모회사가 될 수 있다. 이 경우 그 다른 회사를 완전자회사라 한다. 주식의 포괄적 교환차익은 주식의 포괄적 교환을 한 경우 자본금 증가의 한도액(완전자회사의 순자산가액 − 완전자회사의 주주에게 지급할 금액과 이전하는 주식의 회계장부금액의 합계액)이 완전모회사의 자본금을 초과한 경우의 그 초과액을 말한다.

주식의 포괄적 이전은 새로이 설립된 완전모회사가 다른 회사(완전자회사)의 주주로부터 발행주식총수를 이전받고 그 대가로 완전모회사의 주식을 배정하는 것을 말한다. 주식의 포괄적 이전차익은 주식의 포괄적 이전을 한 경우 자본금의 한도액(완전자회사의 순자산가액 − 완전자회사의 주주에게 지급할 금액)이 완전모회사의 자본금을 초과한 경우의 그 초과액을 말한다.

이러한 주식의 포괄적 교환차익과 포괄적 이전차익은 그 성격이 주식발행초과금과 유사하므로 익금불산입항목으로 규정하고 있는 것이다.

3. 감자차익

감자차익이란 자본을 감소하는 경우에 그 감소액이 주식의 소각, 주금의 반환에 소요한 금액과 결손의 보전에 충당한 금액을 초과하는 경우 그 초과금액을 말하는 것으로 익금으로 보지 않는다. 기업회계에서는 이를 재무상태표에 자본잉여금으로 계상하도록 하고 있으므로 세무조정은 필요 없다.

4. 합병차익과 분할차익

합병차익이란 합병의 경우에 합병법인이 피합병법인으로부터 승계한 순자산가액이 피합병법인의 주주에게 지급한 합병대가를 초과하는 경우 그 초과금액(법인세법에서 익금으로 규정한 금액은 제외)을 말한다.

분할차익이란 분할(분할합병을 포함하며, 물적분할은 제외)의 경우에 분할신설법인(또는 분할합병의 상대방법인)이 분할법인(또는 소멸한 분할합병의 상대방법인)으로부터 승계한 순자산가액이 분할법인의 주주에게 지급한 분할대가를 초과하는 경우 그 초과금액(법인세법에서 익금으로 규정한 금액은 제외)을 말한다.

이들에 대해서는 제13장 합병 및 분할 등에 대한 특례에서 상세히 설명하기로 한다.

5. 자산수증이익 · 채무면제이익 중 이월결손금 보전에 충당한 금액

자산수증이익과 채무면제이익(채무의 출자전환시 채무면제이익 포함)은 순자산증가액으로 익금에 해당하나 이 중 이월결손금(발생연도의 제한이 없는 세법상 결손금으로 합병 · 분할시 승계받은 결손금은 제외)의 보전에 충당한 금액은 익금으로 보지 않는다.

여기서 이월결손금의 보전에 충당한 경우라 함은 이월결손금과 직접 상계하거나 자산수증이익과 채무면제이익을 기업회계기준에 따라 당기수익으로 계상한 법인이 「자본금과 적립금조정명세서(甲)」표에 그 금액을 이월결손금의 보전에 충당한다는 뜻을 표시하고 세무조정(신고조정)으로 익금불산입(기타)한 경우를 포함한다.

세무상 이월결손금의 보전에 충당한 금액이라 함은 자산수증이익·채무면제이익에 상당하는 이월결손금을 손금에 산입한 금액을 의미한다. 따라서 자산수증이익과 채무면제이익으로 충당한 이월결손금은 소멸되며 그 이후 사업연도의 과세표준에서 다시 공제할 수 없다.

기업회계에서는 자산수증이익과 채무면제이익을 당기수익으로 계상하도록 하고 있으므로 이들이 이월결손금의 보전에 충당되는 경우에는 익금불산입하고 기타로 소득처분하여야 한다.

〈채무의 출자전환으로 인한 채무면제이익에 대한 익금불산입 특례〉

채무의 출자전환으로 인한 채무면제이익도 익금에 해당하지만, 이 중 이월결손금의 보전에 충당한 금액은 익금으로 보지 않는다.

그러나 다음 중 어느 하나에 해당하는 법인의 경우에는 채무의 출자전환으로 인한 채무면제이익 중 이월결손금의 보전에 충당하지 않은 금액은 이를 해당 사업연도에 익금불산입(기타 또는 △유보)하고 그 이후의 각 사업연도에 발생한 결손금의 보전에 충당할 수 있다.

① 「채무자 회생 및 파산에 관한 법률」에 따라 채무를 출자로 전환하는 내용이 포함된 회생계획인가의 결정을 받은 법인

② 「기업구조조정 촉진법」에 따라 채무를 출자로 전환하는 내용이 포함된 기업개선계획의 이행을 위한 약정을 체결한 부실징후기업

③ 해당 법인에 대하여 채권을 보유하고 있는 금융기관과 채무를 출자로 전환하는 내용이 포함된 경영정상화계획의 이행을 위한 협약을 체결한 법인

④ 「기업활력제고를 위한 특별법」에 따른 사업재편계획승인을 받은 법인

위의 규정에 따라 익금불산입한 금액을 그 이후 사업연도에 발생한 결손금의 보전에 충당한 경우 그 충당된 결손금은 각 사업연도의 과세표준을 계산할 때 공제된 것으로 보며, 결손금이 발생한 사업연도에 익금산입(기타 또는 유보)한다(과세이연).

또한 익금불산입한 금액 전액을 결손금의 보전에 충당하기 전에 사업을 폐지하거나 해산하는 경우에는 그 사유가 발생한 날이 속하는 사업연도의 소득금액 계산에 있어서 결손금의 보전에 충당하지 않은 금액 전액을 익금산입(기타 또는 유보)한다. 결손금의 보전에 충당하는 것은 임의사항이므로 법인이 사업폐지나 해산할 때까지 과세이연을 받을 수 있게 되는 것이다.

6. 이월익금

이월익금이란 당기 이전에 각사업연도의 소득으로 이미 법인세가 과세된 소득(비과세소득 또는 면제소득 포함)을 다시 해당 사업연도의 익금에 산입한 금액(수익으로 계상한 금액 포함)을 말한다. 이러한 이월익금은 동일한 소득에 대하여 이중으로 과세하는 결과가 되므로 익금불산입하는 것이다. 예컨대 직전 사업연도에 외상매출을 누락하여 세무조정으로 익금산입하고 법인세가 과세된 경우 이를 해당 사업연도에 수익으로 계상하게 되면 이월익금에 해당되어 익금불산입하는 것이다.

[예제 3-3] 이월익금

㈜경성의 다음 자료에 의하여 필요한 세무조정을 하시오.

1. 제9기에 인도한 상품의 매출액 ₩1,000,000을 제9기에 계상하지 않고 제10기에 계상하였다. 이 상품의 원가율은 80%이다.
2. 제10기에 영업외수익으로 계상된 대손충당금환입액 ₩1,000,000 중 ₩200,000은 제9기에 한도초과되어 부인된 금액이고, 나머지는 손금으로 인정된 금액이다.

해답

1. 제9기 :	〈익금산입〉	매출액	₩1,000,000	(유보)
	〈손금산입〉	매출원가	800,000	(△유보)
	〈손금불산입〉	대손충당금	200,000	(유보)
2. 제10기 :	〈익금불산입〉	매출액	₩1,000,000	(△유보)
	〈손금불산입〉	매출원가	800,000	(유보)
	〈익금불산입〉	대손충당금환입액	200,000	(△유보)

7. 지출시 손금으로 인정받지 못한 조세의 환급액

이미 설명한 바와 같이 손금에 산입한 금액이 환입되는 경우에는 익금에 산입하지만, 지출시 손금으로 인정받지 못한 법인세 또는 법인지방소득세를 환급받았거나 환급받을 금액을 다른 세액에 충당한 금액은 익금에 산입하지 않는다.

당기 이전 지출시	당기 환급시	예
손금산입된 경우	익금	재산세 환급액
손금불산입된 경우	익금불산입	법인세 환급액

8. 자산의 평가이익

자산의 평가이익은 앞의 익금의 내용에서 언급한 것을 제외하고는 익금으로 보지 않는다. 따라서 기업회계에 따른 자산평가이익, 재평가잉여금 등은 법인세법에서 거의 인정되지 않는다.

이러한 자산의 평가이익은 미실현이익이므로 법인세법에서는 이를 원칙적으로 익금으로 인정하지 않는다(익금불산입항목). 그러나 익금항목에서 설명한 바와 같이 예외적으로 다음과 같은 경우에 익금에 산입하도록 하고 있다.

① 보험업법이나 그 밖의 법률에 따른 고정자산의 평가이익
② 「자본시장과 금융투자업에 관한 법률」에 따른 투자회사 등이 보유한 유가증권 등의 평가이익
③ 화폐성외화자산·부채의 환율변동으로 인한 평가이익

따라서 자산의 임의평가에 의한 평가이익을 수익으로 계상한 경우에는 법인세법에서는 이를 익금으로 인정하지 않으므로 익금불산입하고 △유보(자산의 과대계상)로 소득처분하여야 한다.

그런데 이를 기타자본잉여금으로 계상한 경우에는 법인세법상 익금에 해당하지 않는 평가이익이 수익으로 계상되지 않았으므로 세무조정이 필요 없을 것으로 보인다. 그러나 장부상 자산의 가액과 세무상 자산의 가액이 서로 다르므로 이를

조정하기 위하여 기타자본잉여금으로 계상된 평가이익을 일단 익금산입하여 기타로 소득처분함과 동시에 익금불산입하여 △유보로 소득처분하는 세무조정을 하여야 한다. 이러한 임의평가증으로 재평가된 자산은 세무상 재평가되기 전의 가액으로 평가되어 자산의 감가상각 또는 처분시 양도가액의 기준이 된다.

→ 임의평가이익을 기타자본잉여금(기타포괄손익누계액)으로 계상한 경우 다음의 세무조정이 동시에 필요

익금산입 xxx (기타)

익금불산입 xxx (△유보) ← 자산의 과대계상

[예제 3-4] 자산의 평가이익

㈜경성의 다음 자료에 의해 필요한 세무조정을 하시오.

1. 제10기에 취득가액 ₩1,000인 토지를 ₩1,200으로 평가하고 다음과 같이 분개하였다.

(차) 토지	200	(대) 토지평가이익(수익)	200

2. 제11기에 위 토지를 ₩1,500에 처분하고 다음과 같이 분개하였다.

(차) 현금	1,500	(대) 토지	1,200
		토지처분이익	300

〈요구사항〉

(case 1) 제10기의 평가증이 보험업법이나 그 밖의 법률에 따른 경우

(case 2) 제10기의 평가증이 법률의 규정에 따르지 않은 경우

해답 (case 1) → 세무조정 없음

(case 2) 제10기 : 〈익금불산입〉 토지평가이익 200 (△유보)

제11기 : 〈익금산입〉 토지처분이익 200 (유보)

[예제 3-5] 자산의 평가이익

위 예제에서 토지평가이익을 기타자본잉여금으로 계상한 경우 제10기의 세무조정을 하시오.

해답 (case 1) 〈익금산입〉 기타자본잉여금 200 (기타)
(case 2) 〈익금산입〉 기타자본잉여금 200 (기타)
〈익금불산입〉 토지 200 (△유보)

9. 부가가치세 매출세액

부가가치세 매출세액이란 부가가치세법에 따라 부가가치세가 과세되는 재화, 용역을 공급하는 자가 공급가액의 10%에 해당하는 금액을 공급받는 자로부터 징수하여 부가가치세 신고시 정부에 납부하는 금액을 말한다. 따라서 이는 재화, 용역의 공급자가 공급받는 자로부터 미리 징수하여 정부에 납부하여야 하는 예수금(공급자의 부채)에 해당하므로 익금에 해당하지 않는다. 기업회계에서는 부가가치세 매출세액을 부가가치세예수금으로 유동부채로 계상하도록 하고 있으므로 세무조정은 필요 없다.

이와 마찬가지로 재화나 용역을 제공받을 때 거래징수당한 부가가치세 매입세액은 손금에 해당하지 않는다. 이는 부가가치세 매출세액에서 공제되거나 환급되므로 일종의 대급금에 지나지 않기 때문이다.

이와 같이 부가가치세는 원칙적으로 수익 또는 비용으로 계상되지 않는다. 그러나 회사에서 부가가치세 매출세액을 수익으로 계상하면 익금불산입(△유보)하고, 부가가치세 매입세액을 손금으로 계상하면 원칙적으로 손금불산입(유보)하여야 한다.

10. 국세 · 지방세 과오납금의 환급금에 대한 이자

납세자가 국세 또는 지방세를 과오납한 금액이 있는 경우 정부 등은 이를 환급하면서 환급금과 함께 동 환급금에 대한 이자를 지급하게 된다. 이때 지급받는 이자는 조세의 초과징수에 대한 보상으로 납세자가 받는 것이므로 그 보상효과를 감소시키지 않기 위하여 익금에 산입하지 않는다.

여기서 조세환급금 자체는 해당 조세의 지출시 손금으로 인정된 경우(예 : 재산세)에는 익금산입하고, 손금으로 인정되지 아니한 경우(예 : 법인세)에는 익금불산입하게 되는데, 조세환급금에 대한 이자는 세목에 관계없이 익금불산입하게 된다. 기업회계에서는 국세, 지방세의 환급금이자를 이자수익 또는 잡이익으로 계상하게 되므로 이를 익금불산입하고 기타로 소득처분하여야 한다.

[예제 3-6] 소득금액조정합계표

다음은 제조업을 영위하는 상장법인 (주)경성의 제10기(20x1. 1.1-12.31) 세무조정 자료이다. 이 자료를 토대로 소득금액조정합계표를 작성하시오.

1. 손익계산서의 내용

과 목	금 액	
Ⅰ. 매출액		₩200,000,000
Ⅱ. 수익		18,000,000
1. 재산세환급액	₩5,000,000	
2. 퇴직급여충당금환입액	3,000,000	
3. 유형자산평가이익	4,000,000	
4. 채무면제이익	6,000,000	
Ⅲ. 비용		90,000,000
1. 접대비	30,000,000	
2. 감가상각비	20,000,000	
3. 법인세비용	40,000,000	
Ⅳ. 당기순이익		₩128,000,000

(1) 매출액에는 20x1년 제2기 부가가치세 매출세액 ₩3,000,000이 포함되어 있다.
(2) 재산세환급액에는 환급금이자 ₩1,000,000이 포함되어 있다.
(3) 전기에 부인된 퇴직급여충당금은 ₩2,000,000이다.
(4) 유형자산평가이익은 임의평가증에 의한 것이다.
(5) 채무면제이익 중 ₩3,000,000은 제7기에 발생한 세무상 이월결손금의 보전에 충당하였다.
(6) 접대비의 손금산입한도액은 ₩18,000,000이다.
(7) 법인세법에 따른 감가상각범위액은 ₩15,000,000이다.

2. 재무상태표의 내용

(1) 회사는 당기중 개인인 대주주로부터 시가 ₩5,000,000인 주식을 ₩3,000,000에 매입하고 매입가액을 유가증권의 취득가액으로 회계처리하였다.
(2) 당기 중 자기주식처분이익 ₩3,000,000과 자기주식소각이익 ₩2,000,000으로 인하여 자본잉여금이 증가하였다.

해답 소득금액조정합계표

익금산입·손금불산입			손금산입·익금불산입		
과 목	금 액	처분	과 목	금 액	처분
접대비 한도초과	12,000,000	기사	부가가치세 매출세액	3,000,000	유보
감가상각부인액	5,000,000	유보	재산세 환급금이자	1,000,000	기타
법인세비용	40,000,000	기사	퇴직급여충당금	2,000,000	유보
유가증권 저가매입차익	2,000,000	유보	유형자산평가이익	4,000,000	유보
자기주식처분이익	3,000,000	기타	채무면제이익	3,000,000	기타
계	62,000,000		계	13,000,000	

3-3 의제배당

의제배당(배당금 또는 분배금의 의제)이란 형식적으로 상법상의 이익배당은 아니지만, 실질적으로 이익배당과 유사한 성질의 경제적 이익이 주주에게 귀속되는 경우 이를 배당으로 간주하는 것이다.

이러한 의제배당은 모두 주주의 입장에서 그것을 과세소득으로 볼 것인지의 문제로, 주식을 발행한 법인의 입장에서 생각하는 문제가 아니라는 점에 유의하여야 한다. 그러나 의제배당이 발생하는 원인이 주식을 발행한 법인에서 일어나므로 이에 대한 오해의 소지가 있는 것이다.

이때 의제배당을 수령하는 주주가 법인주주이면 법인세법을 적용하여 익금에 산입하고, 개인주주이면 소득세법을 적용하여 그 개인의 배당소득으로 과세하게 되는데, 주주의 입장에서는 동일한 내용이기 때문에 법인세법과 소득세법의 의제배당에 관한 규정은 완전히 같은 내용으로 되어 있다.

의제배당은 그 성격에 따라 다음의 두 가지 유형으로 구분된다.

〈유형 1〉 감자·해산·합병·분할로 인한 의제배당

〈유형 2〉 잉여금의 자본금전입으로 인한 의제배당

1. 감자 · 해산 · 합병 · 분할로 인한 의제배당

이에는 다음의 네 가지 경우가 있다.

1) 감자

주식의 소각, 자본금의 감소, 사원의 퇴사 · 탈퇴 또는 출자의 감소로 인하여 주주 등이 받는 재산가액이 그 주주 등이 해당 주식 등을 취득하기 위하여 사용한 금액을 초과하는 경우 그 금액을 배당으로 본다.

2) 해산

해산한 법인의 주주 등이 그 법인의 해산으로 인한 잔여재산의 분배로서 받는 금전 기타 재산의 가액이 당해 주식 등을 취득하기 위하여 사용한 금액을 초과하는 경우 그 금액을 배당으로 본다.

3) 합병

피합병법인의 주주가 합병법인 등으로부터 받는 합병대가가 그 피합병법인의 주식 등을 취득하기 위하여 사용한 금액을 초과하는 경우 그 금액을 배당으로 본다.

4) 분할

분할법인(또는 소멸한 분할합병의 상대방법인)의 주주가 분할신설법인(또는 분할합병의 상대방법인)으로부터 받는 분할대가가 분할법인(또는 소멸한 분할합병의 상대방법인)의 주식(분할법인이 존속하는 경우에는 소각 등에 따라 감소된 주식만 해당)을 취득하기 위하여 사용한 금액을 초과하는 경우 그 금액을 배당으로 본다.

이때의 의제배당금액은 다음의 일반원칙에 의해 계산된다.

> 의제배당금액 = 각각의 사유로 주주가 받는 대가* − 소멸주식의 취득가액**

* 주주가 받는 대가의 평가

원 칙	취득 당시의 시가
특 례	적격합병 · 적격분할의 경우 • 합병대가를 주식으로만 받은 경우: 종전 주식의 장부가액 • 합병대가 중 일부를 금전 등으로 받은 경우: MIN(취득한 주식의 시가, 종전 주식의 장부가액)

** 소멸주식의 취득가액

원 칙	세무상 취득가액(재무상태표상 취득가액 ± 주식 관련 유보)
단기소각 주식특례	• 단기소각주식: 감자 전 2년 이내에 의제배당으로 과세되지 않은 무상주 • 특례규정: 감자로 인한 의제배당금액 계산시 단기소각주식이 있는 경우 그 주식을 먼저 소각한 것으로 보며 그 주식의 당초 취득가액은 0(zero)으로 함

[예제 3-7] 자본금 감소로 인한 의제배당

㈜경성은 ㈜대연의 주식 100주(1주당 취득가액 ₩100)를 보유하고 있었는데, ㈜대연에서 모든 주주가 소유하고 있는 주식의 20%를 1주당 ₩120의 현금을 지급하고 소각하였다. ㈜경성의 의제배당금액을 계산하시오.

해답 (1) 자본금 감소로 받은 대가: 100주 × 20% × ₩120 = ₩2,400

(2) 소멸주식의 취득가액: 100주 × 20% × ₩100 = ₩2,000

(3) 의제배당금액: (1) − (2) = ₩400

→ 이때 ㈜경성의 회계처리는 다음과 같다.

(차)	현금	2,400	(대) 금융자산	2,000
			금융자산처분이익	400

→ 의제배당금액 ₩400이 수익으로 계상되었으므로 세무조정은 필요 없다. (만약 수익으로 계상하지 않았으면 익금산입(유보)하는 세무조정을 하여야 한다.)

2. 잉여금의 자본금전입으로 인한 의제배당(무상주 배당)

주주 등이 타법인의 주식을 보유하고 있던 중 그 타법인이 잉여금의 전부 또는 일부를 자본금에 전입함으로써 주주 등이 주식배당이나 무상주를 수령하는 경우에는 이를 배당으로 본다.

다만, 법인세가 과세되지 않은 자본잉여금의 자본금전입으로 무상주를 수령한 경우에는 배당이 아니라 주식분할에 의하여 교부받은 것으로 보아 의제배당으로 보지 않는다.

<table>
<tr><th>자본금전입의 재원</th><th>법인세의 과세여부</th><th>의제배당여부</th></tr>
<tr><td>자본잉여금</td><td>× (법인세법상 익금불산입항목)
0 (법인세법상 익금항목*)</td><td>의제배당 ×
의제배당 0</td></tr>
<tr><td>이익잉여금</td><td>0 (법인세법상 익금항목)</td><td>의제배당 0</td></tr>
</table>

* 이는 기업회계상 자본잉여금이나 법인세법상 법인세를 과세하는 익금항목으로 이를 재원으로 한 자본잉여금의 자본금전입으로 인한 무상주 수령은 의제배당으로 보아 과세하는 것이다. 이에는 다음과 같은 것이 있다.

① 채무의 출자전환시 채무면제이익(주식발행액면초과액 중 채무의 출자전환으로 주식을 발행하는 경우의 당해 주식의 시가를 초과하여 발행된 금액 : 채무의 출자전환의 경우 주식의 발행가액과 시가와의 차액은 채무면제이익으로, 시가와 액면가액과의 차액은 주식발행초과금으로 봄)

② 토지의 재평가차액에 해당하는 재평가적립금*

③ 기타자본잉여금(자기주식처분이익)

* 토지의 재평가차액에 해당하는 재평가적립금

2000년 이전에 자산재평가법에 따른 재평가차액에 대해서는 재평가세가 부과되었는데, 그 당시 재평가세율과 재평가차액에 대한 익금산입 여부는 다음과 같다.

<table>
<tr><th colspan="3">구 분</th><th>재평가세율</th><th>익금산입 여부</th></tr>
<tr><td rowspan="3">토지</td><td colspan="2">1984. 1. 1 이후 취득한 토지를 재평가하는 경우</td><td>1%</td><td>익금산입</td></tr>
<tr><td rowspan="2">1983. 12. 31 이전에 취득한 토지를</td><td>1984. 1. 1 이후 재평가를 하고 다시 재평가하는 경우</td><td>1%</td><td>익금산입</td></tr>
<tr><td>1984. 1. 1 이후 최초로 재평가하는 경우</td><td>3%</td><td>익금불산입</td></tr>
<tr><td colspan="3">토지 이외의 감가상각 대상 고정자산</td><td>3%</td><td>익금불산입</td></tr>
</table>

> 이와 같이 토지의 재평가차액은 1%의 재평가세율을 적용하고 익금산입하게 되었는데, 이 경우 익금산입에 의한 법인세 부담을 동 토지의 처분시점까지 이연시켜주기 위해 압축기장충당금을 설정하여 재평가차액을 다시 손금산입할 수 있도록 하였다.
> 이때 재평가된 토지의 재평가차액은 자본잉여금 중의 재평가적립금으로 회계처리하였으며, 그 이후에도 남아 있는 금액이 자본금에 전입될 수 있다. 이렇게 익금에 산입된 토지의 재평가차액이 자본금에 전입되면서 주주가 받은 무상주는 의제배당으로 보아 익금에 산입하는 것이다.

그런데 법인세가 과세되지 않은 자본잉여금의 자본금전입으로 인한 무상주 수령은 의제배당으로 보지 않는 것이 원칙이지만, 다음의 두 가지는 예외적으로 의제배당으로 본다.

① 다음의 자기주식소각이익을 자본금에 전입하는 경우에 교부받는 무상주식의 가액
   ㉠ 소각당시의 시가가 취득가액을 초과하는 경우(기간의 제한이 없음)
   ㉡ ㉠ 외의 경우는 소각일로부터 2년 이내에 자본전입하는 경우
② 법인세가 과세되지 않은(익금불산입되는) 자본잉여금의 자본금전입이라 하더라도, 법인이 자기주식을 보유한 상태에서 과세되지 않은 잉여금을 자본금에 전입함에 따라 그 법인 외의 주주의 지분비율이 증가한 경우 그 증가한 지분비율에 상당하는 주식가액

위 ②의 경우 자기주식을 보유하고 있는 A법인의 주식발행초과금의 자본금전입에 따른 무상주 배정 시 의제배당에 해당하는 주식 수를 계산하면 다음과 같다.

㉠ 자기주식에 배정할 무상주를 다른 주주에게 배정한 경우

A법인의 주주	무상증자 전 보유주식 수	무상주 배정		무상증자 후 보유주식 수	의제배당 해당주식 수
		자기주식 배정분을 제외한 무상주 배정	자기주식 미배정분의 추가배정		
B법인 C법인 자기주식	60주 20주 20주	60주 20주 –	15주 5주 –	135주 45주 20주	15주* 5주* –
계	100주	80주	20주	200주	20주

* 이는 무상증자로 증가한 지분비율에 상당하는 것으로 다음과 같이 계산된다.
  → 무상증자 후 총발행주식 수×(증자 후 지분율 – 증자 전 지분율)

$$\text{B법인}: 200\text{주} \times \left(\frac{135\text{주}}{200\text{주}} - \frac{60\text{주}}{100\text{주}}\right) = 15\text{주}$$

$$\text{C법인}: 200\text{주} \times \left(\frac{45\text{주}}{200\text{주}} - \frac{20\text{주}}{100\text{주}}\right) = 5\text{주}$$

㉡ 자기주식에 배정할 무상주를 다른 주주에게 배정하지 않은 경우

A법인의 주주	무상증자 전 보유주식 수	무상주 배정		무상증자 후 보유주식 수	의제배당 해당주식 수
		자기주식 배정분을 제외한 무상주 배정	자기주식 미배정분의 추가배정		
B법인 C법인 자기주식	60주 20주 20주	60주 20주 –	– – –	120주 40주 20주	12주* 4주* –
계	100주	80주	–	180주	16주

* 이는 무상증자로 증가한 지분비율에 상당하는 것으로 다음과 같이 계산된다.
  → 무상증자 후 총발행주식 수×(증자 후 지분율 – 증자 전 지분율)

$$\text{B법인}: 180\text{주} \times \left(\frac{120\text{주}}{180\text{주}} - \frac{60\text{주}}{100\text{주}}\right) = 12\text{주}$$

$$\text{C법인}: 180\text{주} \times \left(\frac{40\text{주}}{180\text{주}} - \frac{20\text{주}}{100\text{주}}\right) = 4\text{주}$$

[표] 잉여금의 자본금전입에 의한 무상주 수령의 의제배당 요약

<table>
<tr><th colspan="2">자본금에 전입되는 잉여금의 재원</th><th>의제배당 여부</th><th>예 외</th></tr>
<tr><td rowspan="5">자본잉여금</td><td>주식발행초과금</td><td>×</td><td>채무의 출자전환시 채무면제이익은 의제배당에 해당함</td></tr>
<tr><td>감자차익</td><td>×</td><td>시가가 취득가액을 초과하거나 소각일로부터 2년 이내에 전입하는 경우에는 의제배당에 해당함</td></tr>
<tr><td>합병차익 · 분할차익</td><td>×</td><td></td></tr>
<tr><td>재평가적립금</td><td>×</td><td>토지의 재평가차액은 의제배당에 해당함</td></tr>
<tr><td>기타자본잉여금
(자기주식처분이익 등)</td><td>○</td><td></td></tr>
<tr><td colspan="2">이익잉여금</td><td>○</td><td></td></tr>
</table>

* 위에서 의제배당에 해당하지 않는 경우에도 자기주식을 보유한 상태에서 자본금전입을 함에 따라 그 법인 외의 주주의 지분비율이 증가한 경우 그 증가한 지분비율에 상당하는 주식가액은 의제배당으로 본다.

이러한 의제배당의 금액을 계산함에 있어서 교부받는 재산이 금전 이외의 재산인 경우에는 다음과 같이 평가한다.

[표] 의제배당 금액의 평가

<table>
<tr><th>교부받는 재산의 유형</th><th colspan="2">의제배당의 사유</th><th>평가방법</th></tr>
<tr><td rowspan="4">주식(또는 출자지분)</td><td colspan="2">잉여금의 자본전입(무상주 배당)</td><td>액면가액(주식배당의 경우는 발행금액)</td></tr>
<tr><td rowspan="2">합병 및 분할</td><td>과세이연요건 충족</td><td>종전의 장부가액</td></tr>
<tr><td>과세이연요건 불충족</td><td>취득당시 시가*</td></tr>
<tr><td colspan="2">위 이외의 경우
(자본금 감소, 해산 등)</td><td>취득당시 시가</td></tr>
<tr><td colspan="3">주식 이외의 재산(토지, 건물 등)</td><td>취득당시 시가</td></tr>
</table>

* 부당행위계산의 부인으로 보는 자본거래로 인하여 특수관계인으로부터 분여받은 이익이 있는 경우에는 그 금액을 차감한 금액으로 한다.

여기서 감자·해산·합병·분할, 즉 〈유형 1〉에 속하는 의제배당은 기업회계에서 유가증권(또는 투자유가증권)처분이익으로 수익으로 계상되므로 별도의 세무조정이 필요 없다. 그러나 잉여금의 자본전입에 의한 무상주 수령, 즉 〈유형 2〉에 속하는 의제배당의 경우에는 기업회계에서 이를 수익으로 보지 않고 주식수와 단가만을 조정하여 회계처리를 하지 않는다. 따라서 잉여금의 자본전입으로 인한 무상주 중 의제배당에 해당하는 경우에는 그 액면가액을 익금산입하고 유보로 소득처분한다. 이는 동 무상주가 처분되는 경우 익금불산입하여 △유보로 추인하게 된다.

[예제 3-8] 잉여금의 자본전입으로 인한 의제배당

㈜경성(사업연도 : 1.1－12.31)의 다음 자료에 의해 기업회계기준에 따른 회계처리를 한 경우 법인세법에 따른 세무조정을 하시오(단, ㈜대연의 주식은 시장성이 없어 취득원가로 평가).

1. ㈜경성은 제10기에 장기투자 목적으로 비상장법인인 ㈜대연의 주식 10,000주를 1주당 ₩5,000에 현금으로 매입하여 ㈜대연의 발행주식총수의 20%를 보유하게 되었다.
2. ㈜경성의 제11기에 ㈜대연은 잉여금(미처분이익잉여금 포함)을 모두 자본전입하여 주주들에 신주를 발행·교부하였는데, 그 자본전입 직전 ㈜대연의 자본계정의 명세는 다음과 같다.

과 목	금 액	
(1) 자본금(₩4,000×50,000주)		₩200,000,000
(2) 자본잉여금		
① 주식발행초과금[1)]	₩30,000,000	
② 재평가적립금[2)]	40,000,000	
③ 자기주식처분이익	50,000,000	120,000,000
(3) 이익잉여금		
① 이익준비금	₩30,000,000	
② 미처분이익잉여금	20,000,000	50,000,000
합 계		₩370,000,000

(1) 주식발행초과금 중에는 채무의 출자전환시 채무면제이익 ₩10,000,000이 포함되어 있다.

(2) 재평가적립금 중에는 익금에 산입된 토지의 재평가차액 ₩20,000,000이 포함되어 있다.

3. ㈜경성은 제12기에 보유하고 있던 ㈜대연의 주식 전부를 현금 ₩80,000,000을 받고 매각하였다.

4. 보유하고 있던 ㈜대연의 주식은 내국법인의 수입배당금에 대한 익금불산입 요건을 갖추었으며, ㈜경성의 지급이자는 없다.

해답 1. 제11기 세무조정 :

• 의제배당 해당액

① 채무면제이익 : ₩10,000,000

② 토지의 재평가차액 : ₩20,000,000

③ 자기주식처분이익 : ₩50,000,000

④ 이익잉여금 : ₩50,000,000

합　계　: ₩130,000,000

→ (주)경성의 의제배당 해당액 : ₩130,000,000 × 20% = ₩26,000,000

→ 익금불산입액 : ₩26,000,000 × 30% = ₩7,800,000

〈세무조정〉 익금산입 ₩26,000,000(유보)

익금불산입 ₩7,800,000(기타)

2. 제12기 세무조정 : 익금불산입 ₩26,000,000(△유보)

3-4 배당소득에 대한 이중과세의 조정

일반적으로 배당소득은 이중과세의 문제가 발생된다. 배당소득에 대해서는 이를 지급하는 법인 단계에서 법인세가 과세되고(지급하는 배당금은 손금이 아니기 때문), 지급받는 주주 단계에서 소득세(주주가 개인인 경우) 또는 법인세(주주가 법인인 경우)가 과세되기 때문이다.

주주가 개인인 경우에는 배당소득에 대해 이미 과세된 법인세 상당액을 그 개인주주의 소득세 산출세액에서 공제(배당세액공제)하여 이중과세를 조정하고 있는데, 이는 소득세법에서 규정하고 있다.

주주가 법인인 경우에는 익금에 해당하는 배당소득의 일정금액을 익금불산입함으로써 이중과세를 조정하고 있는데, 그 구체적인 내용은 다음과 같다.

1. 일반내국법인의 수입배당금액의 익금불산입

지주회사가 아닌 일반 내국법인이 해당 법인이 출자한 다른 내국법인으로부터 받은 수입배당금액(의제배당금액 포함) 중 다음의 금액은 익금불산입한다.

> 익금불산입액 = 익금불산입 대상금액(수입배당금액 × 익금불산입률)
> − 차입금이자에 대한 익금불산입 배제액

1) 익금불산입 대상금액

익금불산입되는 수입배당금액은 해당 법인이 다른 내국법인에 출자한 비율에 따라 수입배당금액에 다음의 익금불산입률을 곱하여 계산한다.

출자비율*		익금불산입률
출자받은 법인이 주권상장법인인 경우	출자받은 법인이 비상장법인인 경우	
30% 이하	50% 이하	30%
30% 초과 100% 미만	50% 초과 100% 미만	50%
100%	100%	100%

* 해당 법인이 다른 내국법인에 출자한 비율은 출자받은 내국법인의 배당기준일 현재 3개월 이상 계속하여 보유하고 있는 주식(또는 출자지분)을 기준으로 계산한다. 이 경우 보유주식 등의 수를 계산할 때 동일 종목의 주식 등의 일부를 양도한 경우에는 먼저 취득한 주식 등을 먼저 양도한 것으로 본다.

2) 차입금이자에 대한 익금불산입 차감액

차입금으로 타법인주식을 취득하여 배당을 받음으로써 배당소득에 대한 익금불산입과 지급이자의 손금산입이라는 이중혜택을 방지하기 위하여 해당 법인에게 차입금의 이자가 있는 경우에는 다음의 금액을 위의 익금불산입 대상금액에서 차감한다.

$$\text{익금불산입 차감액} = \text{차입금이자}^{*} \times \text{익금불산입률} \times \frac{\text{주식의 장부가액 적수}}{\text{자산총액적수}}$$

* 차입금이자는 손익계산서에 계상된 이자비용으로 하되, 지급이자 손금불산입 규정에 따라 이미 손금불산입된 금액과 현재가치할인차금 상각액, 연지급수입의 지급이자는 제외한다.

3) 익금불산입의 배제

다음 중 어느 하나에 해당하는 수입배당금액은 익금불산입 규정을 적용하지 않는다.

① 배당기준일 전 3개월 이내에 취득한 주식 등을 보유함으로써 발생하는 수입배당금액

② 지급배당에 대해 소득공제되거나 법인세가 비과세·면제·감면되는 다음 중 어느 하나에 해당하는 법인으로부터 받은 수입배당금액

㉠ 법인세법에 따른 소득공제를 적용받는 유동화전문회사 등

㉡ 법인의 공장 및 본사를 수도권 밖으로 이전에 대한 세액감면을 적용받는 법인 등

㉢ 동업기업과세특례를 적용받는 법인

③ 지주회사의 수입배당금액으로서 후술하는 특례의 익금불산입률을 적용받는 것

2. 지주회사 수입배당금액에 대한 익금불산입 특례

지주회사(holding company)란 다른 법인의 주식의 소유를 통하여 그 회사의 사업내용을 지배하는 것을 주된 사업으로 하는 회사를 말한다. 이러한 지주회사의 주된 수입원은 자회사로부터 받는 수입배당금액이 되며, 이는 현행 법률에서 허용된 것이기 때문에 일반법인에 비하여 높은 익금불산입률을 적용하고 있다.

지주회사는 내국법인 중 사업연도 종료일 현재 「독점규제 및 공정거래에 관한 법률」에 따른 지주회사(공공연구기관첨단기술지주회사와 산학협력기술지주회사 포함) 및 「금융지주회사법」에 따른 금융지주회사를 말한다. 이 경우 금융업 또는 보험업을 영위하는 자회사의 주식을 소유하는 지주회사를 '금융지주회사'라 하고, 금융지주회사가 아닌 지주회사를 '일반지주회사'라 한다.

여기에 대해 자회사는 지주회사가 직접 해당 내국법인의 발행주식총수 또는 출자총액의 40%(주권상장법인 또는 벤처기업은 20%) 이상을 해당 내국법인의 배당기준일 현재 3개월 이상 보유하고 있는 법인이어야 한다. 한편, 금융지주회사는 일반업종을 영위하는 자회사를 거느릴 수 없으며, 일반지주회사는 금융·보험업을 영위하는 자회사를 거느릴 수 없다.

지주회사가 자회사로부터 받은 수입배당금액 중 다음의 금액은 익금에 산입하지 않는다(일반법인보다는 높은 익금불산입률 적용).

> 익금불산입액 = 익금불산입 대상금액(수입배당금액 × 익금불산입률)
> − 차입금이자에 대한 익금불산입 배제액

1) 익금불산입 대상금액

익금불산입되는 수입배당금액은 자회사에 대한 출자비율에 따라 수입배당금액에 다음의 익금불산입률을 곱하여 계산한다.

출자비율*		익금불산입률
자회사가 주권상장법인인 경우	자회사가 비상장법인인 경우	
20% 이상 30% 이하	40%(벤처기업은 20%) 이상 50% 이하	80%
30% 초과 40% 이하	50% 초과 80% 이하	90%
40% 초과	80% 초과	100%

* 지주회사가 자회사에 출자한 비율은 자회사의 배당기준일 현재 3개월 이상 계속하여 보유하고 있는 주식(또는 출자지분)을 기준으로 계산한다. 이 경우 동일 종목의 주식 등의 일부를 양도한 경우에는 먼저 취득한 주식 등을 먼저 양도한 것으로 본다.

2) 차입금이자에 대한 익금불산입 차감액

지주회사가 각 사업연도에 지급한 차입금의 이자가 있는 경우에는 다음의 금액을 위의 익금불산입 대상금액에서 차감한다.

$$\text{익금불산입 차감액} = \text{차입금이자}^{*1)} \times \text{익금불산입률} \times \frac{\text{주식의 장부가액적수}^{*2)}}{\text{자산총액적수}^{*3)}}$$

*1) 차입금이자는 손익계산서에 계상된 이자비용으로 하되, 지급이자 손금불산입 규정에 따라 이미 손금불산입된 금액과 현재가치할인차금 상각액, 연지급수입의 지급이자는 제외한다.

*2) 주식의 장부가액은 해당 주식에 대한 수입배당금액이 익금불산입된 자회사 주식 등의 세무상 장부가액을 말한다.

*3) 자산총액은 금융지주회사가 차입시의 이자율보다 높은 이자율로 자회사에 대여한 금액이 있는 경우에는 해당 금액을 차감한 금액으로 한다.

3) 익금불산입의 배제

다음 중 어느 하나에 해당하는 수입배당금액은 익금불산입 규정을 적용하지 않는다.

① 배당기준일 전 3개월 이내에 취득한 주식 등을 보유함으로써 발생하는 수입배당금액

② 지급배당에 대해 소득공제되거나 법인세가 비과세 · 면제 · 감면되는 법인으

로부터 받은 수입배당금액(일반적인 수입배당금액의 익금불산입 배제와 동일)

[예제 3-9] 수입배당금액의 익금불산입

다음 자료에 따라 지주회사인 ㈜경성(사업연도: 20x1년 1.1－12.31)의 수입배당금액의 익금불산입액을 계산하시오(1년은 365일로 가정).

배당지급법인	수입배당금액	보유주식장부가액	지분비율
A사(주권상장법인)	3억원	30억원	10%
B사(코스닥상장법인)	2억원	60억원	30%
C사(비상장법인)	2억원	15억원	85%
D사(비상장법인(벤처기업))	2억원	6억원	20%

(1) ㈜경성의 사업연도 종료일 현재 자산총액은 300억원, 차입금에 대한 지급이자는 1억원이다.

(2) 해당 사업연도 중 보유주식 비율은 변동이 없으며, 기타 익금불산입 요건은 충족하고 있다.

해답 (1) A사: $₩300,000,000 \times 30\% - ₩100,000,000 \times \frac{30억원}{300억원} \times 30\% = ₩87,000,000$

- 주권상장법인은 지주회사의 지분비율이 20% 이상이어야 지주회사의 익금불산입 규정이 적용되며, 그렇지 않은 경우에는 일반법인의 수입배당금액 익금불산입 규정을 적용함

(2) B사: $₩200,000,000 \times 80\% - ₩100,000,000 \times \frac{60억원}{300억원} \times 80\% = ₩144,000,000$

(3) C사: $₩200,000,000 \times 100\% - ₩100,000,000 \times \frac{15억원}{300억원} \times 100\% = ₩195,000,000$

(4) D사: $₩200,000,000 \times 80\% - ₩100,000,000 \times \frac{6억원}{300억원} \times 80\% = ₩158,400,000$

∴ 익금불산입액 합계: ₩584,400,000

제4장 손금항목과 손금불산입항목

4-1 손금항목

손금이란 자본 또는 출자의 환급, 잉여금의 처분 및 법인세법에서 손금불산입항목으로 규정하는 것을 제외하고 해당 법인의 순자산을 감소시키는 거래로 인하여 발생하는 손비의 금액을 말한다.

여기서 손비는 법인세법 및 다른 법률에서 달리 정하고 있는 것을 제외하고는 그 법인의 사업과 관련하여 발생하거나 지출된 손실 또는 비용으로서 일반적으로 용인되는 통상적인 것이거나 수익과 직접 관련된 것으로 한다.

이러한 법인에게 귀속되는 모든 비용은 일반적으로 공정·타당하다고 인정되는 기업회계기준에 준거하여 판매비와 관리비, 제조원가, 자산의 취득가액(자산의 매입부대비용 포함) 등으로 명확히 구분하여 경리하여야 한다(비용배분의 원칙).

구 분	손금산입 시기
판매비와 관리비	전액 당기 손금산입
제조원가	판매분은 매출원가로 당기 손금에 산입되고, 미판매분은 기말재고자산으로 차기 이후 판매시 손금산입
자산의 취득가액	감가상각과 처분과정을 통해 손금산입

법인세법에서는 이러한 손금(손비)의 범위를 다음과 같이 열거하고 있다. 그러나 이것은 예시규정에 불과하며, 여기에 열거되지 않은 것이라도 업무와 관련하여

초래된 모든 순자산의 감소액은 손금에 해당한다(포괄주의).

① 판매한 상품 또는 제품에 대한 원료의 매입가액(매입에누리·매입환출·매입할인액 제외)과 그 부대비용

② 판매한 상품 또는 제품의 보관료, 포장비, 운반비, 판매장려금 및 판매수당 등 판매와 관련된 부대비용(판매장려금 및 판매수당의 경우 사전약정 없이 지급하는 경우를 포함)

③ 양도한 자산의 양도 당시의 장부가액

④ 인건비

⑤ 고정자산의 수선비

⑥ 고정자산에 대한 감가상각비

⑦ 특수관계인으로부터 자산을 저가양수시 실제취득가액(실제취득가액이 시가를 초과하는 경우에는 시가)과 장부가액과의 차액에 대한 감가상각비 상당액

⑧ 자산의 임차료

⑨ 차입금이자

⑩ 회수할 수 없는 부가가치세 매출세액 미수금(부가가치세법에 따라 대손세액공제를 받지 아니한 것에 한정함)

⑪ 자산의 평가손실

⑫ 세금과 공과금

⑬ 영업자가 조직한 단체로서 법인이거나 주무관청에 등록된 조합 또는 협회에 지급한 일반회비

⑭ 광업의 탐광비(탐광을 위한 개발비 포함)

⑮ 보건복지가족부장관이 정하는 무료진료권 또는 새마을진료권에 따라 행한 무료진료의 가액

⑯ 음·식료품의 제조업·도매업 또는 소매업을 영위하는 내국법인이 해당 사업에서 발생한 잉여식품을 잉여식품활용사업자(Food Bank) 또는 이들이 지정하는 자에게 무상으로 기증하는 경우 그 기증한 잉여식품의 장부가액(이 경우 그 금액은 기부금에 포함하지 않음)

⑰ 업무와 관련 있는 해외시찰·훈련비
⑱ 맞춤형 교육을 위한 운영비·수당 등
⑲ 우리사주조합에 출연하는 자사주의 장부가액 또는 금품
⑳ 장식·환경미화 등의 목적으로 사무실·복도 등 여러 사람이 볼 수 있는 공간에 항상 전시하는 미술품의 취득가액을 그 취득일이 속하는 사업연도의 손금에 산입한 경우의 그 취득가액(취득가액이 거래단위별로 1,000만원 이하인 것에 한정) → 1,000만원 초과인 경우 자산으로 처리함(업무무관자산은 아니며, 상각자산도 아님)
㉑ 광고선전 목적으로 기증한 물품의 구입비용(특정인에게 기증한 물품(개당 1만원 이하의 물품은 제외)의 경우에는 연간 3만원 이내의 금액에 한정)
㉒ 임직원이 금융지주회사 또는 해외모법인으로부터 부여받은 주식매수선택권 또는 주식기준보상을 행사하거나 지급받는 경우 해당 주식매수선택권 등을 부여하거나 지급한 법인에게 그 행사비용으로서 보전하는 금액
㉓ 중소기업 핵심인력 성과보상기금 납입금
㉔ 임원 또는 사용인(지배주주인 자는 제외)의 사망 이후 유족에게 학자금 등으로 일시적으로 지급하는 금액
㉕ 그 밖의 손비로서 그 법인에 귀속되었거나 귀속될 금액

4-2 손금불산입항목

손금불산입항목은 법인의 순자산을 감소시키는 거래에서 발생한 손비라 하더라도 자본충실화, 조세정책 등의 목적으로 손금으로 인정하지 않는데, 그 내용은 다음과 같다.

1) 자본거래로 인한 손비

① 잉여금의 처분을 손비로 계상한 금액

② 주식할인발행차금

2) 세금과 공과금 중 일정한 것 → 4-4에서 설명

① 법인세 등 일정한 조세

② 일정한 공과금

③ 벌금 · 과료 · 과태료 · 가산금 및 체납처분비

3) 자산의 평가손실(일정한 평가손실은 제외) → 제6장에서 설명

4) 감가상각비 한도초과액 → 제10장에서 설명

5) 기부금 한도초과액과 비지정기부금 → 제8장에서 설명

6) 접대비 한도초과액과 적격증명서류 미수취 접대비 → 제7장에서 설명

7) 과다경비 등 → 4-5에서 설명

① 일정한 인건비와 복리후생비 → 4-3에서 설명

② 임원 · 사용인이 아닌 지배주주(특수관계인 포함)에게 지급한 여비 · 교육훈련비

③ 공동경비 중 법정기준을 초과하여 지출한 금액

8) 업무와 관련 없는 비용 → 4-5에서 설명

9) 일정한 지급이자 → 제9장에서 설명

① 채권자가 불분명한 사채이자

② 비실명 채권 · 증권의 이자

③ 건설자금이자

④ 업무무관자산 등에 대한 지급이자

4-3 인건비

인건비는 법인의 임원 및 사용인에게 근로 제공의 대가로 지급하는 급여, 임금, 제수당, 상여금, 퇴직급여, 복리후생비 등을 말한다. 이러한 인건비는 일반적으로 손금으로 인정되지만, 모든 인건비가 손금으로 인정되는 것은 아니다.

인건비의 손금계상 방법으로 고정자산의 건설을 위하여 지출되는 인건비는 그 고정자산의 취득원가를 구성하고, 감가상각을 통하여 고정자산의 내용연수에 걸쳐 손금으로 계상된다. 또한 제품제조를 위하여 지출되는 인건비는 제품제조원가의 일부를 구성하고, 그 제품의 판매시에 손금으로 계상된다. 기타 판매비 및 관리비로서의 인건비는 지출과 동시에 손금으로 계상된다.

1. 급여

급여라 함은 봉급, 급료, 보수, 임금, 수당 등과 같이 근로자에 대하여 일정한 지급기준에 따라 일정기간마다 정기적으로 지급하는 인건비를 말하며, 특별히 생산직의 경우에는 성과급으로 지급하는 경우도 있다. 일반적으로 급여는 건물 등의 취득원가를 구성하는 부분과 제조원가를 구성하는 부분을 제외하고는 지출과 동시에 손금으로 인정된다.

그러나 다음의 급여는 손금으로 인정되지 않는다.

① 법인이 지배주주 등*(특수관계인 포함)인 임원·사용인에게 정당한 사유 없이 동일 직위에 있는 지배주주 등 외의 임원·사용인에게 지급하는 금액을 초과하여 보수를 지급한 경우 그 초과금액 → 배당금을 인건비로 위장한 것이므로 손금불산입함

② 비상근임원에게 지급하는 보수 중 부당행위계산에 해당하는 금액

* 지배주주 등: 법인의 발행주식총수(또는 출자총액)의 1% 이상의 주식 또는 출자지분을 소유한 주주 등으로서 그와 특수관계인의 소유 주식(또는 출자지분)의 합계가 해당 법인의 주주 등 중 가장 많은 경우의 해당 주주 등

2. 상여금

상여라 함은 근로의 실적 또는 공로 등의 사유로 부정기적으로 지급하는 인건비를 말하며, 오늘날에는 정액급여의 보완적 급여로 지급되는 것이 일반적이다. 상여는 비용으로 지급되는 경우와 이익처분에 의하여 지급되는 경우가 있다.

1) 일반적인 상여금

상여가 비용으로 지급되는 경우에는 그 지급을 받는 자가 사용인인 경우에는 전액 손금에 산입하고, 임원인 경우에는 정관・주주총회・사원총회 또는 이사회의 결의에 의하여 결정된 급여지급기준 이내의 금액은 손금에 산입하고 이를 초과하는 금액은 손금불산입한다.

여기서 사용인이란 임원이 아닌 종업원을 말하며, 임원이란 법인의 회장, 사장, 부사장, 이사장, 대표이사, 전무이사, 상무이사 등 이사회의 구성원 전원과 합명회사・합자회사・유한회사의 업무집행사원 또는 이사, 유한책임회사의 업무집행자, 감사, 기타 이에 준하는 직무에 종사하는 자를 말한다.

2) 이익처분에 의한 상여금

이익처분에 의하여 지급하는 상여금은 그 지급을 받는 자가 사용인이든 임원이든 손금에 산입하지 않는다. 이 경우 합명회사 또는 합자회사의 노무출자사원에게 지급하는 보수는 이익처분에 의한 상여로 본다.

이러한 상여의 회계처리에 있어 비용으로 인정되는 상여금이라 하더라도 사규 등에 의하여 상여의 계산기간 등이 정해져 있고 내부결의에 의해 그 지급이 확정된 경우에 한하여 미지급계상을 인정하고, 그 이외의 경우에는 지급시에 한하여 손금으로 인정한다.

3. 퇴직급여

퇴직급여라 함은 법인의 임원 또는 사용인 등 근로제공자가 일정기간 재직하다가 현실적으로 퇴직할 때에 재직 중 근로제공의 대가로 지급하는 인건비를 말한다. 현실적인 퇴직이란 해당 임원 또는 사용인이 퇴직함으로써 해당 법인과의 고용관계가 상실되는 경우를 말한다. 따라서 현실적으로 퇴직하지 아니한 임원 또는 사용인에게 지급한 퇴직급여는 현실적으로 퇴직할 때까지 퇴직급여로 보지 않고 해당 임원 또는 사용인에 대한 업무무관 가지급금으로 보아 손금불산입하고 유보로 소득처분하며 업무무관 가지급금에 대한 인정이자도 계산하여야 한다.

여기서 현실적인 퇴직으로 보는 경우는 다음과 같다.

① 사용인이 임원으로 취임한 때

② 상근임원이 비상근임원으로 된 때

③ 임원 또는 사용인이 그 법인의 조직변경·합병·분할·사업양도에 따라 퇴직한 때

④ 근로자퇴직급여보장법에 따라 퇴직급여를 중간정산하여 지급한 때(중간정산시점부터 새로 근속연수를 기산하여 퇴직급여를 계산하는 경우에 한함)

⑤ 임원에게 정관 또는 정관에서 위임된 퇴직급여지급규정에 따른 경우로서 장기요양 등의 사유로 중간정산하여 퇴직급여를 지급한 때(중간정산시점부터 새로 근속연수를 기산하여 퇴직급여를 계산하는 경우에 한함)

이에 비해 현실적인 퇴직으로 보지 않는 경우는 다음과 같다.

① 임원이 연임된 경우

② 법인의 대주주 변동으로 인하여 계산의 편의, 기타 사유로 전 사용인에게 퇴직급여를 지급한 경우

③ 외국법인의 국내지점 종업원이 본점(본국)으로 전출하는 경우

④ 정부투자기관 등이 민영화됨에 따라 전 종업원의 사표를 일단 수리한 후 재채용한 경우

⑤ 근로자퇴직급여보장법에 따라 퇴직급여를 중간정산하기로 하였으나 이를 실제로 지급하지 않은 경우

사용인에게 지급하는 퇴직급여는 한도 없이 전액 손금에 산입한다. 그러나 임원에게 지급한 퇴직급여는 정관 또는 정관에서 위임된 퇴직급여규정에 지급할 금액이 정하여진 경우에는 그 금액의 한도 내에서 전액 손금에 산입한다. 정관에서 위임된 퇴직급여규정은 구체적인 퇴직급여를 계산할 수 있는 규정이어야 하며, 최대한도만을 명시하거나 주주총회 또는 이사회의 결의에 의한다는 규정만 두어 이에 따라 지급하는 경우에는 적법한 퇴직급여규정에 의해 지급된 것으로 볼 수 없다.

이와 같이 적법한 규정이 아닌 경우에 지급된 임원퇴직급여는 다음의 금액을 한도로 손금에 산입한다.

퇴직 전 1년 동안의 총급여액[1] × 10% × 근속연수[2]

1) 총급여액: 근로의 제공으로 인하여 받는 봉급, 급료, 보수, 임금, 상여, 수당 기타 이와 유사한 성질의 급여와 이익처분에 의한 상여를 말하며, 다음의 금액은 제외한다.
① 소득세법상 비과세 근로소득
② 손금불산입되는 인건비
③ 인정상여(법인세법에 의하여 상여로 소득처분된 금액)
④ 퇴직으로 인하여 받는 소득으로서 퇴직소득에 속하지 아니하는 금액
2) 근속연수: 월수로 계산하되, 1개월 미만의 기간은 없는 것으로 한다.

4. 복리후생비

법인이 임원 또는 사용인을 위하여 지출한 복리후생비 중 다음의 비용은 손금에 산입하나, 그 외의 비용은 손금에 산입하지 않는다. 즉 다음에 열거되지 아니한 복리후생비는 과다경비로서 손금불산입하는 것이다.

① 직장체육비

② 직장문화비 · 직장회식비

③ 우리사주조합의 운영비

④ 국민건강보험법 및 노인장기요양보험법에 따라 사용자로서 부담하는 건강보험료 및 부담금

⑤ 영유아보육법에 따라 설치된 직장어린이집의 운영비

⑥ 고용보험법에 따라 사용자로서 부담하는 보험료

⑦ 그 밖에 임원 또는 사용인에게 사회통념상 타당하다고 인정되는 범위에서 지급하는 경조사비 등 위의 비용과 유사한 비용

[표] 인건비의 손금인정 여부 요약

구 분		사용인	임 원
일반급여		○	○
상여금	일반적인 상여금	○	급여지급기준에 따른 금액의 한도 내에서 손금인정
	이익처분에 의한 상여금	×	×
퇴직급여		○	정관 등의 규정에 따른 금액의 한도 내에서 손금인정
복리후생비		열거된 것에 한정하여 손금인정	

[예제 4-1] 인건비

㈜경성은 20x1년 사업연도 중에 임원인 K씨의 인건비로 급여 ₩50,000,000, 상여금 ₩20,000,000, 퇴직급여 ₩30,000,000(퇴직일 20x1년 12월 31일, 근속연수 5년)을 지출하였다. 이때 필요한 세무조정을 하시오. 다만, 회사는 임원에 대한 상여금지급규정과 퇴직급여지급규정을 두고 있지 않다.

해답 1. 〈손금불산입〉 임원상여금 한도초과액 ₩20,000,000(상여)

→ 임원에 대한 상여금지급규정이 없으므로 상여금 전액을 손금불산입한다.

2. 〈손금불산입〉 임원퇴직급여 한도초과액 ₩5,000,000(상여)

→ 한도액 = 퇴직 전 1년간 총급여액* × 10% × 근속연수

= ₩50,000,000 × 10% × 5년 = ₩25,000,000

한도초과액 = ₩30,000,000 − ₩25,000,000 = ₩5,000,000

* 임원퇴직급여 한도초과액 계산시 총급여액에는 손금불산입된 임원상여금 ₩20,000,000은 포함하지 않는다.

[예제 4-2] 인건비가 자산으로 계상된 경우

甲은 ㈜경성의 미완공상태인 본사 사옥 신축공사에 참여하고 있는 임원이다. 甲의 상여금 ₩20,000,000 중 ₩5,000,000은 한도를 초과하는 금액이다. ㈜경성이 甲의 상여금을 전액 판매비와 관리비로 계상한 경우와 건설중인 자산으로 계상한 경우의 세무조정을 하시오.

해답 1. 판매비와 관리비로 계상한 경우

〈손금불산입〉 건설중인 자산 ₩15,000,000(유보) ← 자산의 과소계상

〈손금불산입〉 상여금 한도초과액 ₩5,000,000(상여)

2. 건설중인 자산으로 계상한 경우

〈손금산입〉 건설중인 자산 ₩5,000,000(△유보) ← 자산의 과대계상

〈손금불산입〉 상여금 한도초과액 ₩5,000,000(상여)

해설 임원의 상여금 ₩20,000,000 중 ₩5,000,000은 손금불산입항목이며, ₩15,000,000은 손금항목이지만 건설중인 자산으로 계상하여야 한다. 따라서 이를 모두 비용으로 계상한 경우는 ₩15,000,000은 손금불산입하고 유보(자산의 과소계상)로 소득처분하고 ₩5,000,000은 손금불산입하고 상여로 소득처분하는 것이다. 이를 모두 자산으로 계상한 경우는 손금불산입되는 ₩5,000,000을 손금산입하고 △유보(자산의 과대계상)로 소득처분함과 동시에 손금불산입하고 상여로 소득처분하는 것이다.

4-4 세금과 공과금

법인이 부담하는 세금과 공과금은 대부분 손금으로 인정되지만, 과세기술적인 문제나 조세정책적인 문제로 일부의 세금과 공과금은 손금으로 인정되지 않는다.

1. 조세

1) 손금산입되는 조세

손금불산입에 해당하지 않는 대부분의 조세는 손금으로 인정된다. 손금으로 인정되는 조세로는 국세로는 인지세, 교육세 등이 있고, 지방세로는 취득세, 등록면허세, 종합부동산세, 재산세, 자동차세, 사업소세, 도시계획세, 공동시설세, 지역개발세, 주민세 등이 있다.

이 중에서 취득세와 등록면허세는 지출시 자산의 취득원가에 가산한 후 감가상각이나 처분의 과정을 통하여 손금으로 인정된다. 따라서 취득세나 등록면허세를 조세공과로 비용으로 계상한 경우에는 손금불산입하고 유보(자산의 과소계상)로 소득처분하여야 한다.

2) 손금불산입되는 조세공과

(1) 법인세와 이에 부가되는 법인지방소득세와 농어촌특별세

각 사업연도에 납부하였거나 납부할 법인세와 이에 부가되는 법인지방소득세(법인세 총부담세액 × 10%)와 농어촌특별세(법인세 감면세액 × 20%)는 손금불산입하고 기타사외유출로 소득처분한다.

법인세는 이익처분의 성격이므로 손금으로 인정하지 않는다. 또한 과세소득은 법인세를 산출하기 위한 소득이므로 법인세를 손금으로 산입하기 전의 금액이어야 한다. 이를 손금으로 인정하는 경우에는 법인세액을 계산하여 비용으로 계상하여야 하는데, 이는 과세기술상 불가능한 것이다. 당기순이익은 법인세를 차감한 후의 금액이 되는데, 이러한 법인세 및 법인세에 부가되는 법인지방소득세와 농어촌특별세를 비용으로 계상한 경우에는 손금불산입(기타사외유출)하는 세무조정을 하여야 하는 것이다.

(2) 부가가치세 매입세액

법인이 재화나 용역을 공급받을 때 부담하는 부가가치세 매입세액은 손금불산입한다. 부가가치세 매입세액은 비용이나 매입부대비용의 성격이 아니고, 재화를 공급할 때 징수한 부가가치세 매출세액에서 공제하는 선급금(자산)의 성격이므로 부가가치세 매출세액을 익금불산입하는 것과 마찬가지로 손금불산입하는 것이다.

이에 대해 매입세액공제를 받지 못하는 부가가치세 매입세액 중 법인에게 귀책사유가 없는 다음과 같은 부가가치세 매입세액은 손금으로 인정된다.

① 부가가치세 면세사업자가 과세재화의 매입시 부담한 매입세액은 해당 재화 또는 용역의 취득원가(상각·처분시 손금) 또는 매입부대비용으로 처리한다.

② 토지조성 관련 매입세액은 토지의 취득원가에 가산한다(처분시 손금).

③ 영수증을 교부받은 거래분에 포함된 매입세액으로 공제받지 못하는 것은 해당 매입자산의 취득원가(상각·처분시 손금) 또는 매입부대비용으로 처리한다.

④ 비영업용 소형승용차의 구입과 관련된 매입세액은 해당 자산의 취득원가(상각·처분시 손금)에 가산하고, 유지와 관련된 매입세액은 비용으로 처리한다.

⑤ 접대비 및 이와 유사한 지출에 관련된 매입세액은 접대비로 처리한다.

⑥ 간주임대료*에 대한 매입세액은 이를 부담한 자의 비용으로 처리한다.

* 간주임대료는 세금계산서를 교부할 수 없기 때문에 임차인이 이를 부담하는 경우에는 매입세액을 공제받을 수 없으므로 임차인의 손금으로 인정한다. 만일 임대인이 이를 부담하는 경우에는 임대인의 손금으로 인정한다.

그러나 회사의 잘못으로 인하여 매입세액공제가 되지 못하는 경우의 매입세액, 즉 사업자등록 전 매입세액, 사업과 관련 없는 지출에 대한 매입세액, 세금계산서 미수취·불분명 매입세액, 매입처별 세금계산서합계표의 미제출·불분명 매입세액은 손금불산입한다.

(3) 반출필 미판매 제품에 대한 개별소비세·주세 등 미납액

개별소비세나 주세 등의 소비세는 부가가치세와 마찬가지의 간접세이지만, 부가가치세와는 달리 재화의 제조업자가 재화를 제조장에서 판매장으로 반출하는 시점에 과세된다. 이때 법인이 납부하였거나 납부할 세액은 부가가치세와 마찬가지의 간접세로 판매시에 매입하는 자로부터 징수하여 납부하므로 손금불산입한다.

따라서 제조장에서 판매장으로 반출하였으나 판매하지 아니한 제품에 대한 개별소비세 등은 구매자에 대한 미실현채권으로서 자산으로 계상하여야 하는 것이다. 이를 회사가 비용처리한 경우에는 손금불산입하고 유보(자산의 과소계상)로 소득처분한다. 다만, 제품가격에 그 세액을 가산한 경우에는 자산으로 계상한 것이 되므로 세무조정이 필요 없다.

(4) 세법상 의무불이행으로 인한 세액(가산세* 포함)

각 세법에 규정하는 의무불이행으로 인하여 납부하였거나 납부할 세액(가산세 포함)은 손금불산입한다. 의무불이행에는 직접국세뿐만 아니라 간접국세의 징수불이행·납부불이행과 그 밖의 의무불이행의 경우를 포함한다.

이 규정은 의무불이행으로 인한 징벌의 효과를 감소시키지 않기 위하여 손금으로 인정하지 않는 것이며, 의무불이행으로 인한 법인세법상 가산세는 물론 부가가치세법상 가산세도 손금불산입한다.

2. 벌금* · 과료* · 과태료* · 가산금* 및 체납처분비*

벌금, 과료(통고처분에 따른 벌금 또는 과료에 상당하는 금액 포함), 과태료(과료와 과태금 포함), 가산금 및 체납처분비 등 법률의 위반으로 부과되는 세액은 그 처벌의 효과를 높이고 법령의 준수를 유도하기 위해 손금으로 인정하지 않는다. 그러나 납기지연 등 사계약상의 의무불이행으로 인한 지체상금 및 연체이자 등은 손금으로 인정한다.

* 벌금·과료: 형법 규정을 어겼을 때 그 범죄행위에 대해 제제가 가해지는 것으로 형사처벌에 해당하며, 이를 납부하지 못할 경우 형을 강제노역으로 대신함

* 과태료: 행정법상 어떤 의무를 이행하지 않았거나 기타 경미한 규정을 어겼을 때 내려지는 처

분으로 강제노역으로 대신할 수 없으며 납부가 지연될 경우 이자가 가산됨
* 가산세: 세법에 규정하는 의무의 성실한 이행을 확보하기 위하여 그 세법에 의하여 산출된 세액에 가산하여 징수하는 금액(예: 과소신고가산세, 납부불성실가산세 등)
* 가산금: 국세를 납부기한까지 납부하지 아니한 때 국세징수법에 따라 고지세액에 가산하여 징수하는 금액과 납부기한이 지난 후 일정기한까지 납부하지 아니한 때 그 금액에 다시 가산하여 징수하는 금액
* 체납처분비: 국세징수법 중 체납처분에 관한 규정에 따른 재산의 압류·보관·운반과 매각에 소요된 비용(매각을 대행시키는 경우 그 수수료 포함)

3. 공과금

공과금이란 국가 또는 공공단체에 의하여 그 구성원에게 부과되는 모든 공적 부담을 말하는데, 이는 손금에 산입하는 것이 원칙이나 다음의 공과금은 손금에 산입하지 않는다.

① 법령에 따라 의무적으로 납부하는 것이 아닌 것(임의출연금 등)

② 법령에 따른 의무의 불이행 또는 금지·제한 등의 위반에 대한 제재로서 부과되는 것(제재목적 부담금: 폐수배출부담금 등)

손금으로 인정되는 공과금으로는 상공회의소 회비, 조합비·협회비, 대한적십자사 회비, 교통유발부담금, 폐기물처리부담금, 개발부담금 등이 있다. 이 중 토지에 대한 개발부담금은 자본적 지출로 보는 공과금으로 토지의 취득원가를 구성한 후 처분과정을 거쳐 손금에 산입된다.

조합비·협회비 등 단체에 납부한 회비는 영업자가 조직한 단체로서 법인 또는 주무관청에 등록된 조합·협회(법정단체)에 지급한 일반회비에 한해 조세공과로 손금으로 인정한다. 따라서 법인 또는 주무관청에 등록된 조합 또는 협회(법정단체)에 지급한 회비 중 특별회비와 임의로 조직한 단체로서 법인이 아니거나 주무관청에 등록되지 않은 조합 또는 협회(임의단체)에 지급한 모든 회비는 비지정기부금으로 보아 손금으로 인정하지 않는다.

[예제 4-3] 세금과 공과금

다음은 ㈜경성이 손익계산서에 비용으로 계상한 조세공과의 내용이다. 이에 따른 세무조정을 하시오.

(1) 재산세 xxx → 손금인정
(2) 부가가치세 매입세액 xxx
  영수증 발급분 xxx → 손금인정
  세금계산서 불분명 매입세액 xxx → 손금불산입(기타사외유출)
(3) 취득세 xxx → 손금불산입(유보)
(4) 교통유발부담금 xxx → 손금인정
(5) 폐수배출부담금 xxx → 손금불산입(기타사외유출)
(6) 개발부담금 xxx → 손금불산입(유보)
(7) 업무와 관련하여 발생한 교통사고 벌과금 xxx → 손금불산입(기타사외유출)
(8) 산업재해보상보험료의 가산금 xxx → 손금불산입(기타사외유출)
(9) 산업재해보상보험료의 연체이자 xxx → 손금인정
(10) 주무관청에 등록된 조합회비 xxx
  일반회비 xxx → 손금인정
  특별회비 xxx → 손금불산입(기타사외유출)

[예제 4-4] 손금불산입항목을 자산으로 계상한 경우의 세무조정

다음은 ㈜경성의 토지와 관련된 회계처리이다. 필요한 세무조정을 하시오.

1. 제10기에 토지 ₩200,000,000을 매입하고, 취득세 ₩3,000,000과 이에 대한 가산세 ₩2,000,000을 납부하고 다음과 같이 회계처리하였다.

(차) 토지	205,000,000	(대) 현금	205,000,000

2. 위 토지를 제12기에 ₩260,000,000에 처분하고 다음과 같이 회계처리하였다.

(차) 현금	260,000,000	(대) 토지	205,000,000
		토지처분이익	55,000,000

해답 1. 제10기
〈손금산입〉 자산의 과대계상 2,000,000(△유보)
〈손금불산입〉 가산세 2,000,000(기타사외유출)

2. 제12기
〈손금불산입〉 토지처분이익 2,000,000(유보) → 제10기 △유보의 추인

4-5 과다경비 및 업무무관비용

1. 과다경비

다음 중 과다하거나 부당하다고 인정되는 금액은 각 사업연도의 소득금액 계산 시 이를 손금에 산입하지 않는다.

1) 여비 및 교육훈련비

임원 또는 사용인이 아닌 지배주주 등(특수관계인 포함)에게 지급한 여비 및 교육훈련비는 손금불산입(배당)한다.

2) 공동경비

법인이 해당 법인 외의 자와 같은 조직 또는 사업 등을 공동으로 운영하거나 경영함에 따라 발생하거나 지출한 손비 중 다음의 배부기준에 따른 분담금을 초과하는 금액은 손금불산입(기타사외유출)한다.

구 분		배부기준
출자공동사업		출자비율
비출자 공동사업	특수관계인 간 공동사업	① 또는 ② 중 선택한 비율* ① 매출액 비율: 선택(전기매출액비율, 당기매출액비율) ② 총자산가액비율: 선택(전기총자산가액, 당기총자산가액)
	비특수관계인 간 공동사업	약정에 따른 분담비율(해당 비율이 없는 경우에는 특수관계인 간 공동사업비율에 따름)

* 선택하지 않은 경우에는 ① 중 전기매출액비율을 선택한 것으로 보며, 선택한 사업연도부터 연속하여 5개 사업연도 동안 적용하여야 함

* 다만, 공동행사비 및 공동구매비 등은 참석인원비율이나 구매금액비율 등 별도의 기준에 의할 수 있다.

→ 세부담 최소화 조건이 제시된 경우에는 선택가능한 비율 중에서 가장 높은 비율 선택

2. 업무무관비용

법인이 지출한 비용 중 그 업무와 직접 관련이 없는 다음의 금액은 손금에 산입하지 않는다.

1) 업무무관자산의 취득 · 관리에 따른 비용 → 보유단계에만 제재가 있음

업무무관자산을 취득 · 관리함으로써 생기는 비용 · 유지비 · 수선비 및 이와 관련되는 비용은 손금불산입한다. 이러한 비용에는 업무무관자산에 대한 종합부동산세, 재산세, 자동차세 등 조세와 수선비, 감가상각비 등이 포함된다.

구 분	세법상 처리
취득단계	업무무관자산의 취득가액과 취득부대비용은 세법상 자산으로 인정됨 → 업무무관자산의 취득세 · 등록세도 자산의 취득가액에 포함되며, 처분하는 사업연도의 손금에 산입
보유단계	① 업무무관비용 • 수선비 · 유지비 : 손금불산입(기타사외유출) • 보유단계 세금(재산세, 종합부동산세 등) : 손금불산입(기타사외유출) • 업무무관자산의 감가상각비 : 손금불산입(유보) → 업무무관자산은 감가상각대상이 아니므로 손금불산입(유보)하고 그 자산의 처분시 손금산입(△유보)한다. ② 업무무관자산 관련 지급이자 : 손금불산입(기타사외유출)
처분단계	업무무관자산의 처분가액은 익금, 장부가액은 손금에 해당 → 처분시 업무무관자산 관련 유보 잔액을 모두 추인함

이러한 업무무관자산의 범위는 다음과 같다.

[표] 업무무관자산의 범위

구 분	업무무관자산의 범위	적용 제외
부동산	법인의 업무에 직접 사용하지 않는 부동산	• 유예기간이 경과하기 전까지의 기간 중에 있는 부동산 • 법령에 따라 사용이 금지·제한되거나 기타 부득이한 사유가 있는 경우
	유예기간* 중에 업무에 직접 사용하지 않고 양도하는 부동산	부동산매매업을 주업으로 영위하는 법인의 경우
동 산	서화·골동품	장식·환경미화 등의 목적으로 사무실·복도 등 여러 사람이 볼 수 있는 공간에 상시 비치하는 것
	업무에 직접 사용하지 않는 자동차·선박 및 항공기	부득이한 사유가 있는 경우
	기타 위와 유사한 자산으로서 업무에 직접 사용하지 않는 자산	

* 유예기간은 일반적인 부동산은 취득일부터 2년, 건축물 신축용 토지와 부동산매매업의 매매용 부동산은 취득일부터 5년으로 한다.

2) 타인이 주로 사용하는 자산에 대한 비용

법인이 직접 사용하지 않고 다른 사람(주주 등이 아닌 임원과 소액주주 임원 및 사용인은 제외)이 주로 사용하고 있는 장소·건축물·물건 등의 유지비·관리비·사용료와 이와 관련되는 지출금은 손금불산입한다.

3) 출자 임원 사택의 유지비

법인의 출자임원(소액주주* 임원 제외) 또는 그 친족이 사용하고 있는 사택의 유지비·관리비·사용료와 이와 관련되는 지출금은 손금불산입한다. 물론 사용인(비출자 임원 포함)이 제공받는 사택의 유지비는 손금으로 인정한다.

* 소액주주: 지분율 1% 미만인 주주(지배주주 등과 특수관계인은 제외)

4) 업무무관자산을 취득하기 위하여 지출한 자금의 차입과 관련되는 비용

법인이 업무와 무관한 자산을 취득하기 위하여 지출한 자금의 차입과 관련되는 비용은 손금불산입한다.

5) 법인이 공여한 뇌물에 해당하는 금전 및 금전 외의 자산

법인이 공여한 형법상 뇌물(외국공무원에 대한 뇌물 포함)에 해당하는 금전 및 금전 외의 자산과 경제적 이익의 합계액은 손금불산입(기타소득)한다.

6) 노조전임자에게 지급하는 급여

노동조합 및 노동관계조정법을 위반하여 노동조합의 전임자(專任者)에게 지급하는 급여는 손금불산입(기타소득)한다.

제 5 장 접대비

5-1 접대비의 개념과 범위

1. 접대비의 개념

접대비란 접대비 · 교제비 · 사례금 그 밖의 어떠한 명목이든 상관없이 이와 유사한 성질의 비용으로서 법인이 업무와 관련하여 특정인(특수관계인 포함)에게 지출한 금액을 말한다.

접대비는 그 지출이 업무와 관련되었는지의 여부를 구분하기 힘들고 개인적 지출을 법인에 부담시켜 조세를 회피할 우려가 많을 뿐만 아니라 경제적으로도 비생산적인 비용이므로 접대비의 과도한 지출을 규제하기 위해 일정한 한도 내에서만 손금으로 인정하고 있다.

이러한 접대비는 업무와 관련하여 지출한 비용이므로 업무와 관련 없이 지출한 기부금과는 구별되고, 특정인을 대상으로 지출한 금액이므로 불특정다수인을 대상으로 지출하는 광고선전비와도 구별된다.

[표] 접대비 · 기부금 · 광고선전비의 구분

구 분	공통점과 차이점		세무조정
접대비	업무와 관련된 지출	특정인에 대한 지출	한도 내 금액만 손금인정
광고선전비		불특정다수인에 대한 지출	전액 손금인정
기부금	업무와 관련 없는 지출		한도 내 금액만 손금인정 (비지정기부금은 전액 손금불산입)

2. 접대비의 범위

접대비는 일정한 한도 내에서 손금으로 인정되므로 회사가 한도초과로 인한 손금불산입을 회피하기 위해 다른 항목(회의비, 복리후생비, 광고선전비 등)으로 회계처리하는 경우가 많다. 따라서 접대비에 해당하는지의 여부는 거래명칭 · 계정과목 · 거래형식 · 기장내용 등과 관계없이 그 거래의 실질적 내용에 따라 판단하여야 한다.

1) 사용인이 조직한 조합 또는 단체에 지출한 복리시설비

법인이 그 사용인이 조직한 조합 또는 단체에 지출한 복리시설비는 해당 조합이나 단체가 법인인 경우에는 이를 접대비로 보며, 법인이 아닌 경우에는 그 법인의 경리의 일부(그 지출의 성격에 따라 자산 또는 비용으로 처리)로 본다.

2) 약정에 따른 채권포기액

약정에 따라 채권의 전부 또는 일부를 포기하는 경우에는 이를 대손금으로 보지 않고 접대비(업무와 관련성이 있는 경우) 또는 기부금(업무와 관련성이 없는 경우)으로 본다. 다만, 특수관계인 외의 자와의 거래에서 발생한 채권으로서 동 채권의 일부를 포기하거나 면제한 행위에 객관적으로 정당한 사유가 있을 때에는 그 채권포기액을 대손금으로 손금에 산입한다.

구 분	법인세법의 처리
업무와 관련성이 있는 경우	접대비
업무와 관련성이 없는 경우	기부금
특수관계인 외의 자와의 거래에서 발생한 채권으로서 정당한 사유*가 있는 경우	대손금(손금)
특수관계인에 대한 채권으로서 조세부담의 부당감소 목적인 경우(정당한 사유의 유무와 관계 없음)	부당행위계산부인 (손금불산입)

* 채무자의 부도발생 등으로 장래에 회수가 불확실한 어음 · 수표상의 채권 등을 조기에 회수하기 위하여 해당 채권의 일부를 불가피하게 포기한 경우 동 채권의 일부를 포기하거나 면제한 행위에 객관적으로 정당한 사유가 있는 때를 말함(예: 회생계획 인가결정에 따른 채권 포기)

3) 판매부대비용

판매한 상품 또는 제품의 보관료, 포장비, 운반비, 판매장려금 및 판매수당 등 판매와 관련된 부대비용(판매장려금 및 판매수당의 경우 사전약정 없이 지급하는 경우를 포함하며, 기업회계기준에 따라 계상한 판매관련 부대비용을 말함)은 판매비로 전액 손금에 산입한다.

다만, 법인이 사업을 위하여 지출한 비용 가운데 상대방이 사업과 관련 있는 자들이고 지출의 목적이 접대 등의 행위에 의하여 사업관계자들과의 사이에 친목을 두텁게 하여 거래관계의 원활한 진행을 도모하는데 있는 것이라면 그 비용은 접대비로 본다.

그러나 그 지출행위나 성질, 액수 등을 건전한 사회통념이나 상관행에 비추어 볼 때 상품 또는 제품의 판매에 직접 관련하여 정상적으로 소요되는 비용으로 인정되는 것이라면 이는 손비로 인정하는 판매부대비용에 해당한다.

4) 통상회의비를 초과하는 금액과 유흥을 위한 비용

정상적인 업무수행을 위해 지출하는 회의비로서 사내 또는 통상회의가 개최되는 장소에서 제공하는 다과 및 음식물 등의 가액 중 사회통념상 인정될 수 있는 범위내의 금액(통상회의비)은 회의비로서 손금으로 인정되지만, 통상회의비를 초과하는 금액과 유흥을 위해 지출하는 금액은 이를 접대비로 본다.

5) 광고선전용 기증품

광고선전 목적으로 기증한 물품(견본품 · 달력 · 수첩 · 부채 · 컵 등)의 비용으로서 불특정다수인에게 지출한 비용은 광고선전비로 금액과 관계없이 전액 손금으로 인정한다.

그러나 특정인에게 기증한 비용은 연간 3만원 이하인 경우에는 광고선전비로 보나, 연간 3만원을 초과하는 경우에는 전액 접대비로 본다(3만원 초과분만 접대비인 것이 아님). 다만, 개당 1만원 이하의 물품 제공시에는 연간 3만원 한도의 적용에서 제외한다. 즉 특정인에게 기증한 개당 1만원 이하의 물품은 전액 광고선전비로 손금인정된다.

6) 기타 접대비로 보는 것

① 매입세액공제를 받지 못하는 접대비 지출관련 부가가치세 매입세액
② 사업상 증여(접대비에 해당하는 경우에 한함)에 따른 부가가치세 매출세액

7) 기타 접대비로 보지 않는 것

① 주주 또는 출자자나 임원 또는 사용인이 부담하여야 할 성질의 접대비를 법인이 지출한 금액 → 이는 손금불산입하고 귀속자에 따라 배당이나 상여로 소득처분한다.

5-2 접대비의 세무조정

구 분		세무조정
직접부인 접대비	증빙불비 접대비	손금불산입(대표자 상여 등)
	적격증명서류 미수취 접대비	손금불산입(기타사외유출)
한도규제 접대비	접대비 한도초과액	손금불산입(기타사외유출)

1. 증빙불비 접대비

접대비는 원칙적으로 그 지출의 목적, 금액, 내용 및 상대방 등에 관한 거래증빙과 기업의 내부통제근거 등 객관성 있는 자료에 의해 해당 기업에 귀속되는 비용임

을 입증하여야 한다.

법인이 접대비로 계상한 금액 중 지출증빙이 없거나 허위 또는 업무와 관련 없는 지출임이 확인되는 경우에는 해당 지출금액을 손금불산입(접대비 시부인 대상금액에서 제외)하고 소득귀속자의 파악여부에 따라 다음과 같이 소득처분한다.

① 귀속자가 분명한 때 : 그 귀속자에 대한 상여, 배당 또는 기타소득

② 귀속자가 불분명한 때 : 대표이사에 대한 상여

2. 적격증명서류 미수취 접대비

법인이 한 차례의 접대에 지출한 접대비가 1만원(경조금은 20만원) 이하인 경우에는 적격증명서류 수령여부에 관계없이 전액 접대비로 인정한다. 그러나 한 차례의 접대에 지출한 접대비가 1만원(경조금은 20만원)을 초과하는 경우로서 다음 중 어느 하나에 해당하는 법정증빙(적격증명서류)을 수취하지 않은 경우에는 이를 전액 손금불산입(기타사외유출)한다.

① 신용카드(직불카드, 외국에서 발행된 신용카드, 선불카드, 현금영수증 포함)

② 계산서 또는 세금계산서*(매입자발행세금계산서 포함)

③ 소득세법상 미등록 개인사업자로부터 용역을 제공받고 교부하는 원천징수영수증

* 계산서란 부가가치세 면세사업자가 재화·용역을 제공하고 법인세법 또는 소득세법의 규정에 따라 발행교부하는 증빙양식을 말하며, 세금계산서란 부가가치세 과세사업자가 재화·용역을 제공하고 부가가치세법의 규정에 따라 발행교부하는 증빙양식을 말한다.

여기서 신용카드는 해당 법인의 명의로 발급받은 신용카드에 한한다. 따라서 법인의 명의가 아니고 법인의 임직원의 명의로 발급받은 신용카드로 사용한 접대비는 적격증명서류를 구비하지 못한 접대비로 본다.

또한 재화 또는 용역을 공급하는 신용카드 등의 가맹점과 다른 가맹점의 명의로 작성된 매출전표 등을 발급받은 경우 그 접대비 지출금액도 적격증명서류를 구비하지 못한 접대비로 본다.

다만, 접대비 중 성격상 법정증빙을 사용할 수 없는 다음의 접대비는 적격증명서류 수취여부에 관계없이 접대비로 인정된다.

① 법인이 직접 생산한 제품 등으로 제공한 현물접대비

② 약정에 의한 매출채권 임의포기액

③ 접대비가 지출된 장소(해당 장소가 소재한 인근 지역 안의 유사한 장소 포함)에서 현금 외에 다른 지출수단이 없어 적격증명서류를 구비하기 어려운 국외지역에서 지출한 접대비

④ 농·어민으로부터 직접 재화를 공급받은 경우의 지출로서 그 대가를 금융회사 등을 통하여 지급한 지출

3. 접대비 한도초과액의 세무조정

1) 접대비 한도초과액의 손금불산입

법인이 각 사업연도에 지출한 접대비(증빙불비 접대비 및 적격증명서류 미수취 접대비로 직접 부인되어 손금불산입된 금액 제외)로서 접대비 한도액을 초과하여 지출한 한도초과액은 손금불산입하고 기타사외유출로 소득처분한다. 다만, 부동산임대업을 주된 사업으로 하는 등의 요건에 해당하는 내국법인의 경우에는 접대비 한도액의 100분의 50을 초과하는 금액을 손금에 산입하지 않는다.

2) 접대비 해당액

접대비 해당액 = 총접대비* − 증빙불비 접대비 − 적격증명서류 미수취 접대비

* 총접대비

= 접대비 계상액(비용계상분 + 자산계상분) + 접대비의제액 + 현물접대비 시가계상 차액

3) 접대비 한도액

접대비 한도액은 다음과 같이 계산한다.

- 접대비 한도액 = ① + ②

① 일반접대비 한도액 = ㉠ + ㉡

㉠ 기본한도 : 1,200만원(중소기업[*5) 2,400만원) × 사업연도월수[*1)/12

㉡ 수입금액[*2)한도 : (일반수입금액×적용률[*3)) + (특정수입금액 × 적용률 × 10%)

② 문화접대비 한도액 = Min(㉠, ㉡)

㉠ 문화접대비[*4)

㉡ 일반접대비 한도액(위 ①) × 20%

*1) 월수는 역(曆)에 따라 계산하되 1월 미만의 일수는 1월로 함

*2) 수입금액

- 기업회계기준에 따라 계산한 매출액(매출에누리와 환입 및 매출할인을 차감한 금액으로 중단사업부문의 매출액 포함)을 말한다. 따라서 부산물·작업폐물 매각액 등의 영업부수수익도 수입금액에 포함하나, 기업회계기준상 매출액에 해당하지 않는 기타수익·영업외수익 등은 수입금액에 포함하지 않는다.
- 부가가치세법상 간주공급(자가공급, 개인적 공급, 사업상 증여, 폐업시 잔존재화)에 해당하는 금액은 공급으로 간주하는 것뿐이므로 수입금액에 포함하지 않는다.
- 임대료수입은 임대업이 목적 사업이 아닌 경우나 목적사업이더라도 일시적으로 임대한 경우에는 영업외수익에 해당하므로 수입금액에 포함하지 않는다.
- 임대보증금에 대한 간주임대료는 익금이지만 기업회계기준상 매출액이 아니므로 수입금액에 포함하지 않는다.
- 특정수입금액이란 특수관계인과의 거래에서 발생한 수입금액을 말하며, 일반수입금액이란 특정수입금액을 제외한 나머지 수입금액을 말한다.

*3) 적용률

수입금액	적용률
100억원 이하	2/1,000
100억원 초과 500억원 이하	2천만원+100억원 초과분×1/1,000
500억원 초과	6천만원+500억원 초과분×3/10,000

- 특정수입금액은 위 적용률의 10% 적용
- 일반수입금액과 특정수입금액이 동시에 있는 경우에는 일반수입금액부터 순차적으로 높은 적용률을 적용한다. 즉 일반수입금액이 90억원, 특정수입금액이 20억원이 있는 경우 일반수입금액 90억원에 2/1,000를 먼저 적용하고, 특정수입금액 중 10억원은 2/1,000의 10%, 나머

지 10억원은 1/1,000의 10%를 적용한다.

*4) 문화접대비는 위 한도액 내에서 추가로 손금으로 인정되는데, 이는 국내 문화관련 지출로서 다음의 용도로 지출한 비용을 말한다.

① 문화예술의 공연이나 전시회 또는 박물관의 입장권 구입
② 체육활동의 관람을 위한 입장권의 구입
③ 비디오물, 음반 및 음악영상물, 간행물의 구입
④ 문화체육관광부장관이 지정한 문화관광축제의 관람·체험을 위한 입장권·이용권의 구입
⑤ 관광공연장의 입장권으로서 입장권 가격 중 식사·주류 가격과 공연물관람 가격이 각각의 시가 등에 비추어 적정한 가격으로 기재되어 있는 입장권의 구입(공연물관람 가격에 해당하는 금액만 해당) → 식사·주류 가격은 일반접대비, 공연물관람 가격은 문화접대비
⑥ 기획재정부령으로 정하는 박람회의 입장권 구입
⑦ 지정문화재 및 등록문화재(예: 국보, 보물, 사적 등)의 관람을 위한 입장권 구입
⑧ 문화예술 관련 강연의 입장권 구입 및 초빙강사에 대한 강연료 등

*5) 중소기업은 다음의 요건을 모두 갖춘 기업을 말한다(다만, 자산총액이 5천억원 이상인 경우에는 중소기업으로 보지 않음).

(1) 규모기준: 매출액이 업종별로 중소기업기본법시행령 [별표 1]의 주된 업종별 평균매출액 규모기준 이내이어야 한다.
(2) 실질적인 독립성기준: 소유와 경영의 실질적인 독립성이 다음 모두의 기준에 적합해야 한다.
  ① 상호출자제한기업집단 또는 채무보증제한기업집단에 속하는 회사가 아닐 것
  ② 자산총액이 5천억원 이상인 법인이 주식 등의 30% 이상을 직접적 또는 간접적으로 소유한 경우로서 최다 출자자인 기업이 아닐 것
  ③ 관계기업에 속하는 기업의 경우 관계기업의 매출액이 중소기업기준에 해당하는 기업일 것
(3) 업종기준: 소비성서비스업을 주된 사업으로 영위하지 않아야 한다.

5-3 접대비의 손금귀속시기

접대비는 기업회계와 마찬가지로 발생주의에 따라 지출행위가 일어난 시점을 기준으로 그 귀속사업연도를 결정한다. 즉 접대행위가 이루어지고 이를 미지급으로 계상한 경우에도 이를 해당 사업연도의 접대비로 보아 시부인계산을 한다.

또한 접대비 또는 이와 유사한 비용을 지출한 사업연도의 비용으로 계상하지 않고 선급비용으로 이연처리한 경우에도 이를 지출한 사업연도의 접대비로서 시부인계산을 하고, 그 후 사업연도에 있어서는 이를 접대비로 보지 않는다.

따라서 선급비용으로 이연처리한 접대비는 지출한 해당 사업연도의 손금으로 보아야 하므로 손금산입하고 △유보로 소득처분한다. 이후 사업연도에 기업회계에서 이를 비용으로 계상하는 경우에 이를 손금불산입하고 유보로 소득처분하여 전기의 △유보를 추인하게 된다.

[예제 5-1] 접대비의 세무조정

다음 자료에 의하여 ㈜경성(중소기업이 아님)의 제10기(20x1. 1.1~12.31) 접대비 지출에 관한 세무조정을 하시오.

1. 매출액 : ₩30,000,000,000
   ① 이 중 특수관계인과의 거래에서 발생한 매출액은 ₩5,000,000,000이다.
   ② 부가가치세법상 사업상 증여에 해당하는 금액 ₩20,000,000이 포함되어 있다.
   ③ 부산물 매각액 ₩100,000,000을 영업외수익으로 계상하였다.
2. 접대비 계상액 : ₩100,000,000
   ① 이 중 ₩10,000,000은 관련 증빙이 없으며, ₩20,000,000은 적격증명서류를 받지 않았다.
   ② 선급비용으로 이연처리한 접대비가 ₩10,000,000 있다.
   ③ 위 사업상 증여에 해당하는 금액(₩20,000,000)과 이에 대한 부가가치세 매출세액 (₩2,000,000)은 접대비 계상액에 포함되어 있다.

해답 1. 수입금액

매출액	30,000,000,000
사업상증여가액	−20,000,000
부산물매각액	+100,000,000
수입금액	30,080,000,000
일반수입금액 :	25,080,000,000
특정수입금액 :	5,000,000,000

2. 접대비해당액

접대비계상액	100,000,000
증빙불비 접대비	−10,000,000
적격증명서류 미수취 접대비	−20,000,000
선급비용 접대비	+10,000,000

접대비 해당액 80,000,000

3. 접대비 손금한도액

12,000,000 + 10,000,000,000 × 2/1000 + 15,080,000,000 × 1/1000

+ 5,000,000,000 × 1/1000 × 10% = 47,580,000

4. 접대비 한도초과액

80,000,000 − 47,580,000 = 32,420,000

5. 세무조정

(1) 〈손금불산입〉 증빙불비 접대비 ₩10,000,000(대표자 상여)

(2) 〈손금불산입〉 적격증명서류 미수취 접대비 ₩20,000,000(기타사외유출)

(3) 〈손금산입〉 선급비용 이연처리 접대비 ₩10,000,000(△유보)

(4) 〈손금불산입〉 접대비 한도초과액 ₩32,420,000(기타사외유출)

5-4 자산으로 계상한 접대비의 한도초과액

접대비로 계상된 금액 중에는 해당 연도의 비용으로 계상되지 않고 건설중인 자산, 고정자산 등 자산으로 계상된 것이 있다. 이와 같이 자산으로 계상된 접대비가 있는 경우에도 이를 회사가 계상한 접대비에 포함시켜 접대비 한도초과액을 계산하여야 한다.

여기서 만약 접대비가 비용으로만 계상된 경우에는 접대비 한도초과액을 전부 손금불산입하고 기타사외유출로 소득처분하면 되지만, 자산으로 계상된 것이 포함된 경우에는 다음과 같은 순서로 손금불산입하고 기타사외유출로 소득처분한다.

① 비용으로 계상된 접대비(선급비용으로 이연처리한 접대비 포함)

② 건설중인 자산으로 계상된 접대비

③ 고정자산으로 계상된 접대비

이때 자산으로 계상된 접대비에 배분된 한도초과액은 비용으로 계상되어 있지 않아 바로 손금불산입할 수 없기 때문에 자산에서 감액(한도초과로 손금불산입되는 금액은 자산의 원가를 구성할 수 없음)하여 비용으로 처리한 후 한도초과액을 손금불산입하여야 한다. 즉 그 한도초과액을 일단 손금산입하고 △유보로 소득처분하여 자산을 감액처리함과 동시에, 같은 금액을 손금불산입하고 기타사외유출로 소득처분하는 것이다.

이 △유보 금액은 이후 해당자산을 상각하거나 처분할 때 자산감액분에 대한 상각비 상당액 또는 미상각잔액을 손금불산입하고 유보로 소득처분하여 전기의 △유보를 추인하게 된다.

[예제 5-2] 자산으로 계상한 접대비의 한도초과액

㈜경성의 다음 자료에 따라 접대비 관련 세무조정을 하시오.

1. 접대비 계상액

판매비	₩1,000,000
건설중인 자산	2,000,000
건물	3,000,000
계	₩6,000,000

2. 접대비 한도액 : ₩2,000,000

해답 1. 접대비 해당액 : ₩6,000,000

2. 접대비 한도초과액 : ₩4,000,000 → 손금불산입(기타사외유출)
3. 접대비 한도초과액 구분 후 자산감액분 세무조정
   ① 비용계상분 : ₩1,000,000
   ② 건설중인 자산계상분 : ₩2,000,000 → 손금산입(△유보)
   ③ 건물 계상분 : ₩1,000,000 → 손금산입(△유보)

5-5 현물접대비의 평가

금전 이외의 자산을 제공하여 접대를 한 현물접대비의 경우에는 현물을 시가로 현금판매한 후 그 현금을 접대한 것으로 보기 때문에 시가로 평가하는 것을 원칙으로 하되, 시가가 장부가액보다 작은 경우에는 장부가액으로 접대한 것으로 본다.

> 현물접대비 평가액 = Max(시가, 장부가액)

이때 기업회계에서 그 자산의 원가를 접대비로 계상한 경우에는 시가와 원가와의 차이에 대해 처분이익에 대한 익금산입과 접대비 추가계상에 대한 손금산입의 세무조정을 동시에 하거나 이를 생략할 수 있는데, 접대비지출액은 시가로 보아 시부인계산을 하여야 한다.

[예제 5-3] 현물접대비의 평가

㈜경성은 당사의 제품(원가 ₩800,000, 시가 ₩1,000,000)을 무상으로 제공하고(사업상 증여에 따른 부가가치세 매출세액은 시가의 10%인 ₩100,000), 다음과 같이 회계처리하였다. 이에 따른 세무조정을 하시오.

(차) 접대비	900,000	(대) 제품	800,000
		부가가치세 예수금	100,000

해답 세무상으로는 시가와 부가가치세를 합한 ₩1,100,000을 접대비로 계상하여야 하므로 다음과 같이 회계처리하여야 할 것이다.

(차) 접대비	1,100,000	(대) 제품	800,000
		부가가치세 예수금	100,000
		제품처분이익	200,000

따라서 제품처분이익에 해당하는 ₩200,000의 익금산입(유보)과 접대비의 추가계상액 ₩200,000에 대한 손금산입(△유보)의 세무조정을 동시에 하든지, 이를 생략할 수가 있는데(세무조정의 실익이 없으므로 일반적으로 생략함), 만약 생략한 경우에도 접대비 지출액은 ₩1,100,000으로 하여 시부인계산을 하여야 하는 것이다.

제6장 기부금

6-1 기부금의 범위

기부금이란 법인이 업무와 직접적인 관련이 없이 무상으로 지출하는 재산적 가치의 증여액을 말한다. 이러한 기부금으로는 다음과 같은 것이 있다.

1. 본래의 기부금

기부금이란 법인이 특수관계인 외의 자에게 해당 법인의 사업과 직접적인 관계가 없이 무상으로 지출하는 금전 및 재산 등의 증여가액을 말한다. 따라서 특수관계인에게 업무와 관련 없이 무상으로 증여한 경우에는 기부금이 아닌 부당행위계산의 부인으로 보아 손금불산입한다.

다만, 특수관계인이 세법에 열거된 기부금 대상단체인 경우에는 기부금으로 본다(예 : 특수관계 있는 사회복지법인에 대한 기부금은 사회복지법인이 지정기부금 대상단체로 열거되어 있으므로 지정기부금으로 봄).

기부금은 업무와 직접 관련이 없는 지출이므로 본래 손금이 될 수 없다. 그러나 기부금 가운데 기업활동의 원활한 수행을 위하여 사실상 불가피하게 요구되거나 공익성이 있는 것은 특별히 손금으로 인정할 필요가 있기 때문에 법인세법에서는 일정한 한도액의 범위 내에서 기부금을 손금으로 인정하고 있다.

2. 간주(의제)기부금

법인이 특수관계인 외의 자에게 정당한 사유 없이 자산을 정상가액보다 낮은 가액으로 양도(저가양도)하거나, 정상가액보다 높은 가액으로 매입(고가양수)함으로써 생기는 차액 중 실질적으로 증여한 것으로 인정되는 금액은 이를 기부금으로 간주한다.

이 경우 정상가액은 시가에 그 시가의 30%를 가감한 범위 내의 가액으로 한다. 따라서 시가의 70%보다 낮은 가액으로 양도할 경우 양도가액과 시가의 70%와의 차이를 기부금으로 간주하고, 시가의 130%보다 높은 가액으로 매입할 경우 매입가액과 시가의 130%와의 차이를 기부금으로 간주한다.

그러나 특수관계인에게 저가양도하거나 특수관계인으로부터 고가양수한 경우에는 부당행위계산부인의 규정이 적용되므로 기부금으로 간주될 수 없다. 이 경우에는 거래가액과 시가와의 차액 전부를 익금산입 또는 손금불산입한다. 이때에는 기부금으로 간주되는 경우와는 달리 시가와 거래가액의 차액이 시가의 5% 이상이거나 그 차액이 3억원 이상인 경우에 시가와 양도가액(또는 매입가액)의 차액만큼 부인된다.

[예제 6-1] 간주기부금

다음 자료에 따라 필요한 세무조정을 하시오.

1. ㈜경성은 특수관계인이 아닌 ㈜대연에 시가 ₩1,000,000(장부가액₩400,000)의 토지를 ₩500,000에 양도하고 다음과 같이 분개하였다.

(차) 현 금	500,000	(대) 토 지	400,000
		토지처분이익	100,000

2. ㈜경성은 특수관계인이 아닌 ㈜대연에 시가 ₩1,000,000의 토지를 ₩1,500,000에 매입하고 다음과 같이 분개하였다.

(차) 토 지	1,500,000	(대) 현 금	1,500,000

해답 1. 시가 ₩1,000,000의 70%인 ₩700,000과 양도가액 ₩500,000의 차액인 ₩200,000을 기부금으로 본다. 따라서 세무상으로는 다음과 같이 분개하여야 한다.

(차) 현　금 500,000　(대) 토　　　지 400,000
　　기부금 200,000　　　토지처분이익 300,000

따라서 다음과 같은 세무조정이 필요하다.

〈익금산입〉 토지처분이익　200,000
〈손금산입〉 기부금　　　　200,000

→ 이 두 세무조정은 실익이 없으므로 일반적으로 생략하고 위의 기부금이 비지정기부금에 해당하므로 다음의 세무조정이 필요함

〈손금불산입〉 비지정기부금 ₩200,000(기타사외유출)*

2. 시가 ₩1,000,000의 130%인 ₩1,300,000과 매입가액 ₩1,500,000의 차액인 ₩200,000을 기부금으로 본다. 따라서 세무상으로는 다음과 같이 분개하여야 한다.

(차) 토　지　1,300,000　(대) 현　금 1,500,000
　　기부금　　200,000

따라서 다음과 같은 세무조정이 필요하다.

〈손금산입〉 토지 ₩200,000(△유보)
〈손금불산입〉 비지정기부금 ₩200,000(기타사외유출)*

* 만약 위 간주기부금(₩200,000)이 법정기부금이나 지정기부금에 해당되면 이를 기부금 지출액에 포함시켜 시부인계산을 해야 한다.

6-2 기부금의 종류

기부금은 그 공익성의 정도에 따라 다음과 같이 법정기부금, 우리사주조합기부금, 지정기부금, 비지정기부금으로 구분하여 그 손금산입 한도를 달리 하고 있다.

구 분	손금산입 한도
법정기부금	소득금액의 50%
우리사주조합기부금	소득금액의 30%
지정기부금	소득금액의 10%(사회적 기업은 20%)
비지정기부금	전액 손금불산입

1. 법정기부금

법정기부금은 법인세법에서 다음과 같이 열거하고 있다.

① 국가나 지방자치단체에 무상으로 기증하는 금품

② 국방헌금과 국군장병 위문금품

③ 천재지변으로 생기는 이재민 구호금품

④ 공공교육기관(사립학교, 비영리교육재단, 기능대학 등)에 시설비·교육비·장학금·연구비로 지출하는 기부금

⑤ 공공의료기관(국립대학병원, 사립학교가 운영하는 병원 등)에 시설비·교육비·연구비로 지출하는 기부금

⑥ 사회복지사업 그 밖의 전문모금기관에 지출하는 기부금

⑦ 공공기관(공기업 제외) 등에 지출하는 기부금(대한적십자사, 독립기념관(2023년 이후는 지정기부금) 등)

⑧ 제주특별자치도 설치 및 국제자유도시 조성을 위한 특별법에 따라 설립된 비영리법인이 운영하는 국제학교에 지출하는 기부금

2. 우리사주조합기부금

법인이 우리사주조합에 지출하는 기부금은 해당 사업연도의 소득금액을 계산할 때 해당 사업연도의 소득금액에서 이월결손금을 공제한 금액에 30%를 곱하여 산출한 금액을 한도로 손금에 산입한다. 여기서 법인이 우리사주조합에 지출하는 기부금이란 우리사주제도를 실시하는 회사의 법인주주 등이 우리사주 취득을 위한 재원 마련을 위해 우리사주조합에 지출하는 기부금을 말한다.

반면에 우리사주제도를 실시하는 법인이 자기의 소속 근로자가 설립한 우리사주조합에 출연하는 자사주의 장부가액이나 금품은 전액 손금에 산입되는 항목이다.

3. 지정기부금

지정기부금은 사회복지·문화·예술·교육·종교·자선·학술 등의 공익사업을 영위하는 단체에 대한 기부금으로서 법인세법시행령에서 다음과 같이 열거하고 있다.

1) 다음의 비영리법인(단체 포함)에 고유목적사업비로 지출하는 기부금

① 사회복지법인

② 유치원·학교·기능대학·전공대학 또는 원격대학 형태의 평생교육시설

③ 정부로부터 허가 또는 인가를 받은 학술연구단체·장학단체·기술진흥단체

④ 정부로부터 허가 또는 인가를 받은 문화·예술단체 또는 환경보호운동단체

⑤ 종교단체

⑥ 의료법에 의한 의료법인

⑦ 민법에 따라 주무관청의 허가를 받아 설립된 비영리법인 중 일정한 요건을 모두 충족한 것으로서 주무관청의 추천을 받아 기획재정부장관이 지정한 법인

⑧ 기획재정부령이 정하는 지정기부금단체(예 : 국민건강보험공단, 사내근로복지기금 등)

여기서 고유목적사업비란 해당 비영리법인 또는 단체에 관한 법령 또는 정관에 규정된 설립목적을 수행하는 사업으로서 비영리법인의 수익사업(보건 및 사회복지사업 중 의료업을 제외) 외의 사업에 사용하기 위한 금액을 말한다.

2) 특정한 용도로 지출하는 기부금

① 유치원장, 학교장, 기능대학장, 전공대학 또는 원격대학 형태의 평생교육시설장이 추천하는 개인에게 교육비·연구비·장학금으로 지출하는 기부금

② 상속세 및 증여세법의 요건을 갖춘 공익신탁으로 신탁하는 기부금

③ 사회복지·문화·예술·교육·종교·자선·학술 등 공익목적으로 지출하는 기부금으로서 기획재정부령이 정하는 기부금

㉠ 지역새마을사업을 위하여 지출하는 기부금

㉡ 불우이웃을 돕기 위하여 지출하는 기부금

㉢ 국민체육진흥기금으로 출연하는 기부금

㉣ 근로자복지진흥기금으로 출연하는 기부금 등

3) 그 밖의 지정기부금

① 사회복지시설(아동복지시설, 노인복지시설, 장애인복지시설 등)에 지출하는 기부금

② 해외지정기부금단체에 지출하는 기부금

③ 국제기구에 지출하는 기부금

4. 비지정기부금

비지정기부금은 법정기부금, 우리사주조합기부금 및 지정기부금으로 열거된 것 외의 모든 기부금을 말하는데, 이는 전액 손금불산입하고 기타사외유출로 소득처분한다. 이러한 비지정기부금으로는 다음과 같은 것이 있다.

① 동창회・향우회・종친회 기부금

② 신용협동조합, 새마을금고에 지출하는 기부금

③ 정치자금기부금

④ 대학산악연맹, 열사기념사업회 등에 지출하는 기부금 등

6-3 기부금의 손금산입한도액

앞에서 설명한 바와 같이 기부금은 업무와 직접 관련이 없는 지출이므로 본래 손금이 될 수 없으나, 기업활동의 원활한 수행을 위하여 사실상 불가피하게 요구되

거나 공익성이 있는 것은 특별히 손금으로 인정할 필요가 있기 때문에 법인세법에서는 일정한 한도액의 범위 내에서 기부금을 손금으로 인정하고 있다.

법인이 법정기부금, 우리사주조합기부금 및 지정기부금을 지출한 경우에는 다음 금액의 범위에서 해당 기부금을 차례로 손금에 산입하며, 한도초과액은 손금불산입하고 기타사외유출로 소득처분한다.

구 분	손금산입한도액
법정기부금	(기준소득금액 − 이월결손금) × 50%
우리사주조합 기부금	(기준소득금액 − 이월결손금 − 법정기부금 손금인정액) × 30%
지정기부금	(기준소득금액 − 이월결손금 − 법정기부금 손금인정액 − 우리사주조합기부금 손금인정액) × 10%(사회적 기업은 20%)

1. 기준소득금액

기준소득금액(해당 사업연도의 소득금액)은 기부금을 손금에 산입하기 전의 소득금액을 말한다. 즉 이는 기부금 한도초과액의 손금불산입 및 기부금 한도초과이월액의 손금산입을 제외한 모든 다른 항목의 세무조정을 완료한 후의 소득금액(차가감소득금액)에 법정기부금, 우리사주조합기부금 및 지정기부금 해당액을 가산한 금액을 말한다.

이를 각 사업연도 소득에 대한 계산구조로 설명하면 다음과 같다.

결산서상 당기순이익
(+) 익금산입 · 손금불산입 ┐ 기부금 한도초과액 및 한도초과이월액 관련 세무조정을
(−) 손금산입 · 익금불산입 ┘ 제외한 모든 다른 항목의 세무조정
(=) 차가감소득금액
(+) 법정기부금 해당액
(+) 우리사주조합기부금 해당액
(+) 지정기부금 해당액
(=) 기준소득금액(해당 사업연도의 소득금액)

이와 같이 기부금 한도초과액에 대한 세무조정은 다른 모든 항목의 세무조정을 완료한 후의 소득금액, 즉 차가감소득금액(여기에는 의제기부금, 기부금의 손금귀속시기, 비지정기부금 및 현물기부금 관련 세무조정을 포함)을 계산하여야만 가능하므로 이는 세무조정 중 가장 마지막 단계에서 이루어지는 세무조정인 것이다.

2. 이월결손금

이는 과세표준을 계산할 때 공제대상이 되는 이월결손금을 말한다. 즉 각 사업연도 개시일 전의 10년 이내(2008. 12.31 이전 발생분은 5년)에 개시한 사업연도에서 발생한 세무상 결손금으로서 그 후의 각 사업연도 소득금액 또는 과세표준의 계산에서 공제되지 않은 금액을 말한다. 이를 차감하는 이유는 결손이 누적된 법인이 기부금을 과도하게 지출하는 것을 방지하기 위함이다.

3. 비지정기부금의 한도액

비지정기부금은 한도액 계산없이 전액 손금불산입하고 기타사외유출로 소득처분한다.

4. 기부금 한도초과이월액의 손금산입

기부금 한도초과액은 해당 사업연도의 다음 사업연도 개시일부터 10년 이내에 끝나는 각 사업연도에 이월하여, 이월된 각 사업연도의 해당 기부금의 손금산입한도미달액의 범위 내에서 그 한도초과액을 손금에 산입한다.

예컨대 제10기의 지정기부금 한도초과액이 ₩10,000,000인 경우 제10기에는 이를 손금불산입하고 기타사외유출로 소득처분한다. 이후 제11기에 지정기부금 지출액은 ₩20,000,000이고, 한도액은 ₩25,000,000인 경우 한도미달액 ₩5,000,000은 제10기의 한도초과액 ₩10,000,000의 범위 내이므로 손금산입하고 기타로 소득처분한다.

[예제 6-2] 기부금의 세무조정

다음의 자료에 의하여 기부금에 대한 세무조정을 하고 각 사업연도 소득금액을 계산하시오.

1. 사업연도 : 20x1. 1.1~12.31
2. 기부금 내역 :
   ① 산불 이재민 구호금품 : ₩100,000,000
   ② 정치자금(후원금) : ₩10,000,000
   ③ 사립학교 시설비 기부금 : ₩200,000,000
   ④ 사회복지시설에 지출한 기부금 : ₩12,000,000
   (이 중에 ₩5,000,000은 20x2. 1.10자 어음)
   ⑤ 불우이웃돕기성금 : ₩10,000,000
   ⑥ 종교단체 기부금 : ₩5,000,000
   ⑦ 향우회 기부금 : ₩7,000,000
   ⑧ 우리사주조합기부금 : ₩100,000,000
3. 결산서상 당기순이익 : ₩50,000,000
4. 기부금을 제외한 세무조정액
   익금산입 및 손금불산입액 : ₩20,000,000
   손금산입 및 익금불산입액 : ₩10,000,000
6. 20x0년도 이월결손금 : ₩20,000,000

해답 1. 기부금의 구분

(1) 법정기부금 :	₩300,000,000
산불이재민구호금품	100,000,000
사립학교 시설비 기부금	200,000,000
(2) 우리사주조합기부금 :	₩100,000,000
(3) 지정기부금 :	₩22,000,000
사회복지시설기부금	₩7,000,000(어음지급 ₩5,000,000 제외)
불우이웃돕기성금	10,000,000
종교단체 기부금	5,000,000

(4) 비지정기부금 : ₩17,000,000

정치자금 10,000,000

향우회기부금 7,000,000

2. 소득금액조정합계표에서 기부금의 세무조정

〈손금불산입〉 당기어음지급기부금 ₩5,000,000(유보)

비지정기부금 ₩17,000,000(기타사외유출)

3. 기준소득금액(해당 사업연도의 소득금액)의 계산

	당기순이익	50,000,000
(+)	익금산입·손금불산입액	42,000,000(20,000,000+5,000,000+17,000,000)
(−)	손금산입·익금불산입액	10,000,000
(=)	차가감소득금액	82,000,000
(+)	법정기부금	300,000,000
(+)	우리사주조합기부금	100,000,000
(+)	지정기부금	22,000,000
(=)	기준소득금액	₩504,000,000

4. 법정기부금 한도초과액

(1) 한도액 = (504,000,000 − 20,000,000) × 50% = ₩242,000,000

(2) 한도초과액 = 300,000,000 − 242,000,000 = ₩58,000,000

5. 우리사주조합기부금 한도초과액

(1) 한도액 = (504,000,000 − 20,000,000 − 242,000,000) × 30% = ₩72,600,000

(2) 한도초과액 = 100,000,000 − 72,600,000 = ₩27,400,000

6. 지정기부금 한도초과액

(1) 한도액 = (504,000,000 − 20,000,000 − 242,000,000 − 72,600,000) × 10%
= ₩16,940,000

(2) 한도초과액 = 22,000,000 − 16,940,000 = ₩5,060,000

7. 기부금에 대한 세무조정

(1) 〈손금불산입〉 당기어음지급기부금 ₩5,000,000(유보)

(2) 〈손금불산입〉 비지정기부금 ₩17,000,000(기타사외유출)

(3) 〈손금불산입〉 법정기부금 한도초과액 ₩58,000,000(기타사외유출)

(4) 〈손금불산입〉 우리사주조합기부금 한도초과액 ₩27,400,000(기타사외유출)

(5) 〈손금불산입〉 지정기부금 한도초과액 ₩5,060,000(기타사외유출)

8. 각 사업연도 소득금액의 계산

차가감소득금액	82,000,000
(+) 법정기부금 한도초과액	58,000,000
(+) 우리사주조합기부금 한도초과액	27,400,000
(+) 지정기부금 한도초과액	5,060,000
(=) 각 사업연도 소득금액	₩172,460,000

6-4 기부금의 손금귀속시기

기부금은 이를 지출한 날이 속하는 사업연도의 손금에 산입하는 현금주의에 의한다. 따라서 어음의 지급이나 미지급기부금은 이들이 실제로 결제된 날이 속하는 사업연도의 기부금으로 보며, 가지급금이나 선급비용 등으로 이연계상한 경우에도 실제로 지출한 사업연도의 기부금으로 본다.

법인이 기부금을 비용으로 계상하고 이를 사업연도 종료일까지 지급하지 아니한 경우(미지급으로 계상한 경우)에는 이를 해당 사업연도의 손금으로 인정하지 않으므로 이를 손금불산입하고 유보로 소득처분한다. 이는 기부금이 실제로 지급되는 다음 사업연도에 손금산입하여 △유보로 전기의 유보를 추인하고, 지급한 사업연도의 기부금 시부인계산에 포함시킨다.

법인이 기부금을 지급하고 이를 가지급금이나 선급비용 등으로 이연계상한 경우에도 지급한 사업연도의 기부금으로 보아야 하므로 손금산입하여 △유보로 소득처분하고 지급한 사업연도의 기부금 시부인계산에 포함시켜야 한다. 이는 다음 사업연도에 기업회계에서 기부금을 비용으로 계산할 때 손금불산입하여 유보로 전기의 △유보를 추인하게 된다.

비지정기부금을 미지급으로 계상한 경우에는 계상한 사업연도에 손금불산입하고 유보로 소득처분한다. 이는 실제로 지급되는 다음 사업연도에 손금산입하여 △유보로 전기의 유보를 추인함과 동시에 손금불산입하고 기타사외유출로 소득처분한다. 비지정기부금을 가지급금이나 선급비용 등으로 이연계상한 경우에는 손금산입하여 △유보로 소득처분함과 동시에 손금불산입하여 기타사외유출로 소득처분한다. 이는 다음 사업연도에 기업회계에서 비용으로 계상할 때 손금불산입하여 유보로 전기의 △유보를 추인하게 된다.

한편, 현금주의의 예외로서 정부로부터 인・허가를 받기 이전의 설립 중인 공익법인 및 단체 등에 기부금을 지출하는 경우에는 그 법인 및 단체가 정부로부터 인가 또는 허가를 받은 날이 속하는 사업연도의 지정기부금으로 한다.

6-5 현물기부금의 평가

법인이 기부금을 금전 외의 자산으로 제공한 경우 해당 자산의 가액은 이를 제공한 때의 시가(시가가 장부가액보다 낮은 경우에는 장부가액)에 의한다. 다만, 법정기부금과 특수관계인이 아닌 자에게 기부한 지정기부금은 장부가액으로 한다.

<table>
<tr><th colspan="2">구 분</th><th>현물기부금의 평가액</th></tr>
<tr><td colspan="2">법정기부금</td><td rowspan="2">장부가액</td></tr>
<tr><td rowspan="2">지정기부금</td><td>특수관계인이 아닌 자에게 기부한 것</td></tr>
<tr><td>특수관계인에게 기부한 것</td><td rowspan="2">Max(시가, 장부가액)</td></tr>
<tr><td colspan="2">비지정기부금</td></tr>
</table>

이 경우에도 접대비와 마찬가지로 특수관계인에게 기부한 지정기부금과 비지정기부금을 현물로 기부하고 장부가액으로 기부금을 계상한 경우(시가가 장부가액보다 큰 경우)에는 시가와 장부가액의 차이에 대해 처분이익에 대한 익금산입(유보)과 기부금 추가계상에 대한 손금산입(△유보)의 세무조정을 동시에 하거나 이를 생략할 수 있는데, 기부금지출액은 시가로 보아 시부인계산을 하여야 한다.

[예제 6-3] 현물기부금의 평가

㈜경성의 다음 자료에 따라 필요한 세무조정을 하고 각 사업연도 소득금액을 계산하시오.

1. 당사의 제품(시가 ₩13,000,000)을 특수관계인에 해당하는 종교단체에 기증하고 그 장부가액(₩10,000,000)을 기부금으로 계상하여 다음과 같이 분개하였다.

   (차) 기부금 10,000,000 (대) 제　　　품 10,000,000

2. 특수관계인이 아닌 새마을금고에 시가 ₩20,000,000(장부가액₩8,000,000)의 토지를 ₩10,000,000에 매각하고 다음과 같이 분개하였다.

   (차) 현　금 10,000,000 (대) 토　　　지 8,000,000
   토지처분이익 2,000,000

3. 포괄손익계산서상 당기순이익은 ₩100,000,000이며, 전기에 발생한 세무상 결손금 ₩27,000,000은 당기로 이월되었고, 그 밖의 세무조정사항은 없다고 가정한다.

해답 1. 특수관계인에 기부한 지정기부금에 해당하므로 시가로 기부한 것으로 보아야 한다(∵시가> 장부가액). 따라서 세무상으로는 다음과 같이 분개하여야 한다.

   (차) 기부금 13,000,000 (대) 제　　　품 10,000,000
   제품처분이익 3,000,000

→ 제품처분이익에 해당하는 ₩3,000,000의 익금산입(유보)과 기부금의 추가계상액 ₩3,000,000에 대한 손금산입(△유보)의 세무조정을 동시에 하든지, 이를 생략할 수가 있는데(세무조정의 실익이 없으므로 일반적으로 생략함), 만약 생략한 경우에도 기부금 지출액은 ₩13,000,000으로 하여 시부인계산을 하여야 한다(종교단체에 기부한 것이므로 지정기부금으로 보아 시부인계산).

2. 특수관계인이 아닌 자에 저가양도 하였으므로 시가의 70%(₩14,000,000)와 양도가액(₩10,000,000)의 차액 ₩4,000,000은 간주기부금(새마을금고는 비지정기부금)으로 보아 세무상으로는 다음과 같이 분개하여야 한다.

   (차) 현　금 10,000,000 (대) 토　　　지 8,000,000
   기부금 4,000,000 토지처분이익 6,000,000

따라서 다음과 같은 세무조정이 필요하다.

〈익금산입〉 토지처분이익 ₩4,000,000(유보)

〈손금산입〉 기부금 ₩4,000,000(△유보)

→ 이 두 세무조정은 실익이 없으므로 일반적으로 생략하고 위의 기부금이 비지정기부금에 해당하므로 다음의 세무조정이 필요함

〈손금불산입〉 비지정기부금 ₩4,000,000(기타사외유출)

3. 각 사업연도 소득금액

(1) 당기순이익	₩100,000,000
(2) 익금산입 · 손금불산입	4,000,000(비지정기부금)
(3) 손금산입 · 익금불산입	−
(4) 차가감소득금액	₩104,000,000
(5) 기부금 한도초과액*	4,000,000
(6) 각 사업연도 소득금액	₩108,000,000

* 기부금 한도초과액

① 지정기부금 해당액 : ₩13,000,000

② 한도액 : (차가감소득금액 + 지정기부금 해당액 − 이월결손금) × 10%
= (104,000,000 + 13,000,000 − 27,000,000) × 10%
= ₩9,000,000

③ 한도초과액 : ₩4,000,000(손금불산입, 기타사외유출)

제 7 장 지급이자

차입금에 대한 지급이자는 순자산 감소의 원인이 되는 손비항목으로 원칙적으로 손금에 산입한다. 다만, 법인세법에서는 정책적인 이유 등으로 지급이자의 일부를 손금불산입하도록 규정하고 있는데, 그 종류와 부인순서는 다음과 같다.

부인순서	종 류	입법취지	소득처분
1	채권자가 불분명한 사채이자	변칙거래 방지 및 금융실명제 정착	대표자상여(단, 원천징수세액은 기타사외유출)
2	비실명 채권·증권의 이자		
3	건설자금이자	자산(자본적 지출)의 성격	유보
4	업무무관자산 등에 대한 지급이자	부동산 투기억제 및 비생산적 자산 보유 방지	기타사외유출

이하에서는 이와 같은 지급이자의 손금불산입에 대해 그 부인순서에 따라 구체적으로 살펴보기로 한다.

7-1 채권자가 불분명한 사채이자

채권자가 불분명한 사채(私債)이자란 다음에 해당하는 차입금의 이자(알선수수료, 사례금 등 명목 여하에 불구하고 사채를 차입하고 지급하는 금품을 포함)를 말한다.

① 채권자의 주소 및 성명을 확인할 수 없는 차입금

② 채권자의 능력 및 자산상태로 보아 금전을 대여한 것으로 인정할 수 없는 차입금

③ 채권자와의 금전거래 사실 및 거래내용이 불분명한 차입금

다만, 거래일 현재 주민등록표에 따라 그 거주사실 등이 확인된 채권자가 차입금을 변제받은 후 소재불명이 된 경우의 차입금에 대한 이자는 채권자가 불분명한 사채이자로 보지 않고 손금에 산입한다.

채권자가 불분명한 사채이자는 손금으로 인정되지 않는데, 이는 그 성질상 사외로 유출되었거나 귀속자가 불분명한 경우에 해당하므로 대표자에 대한 상여로 소득처분한다. 다만, 동 이자에 대한 원천징수세액은 국가・지방자치단체에 귀속되므로 기타사외유출로 소득처분한다.

7-2 비실명 채권・증권의 이자

비실명 채권・증권의 이자는 지급받은 자가 불분명한 채권・증권의 이자로 채권・증권의 발행법인이 채권・증권의 이자・할인액・차익을 직접 그 소지자에게 지급하는 경우 그 지급사실이 객관적으로 인정되지 않는 이자・할인액・차익을 말한다.

이것은 채권 등의 발행법인이 채권 등의 소지자에게 직접 이자 등을 지급하는 경우에도 실명확인을 하도록 강제함으로써 금융소득 종합과세의 토대를 확충하기 위한 방안의 하나로 도입된 것이다.

이도 채권자가 불분명한 사채이자와 마찬가지로 손금으로 인정하지 않으며, 대표자에 대한 상여로 소득처분하고, 이에 대한 원천징수세액은 기타사외유출로 소득처분한다.

7-3 건설자금이자

1. 개요

건설자금이자란 그 명목여하에 불구하고 사업용 고정자산의 매입 · 제작 · 건설에 소요된 것이 분명한 차입금에 대한 지급이자와 이와 유사한 성질의 지출금(지급보증료, 지급수수료 등)을 말한다. 이러한 건설자금이자는 자본적 지출로 해당 자산의 취득원가에 가산하여야 한다. 따라서 건설자금이자는 해당 사업연도에는 손금에 산입되지 않지만 건설이 완료된 후 해당 자산이 감가상각되거나 처분될 때 손금에 산입된다.

이와 같이 사업용 고정자산의 건설 등에 사용하기 위한 목적으로 특정하여 차입한 자금은 특정차입금의 이자로 반드시 자본화하여야 한다. 그러나 본래 손금에 해당하는 일반차입금의 이자 중 건설자금에 충당한 일반차입금의 이자는 손금에 산입하지 않고 자본화할 수 있다(특정차입금이 건설자금 규모보다 적은 경우 해당 차액만큼 일반차입금을 사용한 것으로 보아 자본화할 수 있도록 하는 것임).

특정차입금의 이자 → 강제자본화
일반차입금의 이자 → 선택자본화

[표] 건설자금이자에 대한 법인세법과 기업회계기준의 비교

구 분	법인세법	국제회계기준	일반기업회계기준
특정차입금 이자	취득원가 산입	취득원가 산입	취득원가 산입
일반차입금 이자	취득원가 산입과 당기 손금산입 중 선택*		취득원가 산입과 기간비용 중 선택
대상 자산	사업용 고정자산 (유형자산 · 무형자산)	유형자산 · 무형자산 · 투자부동산 · 제조 등에 장기간이 소요되는 재고자산	

* 문제에 세부담의 최소화 가정이 제시되는 경우에는 일반차입금 이자는 자본화하지 않는다.

손금에 산입하지 않는(고정자산의 취득원가에 산입할 수 있는) 일반차입금의 이자는 건설자금에 충당한 차입금의 이자에서 특정차입금의 이자를 뺀 금액으로서 다음과 같이 계산한다.

> 자본화할 일반차입금의 이자 = Min(①, ②)
> ① 해당 사업연도 중 건설기간에 실제로 발생한 일반차입금 이자의 합계액
> ② (평균지출액*1) − 특정차입금을 사용한 평균지출액*2)) × 자본화 이자율*3)

*1) $\text{평균지출액} = \dfrac{\text{해당 건설에 대하여 해당 사업연도에 지출한 금액의 적수}}{\text{해당 사업연도 일수}}$

*2) $\text{특정차입금을 사용한 평균지출액} = \dfrac{\text{해당 사업연도의 특정차입금의 적수}}{\text{해당 사업연도 일수}}$

*3) $\text{자본화 이자율} = \dfrac{\text{일반차입금에서 발생한 지급이자의 합계액}}{\text{해당 사업연도의 일반차입금 적수} \div \text{해당 사업연도 일수}}$

위의 자본화할 일반차입금의 이자를 계산하는 산식 중 ②의 금액은 다음과 같이 계산하여도 된다.

$$\text{일반차입금에서 발생한 지급이자의 합계액} \times \frac{\text{해당 건설에 대하여 해당 사업연도에 지출한 금액의 적수} - \text{해당 사업연도의 특정차입금의 적수}}{\text{해당 사업연도의 일반차입금의 적수}}$$

이러한 건설자금이자 중 자산의 취득원가에 가산하지 않고 당기의 손금으로 계상하는 경우로는 다음과 같은 것이 있다.

① 고정자산의 매입 · 제작 · 건설에 소요된 지의 여부가 불분명한 차입금의 이자는 이를 손금으로 한다.

② 건설 등의 개시일(개시일 이후 차입한 경우에는 차입일)부터 건설 등이 준공된 날까지의 건설기간 중의 지급이자만 건설자금이자로 하고, 준공 후에 발생하는 지급이자는 이를 손금으로 한다.

여기서 준공된 날이란 다음에 해당하는 날을 말한다.

㉠ 토지매입의 경우: 대금청산일과 사업개시일 중 빠른 날

㉡ 건축물의 경우: 취득일과 사용개시일 중 빠른 날

㉢ 기타 사업용 고정자산의 경우: 사용개시일

③ 차입한 건설자금의 일부를 운영자금으로 전용한 경우에는 그 부분에 상당하는 지급이자는 이를 손금으로 한다.

④ 건설자금의 명목으로 차입한 것으로서 그 건설 등이 준공된 후에 남은 차입금에 대한 이자는 이를 건설자금이자가 아닌 각 사업연도의 손금으로 한다.

⑤ 건설차입금의 연체로 인한 이자를 원본에 가산한 경우 동 연체이자는 해당 사업연도의 자본적 지출로 하고, 그 원본에 가산한 금액에 대한 지급이자는 손금으로 한다.

⑥ 건설차입금의 일시 예금에서 발생하는 수입이자는 원본에 가산하는 자본적 지출의 금액에서 차감한다.

2. 건설자금이자에 대한 세무조정

건설자금이자를 회사가 적정하게 고정자산의 취득원가로 계상한 경우에는 별도의 세무조정이 필요 없으나, 이를 손익계산서에 비용으로 계상한 경우나 취득원가로 자산을 과대계상한 경우에는 다음과 같은 세무조정이 필요하다.

1) 감가상각자산 관련 건설자금이자

① 당기말까지 건설이 완료되지 않은 경우: 건설자금이자(취득원가)의 과소계상액을 손금불산입하고 유보로 소득처분한다. 이는 건설이 완료되어 사용하는 때에 동 손금불산입된 금액을 감가상각부인액으로 보아 감가상각 시부인 계산을 한다. 즉 시인부족액의 범위 내에서 손금산입하여 추인하든지 처분시에 손금으로 추인(△유보)한다.

② 당기말까지 건설이 완료된 경우 : 건설자금이자(취득원가)의 과소계상액을 즉시상각의 의제(당기의 감가상각비)로 보아 감가상각 시부인계산을 한다. 이는 건설자금이자를 자본적 지출로 처리하여 자산의 취득원가에 포함시켜야 할 것을 회사가 이자비용으로 처리하였으므로 이를 즉시상각한 것으로 의제하여 감가상각 시부인계산을 하는 것이다.

2) 비상각자산 관련 건설자금이자

토지 등 비상각자산과 관련 있는 건설자금이자를 자산의 원가로 계상하지 않고 비용으로 처리한 경우 그 건설자금이자(취득원가)의 과소계상액은 손금불산입하고 유보로 소득처분한다. 이는 당해 토지 등을 처분할 때 손금산입하여 △유보로 추인한다.

3) 자산의 과대계상

건설자금이자를 자산으로 과대계상한 경우에는 그 과대계상된 건설자금이자를 손금산입하여 △유보로 소득처분하고, 동 자산이 감가상각되거나 처분될 때 손금불산입하여 유보로 추인한다.

구 분		세무조정	
		당기	차기이후
감가상각자산	당기말까지 건설이 완료되지 않은 경우	손금불산입(유보)	상각 · 처분시 손금추인(△유보)
	당기말까지 건설이 완료된 경우	감가상각비로 보아 시부인계산(즉시상각의 의제)	–
비상각자산		손금불산입(유보)	처분시 손금추인(△유보)
자산의 과대계상		손금산입(△유보)	상각 · 처분시 손금불산입(유보)

7-4 업무무관자산 등에 대한 지급이자

법인이 업무무관자산을 보유하고 있거나 특수관계인에게 업무와 관련 없는 가지급금 등을 지급한 경우에는 그에 해당하는 지급이자를 손금불산입한다. 그 취지는 법인의 부동산투기를 억제하고 자금을 비생산적으로 활용하는 것을 규제하여 기업의 경쟁력을 강화하려는데 있다.

1. 손금불산입액의 계산

앞에서 손금불산입되는 지급이자, 즉 채권자가 불분명한 사채이자, 비실명 채권·증권의 이자, 건설자금이자는 해당 이자를 직접 파악할 수 있는 것이지만, 업무무관자산 등에 대한 지급이자는 직접 파악할 수가 없고, 다음과 같이 계산한 금액을 손금불산입하고 기타사외유출로 소득처분한다.

$$\text{손금불산입액} = \text{지급이자}^{1)} \times \frac{\text{업무무관자산적수} + \text{업무무관가지급금적수}}{\text{차입금적수}^{2)}}$$

1) 지급이자 = 총지급이자 − 선순위로 손금불산입된 지급이자(채권자가 불분명한 사채이자, 비실명 채권·증권의 이자, 건설자금이자)

2) 차입금적수 = 총차입금적수 − 선순위로 손금불산입된 지급이자와 관련된 차입금적수 (채권자가 불분명한 사채적수, 비실명 채권·증권적수, 건설자금이자 계산대상 차입금적수)

이 경우에 적용되는 총차입금과 총지급이자의 범위는 다음과 같다.

차입금이란 명목 여하에 불구하고 타인으로부터 자금을 차입하고 지급이자 및 할인료를 부담하는 모든 부채를 말한다. 이와 같은 차입금의 범위에는 상품·제품 등을 매출하고 받은 상업어음을 할인한 경우의 할인어음은 포함하지 않으나, 금융리스에 의한 리스료 중 유효이자율법에 의하여 계산한 이자상당액을 제외한 금액은 차입금에 포함한다.

지급이자란 차입금에 대한 반대급부로서 지급하는 이자와 할인료를 말한다. 이러한 지급이자에는 손금불산입액 계산의 대상이 되는 지급이자에 포함되는 것과 포함되지 않는 것이 있는데, 그 예는 다음과 같다.

지급이자에 포함되는 것	지급이자에 포함되지 않는 것
① 차입금 또는 회사채의 이자 ② 금융어음 할인료 ③ 사채할인발행차금 상각액 ④ 미지급이자 계상액 ⑤ 금융리스료 중 이자상당액	① 상업어음 할인료(∵매출채권처분손실) ② 현재가치할인차금 상각액 ③ 연지급수입이자 ④ 선급이자 ⑤ 운용리스료 ⑥ 기업구매자금대출이자 ⑦ 선순위로 손금불산입된 이자

2. 규제대상 자산의 범위

1) 업무무관자산

이에 대해서는 이미 제4장 4-5에서 설명하였다.

2) 특수관계인에게 업무와 관련 없이 지급한 가지급금 등

기업회계에서 가지급금은 금전을 지출하였으나 그 내역이 확정되지 않았을 때 사용하는 임시적인 계정을 말한다. 그러나 법인세법에서 업무무관 가지급금은 그 명칭 여하에 불구하고 특수관계인에게 해당 법인의 업무와 관련이 없이 지급한 자금의 대여액(금융회사 등의 경우 주된 수익사업으로 볼 수 없는 자금의 대여액을 포함)을 의미한다.

물론 이러한 가지급금은 특수관계인에 대한 대여금에 한정하며, 이자를 수령하고 있는지의 여부는 묻지 않는다.

다만, 다음의 금액은 비록 특수관계인에게 대한 것이라 하더라도 사용인의 복지증진 등 정책적 목적에서 업무와 관련이 없는 가지급금으로 보지 않는다.

① 소득세법상 지급시기의 의제규정에 의하여 지급한 것으로 보는 배당소득 및 상여금에 대한 소득세 대납액
② 국외투자법인의 종사자에 대한 여비 · 급료 · 기타 비용의 대납액
③ 우리사주조합 또는 그 조합원에 대한 주식취득자금 대여액
④ 근로자가 지급받은 것으로 보는 퇴직금전환금
⑤ 익금산입액의 귀속자가 불분명하여 대표자에게 상여로 소득처분한 금액에 대한 소득세 대납액
⑥ 사용인에 대한 월정급여액 범위 내의 일시적인 급료가불액
⑦ 사용인에 대한 경조사비의 대여액
⑧ 사용인(자녀 포함)에 대한 학자금 대여액

한편, 동일인에 대한 가지급금과 가수금이 함께 있는 경우에는 이를 상계한 후의 잔액에 대하여 손금불산입액을 계산한다. 또한 지급이자 손금불산입의 대상이 되는 가지급금에는 적정이자를 수령한 가지급금도 포함한다. 즉 적정이자를 수령한 것이라 하더라도 특수관계인에 대한 업무무관 가지급금에 해당하면 전부 지급이자 손금불산입의 대상이 되는 것이다.

따라서 특수관계인에 대한 업무무관 가지급금에 대해서는 수입이자가 익금산입됨(적정이자를 수령하지 아니한 경우에는 부당행위계산부인의 규정에 의하여 익금산입됨)과 동시에 관련 지급이자를 손금불산입하므로 사실상 이중과세가 되고 있는데, 이는 조세정책의 목적에서 업무무관 가지급금에 대한 강력한 규제가 필요하기 때문이다.

[예제 7-1] 지급이자 세무조정

제조업을 영위하는 주권상장법인 ㈜경성의 다음 자료에 의하여 지급이자와 관련된 세무조정을 하시오.

1. 사업연도 : 제10기(20x1. 1.1－12.31)
2. 손익계산서상 이자비용과 차입금적수의 내역

종 류	이자비용	차입금적수
채권자가 불분명한 私債이자	10,000,000	18,250,000,000
건설자금이자	20,000,000	73,000,000,000
기타 은행차입금이자	100,000,000	456,250,000,000
계	130,000,000	547,500,000,000

(1) 채권자가 불분명한 私債이자는 채권자의 주소와 성명을 확인할 수 없는 것으로, 이에 대하여 원천징수한 사실이 없다.

(2) 건설자금이자는 공장신축을 위한 차입금에 대한 지급이자로 기말 현재 공사가 진행 중이다

3. 해당 사업연도에 보유하고 있는 업무무관자산의 적수는 ₩80,665,000,000이다.

해답 1. 채권자가 불분명한 私債이자

채권자가 불분명한 私債이자 ₩10,000,000은 전액 손금불산입하며, 원천징수한 사실이 없다 하더라도 비실명거래분에 대한 원천징수세액은 정부에서 원천징수의무자에게 가산세와 함께 징수하므로 소득세 40%와 지방소득세 4%(= 소득세 × 10%)에 해당하는 ₩4,400,000(= 10,000,000 × 44%)은 기타사외유출로, 나머지 ₩5,600,000은 대표자상여로 소득처분한다.

2. 건설자금이자

건설자금이자를 이자비용을 계상하였고 사업연도말 현재 미완공상태이므로 건설자금이자 ₩20,000,000 전액을 손금불산입하고 유보로 소득처분한다.

3. 업무무관자산 등에 대한 지급이자

(1) 차입금적수

= 총차입금적수 － 채권자가 불분명한 私債의 적수 － 건설차입금적수

= 547,500,000,000 － 18,250,000,000 － 73,000,000,000 = ₩456,250,000,000

(2) 업무무관자산의 적수 = ₩80,665,000,000

(3) 지급이자

= 총지급이자 − 채권자가 불분명한 私債이자 − 건설자금이자

= 130,000,000 − 10,000,000 − 20,000,000 = ₩100,000,000

(4) 업무무관자산 등에 대한 지급이자 손금불산입액

$$= \text{지급이자} \times \frac{\text{업무무관자산적수}}{\text{차입금적수}} = 100,000,000 \times \frac{80,665,000}{456,250,000}$$

= ₩17,680,000(기타사외유출)

4. 세무조정

〈손금불산입〉	채권자가 불분명한 私債이자	₩4,400,000(기타사외유출)
		5,600,000(대표자상여)
	건설자금이자	20,000,000(유보)
	업무무관자산에 대한 지급이자	17,680,000(기타사외유출)

제8장 손익의 귀속사업연도

8-1 일반원칙

1. 권리의무확정주의

기업회계에서의 손익의 인식기준은 발생주의를 원칙으로 하여, 수익은 실현주의, 비용은 수익과 대응되는 것이 아니면 발생주의, 수익과 대응되는 것이면 수익비용대응의 원칙에 의한다. 이러한 손익의 인식기준은 그 인식시점에 따라 각 회계연도의 이익금액이 달라지기 때문에 아주 중요한 의미를 가진다. 법인세법에서는 여기에 대응되는 익금 및 손금의 인식기준으로 권리의무확정주의를 채택하고 있다. 즉 익금은 이를 받을 권리가 확정된 사업연도를, 손금은 이를 지급할 의무가 확정된 사업연도를 그 귀속사업연도로 하고 있다.

이에 따라 법인세법에서는 권리의무확정주의를 일반기준으로 하여 매출액 등 손익의 귀속사업연도를 규정하고 있는데, 내국법인의 각 사업연도 익금과 손금의 귀속사업연도는 그 익금과 손금이 확정된 날이 속하는 사업연도로 하고, 매입・제작 등에 의하여 취득한 자산의 취득가액은 당해 자산의 매입가액이나 제작원가에 부대비용을 가산한 금액으로 한다고 규정하고 있다.

2. 기업회계기준과 관행의 보충적 적용

기업회계기준에 의한 인식기준과 법인세법에 의한 인식기준에 차이가 있을 경우에는 세법의 규정을 우선적으로 적용하되, 세법에 달리 규정이 없는 경우에는 기업회계기준을 따르도록 하고 있다. 즉 내국법인의 각 사업연도의 소득금액 계산에 있어서 해당 법인이 익금과 손금의 귀속사업연도와 자산·부채의 취득 및 평가에 관하여 일반적으로 공정·타당하다고 인정되는 기업회계기준을 적용하거나 관행을 계속 적용하여 온 경우에는 법인세법 및 조세특례제한법에서 달리 규정하고 있는 경우를 제외하고는 그 기업회계기준 또는 관행에 따른다.

여기서 기업회계기준 또는 관행은 다음 중 어느 하나에 해당하는 회계기준(해당 회계기준에 배치되지 않는 것으로서 일반적으로 공정·타당하다고 인정되는 관행을 포함)으로 한다.

① 한국채택국제회계기준(K-IFRS, 상장기업과 금융회사에 적용)

② 일반기업회계기준(K-IFRS를 적용하지 않는 비상장기업에 적용)

③ 증권선물위원회가 정한 업종별회계처리준칙

④ 공공기관의 운영에 관한 법률에 따라 제정된 공기업·준정부기관 회계규칙

⑤ 그 밖의 법령에 따라 제정된 회계처리기준으로서 기획재정부장관의 승인을 얻은 것

8-2 거래형태별 손익의 귀속사업연도

1. 자산의 판매·양도손익 등의 귀속사업연도

1) 일반적인 판매·양도손익

상품(부동산 제외)·제품 또는 그 밖의 생산품을 판매함으로써 생긴 판매손익의 귀속사업연도는 그 상품·제품 또는 생산품의 인도일이 속하는 사업연도로 한다.

상품 등 외의 자산(투자자산, 고정자산 등)을 양도함으로써 생긴 익금과 손금의 귀속사업연도는 그 대금의 청산일이 속하는 사업연도로 한다. 다만, 대금을 청산하

기 전에 소유권 등 이전등기(등록 포함)를 하거나 해당 자산을 인도한 경우에는 소유권 등 이전등기일(등록일 포함) 또는 인도일이 속하는 사업연도로 한다. 즉 이러한 자산의 양도손익은 대금청산일, 소유권이전등기일, 인도일 중 가장 빠른 날이 속하는 사업연도를 손익의 귀속사업연도로 한다.

구 분	법인세법	기업회계기준
① 상품(부동산 제외) 등의 판매	그 상품 등을 인도한 날	좌동
② 상품 등 외의 자산의 양도 (투자자산, 고정자산 등)	그 대금을 청산한 날 • 대금청산 전에 소유권 등의 이전등기·등록을 하거나 해당 자산을 인도는 경우 또는 상대방이 해당 자산을 사용수익하는 경우: 그 이전등기·등록일·인도일·사용수익일 중 가장 빠른 날	좌동

여기서 상품 등이란 상품(부동산 제외)·제품 또는 그 밖의 생산품을 말한다. 따라서 재고자산에 해당하는 부동산(부동산매매업 영위 법인의 매매목적용 부동산)이라 하더라도 그 양도손익은 위 ②의 규정에 의한다.

한편 법인이 매출할인을 하는 경우 그 매출할인금액은 상대방과의 약정에 따른 지급기일(그 지급기일이 정해져 있지 않은 경우에는 지급한 날)이 속하는 사업연도의 매출액에서 차감한다(매출시점의 매출액에서 차감하는 것이 아님).

2) 시용판매 및 위탁판매손익

상품 등의 시용판매에 있어서는 상대방이 그 상품 등에 대한 구입의사를 표시한 날을 판매손익의 귀속시기로 한다.

또한 자산을 타인에게 위탁하여 매매·양도·양수함으로써 생긴 익금과 손금의 귀속사업연도는 수탁자에 의한 해당 자산의 매매·양도·양수일이 속하는 사업연도로 한다.

구 분	법인세법	기업회계기준
① 상품 등의 시용판매	상대방이 구입의사를 표시한 날 • 일정기간 내에 반송하거나 거절의 의사를 표시하지 않으면 특약 등에 따라 그 판매가 확정되는 경우: 그 기간의 만료일	좌동
② 자산의 위탁매매	수탁자가 그 위탁자산을 매매한 날	좌동

3) 장기할부판매 · 양도손익

장기할부조건이라 함은 상품의 판매 · 자산의 양도 또는 건설 · 제조 및 용역의 제공으로서 판매금액 또는 수입금액을 월부 · 연부 기타의 지불방법에 따라 수입하는 것 중 다음의 요건을 갖춘 것을 말한다.

① 2회 이상으로 분할하여 판매금액 또는 수입금액을 수입하는 것

② 해당 목적물의 인도일(상품 등 외의 자산은 소유권이전등기 · 등록일, 인도일, 사용수익일 중 빠른 날)의 다음 날부터 최종 할부금의 지급기일까지의 기간이 1년 이상인 것

장기할부조건으로 자산을 판매하거나 양도함으로써 생기는 익금과 손금의 귀속 사업연도는 인도기준으로 하는 것이 원칙이다. 그러나 법인이 회수하였거나 회수할 금액과 이에 대응하는 비용을 결산서에 반영한 경우에는 예외적으로 이를 인정한다.

즉 법인이 장기할부조건으로 자산을 판매하거나 양도한 경우로서 판매 또는 양도한 자산의 인도일(상품 등 외의 자산은 소유권이전등기 · 등록일, 인도일, 사용수익일 중 빠른 날)이 속하는 사업연도의 결산을 확정할 때 해당 사업연도에 회수하였거나 회수할 금액과 이에 대응하는 비용을 각각 수익과 비용으로 계상한 경우에는 그 금액을 각각 해당 사업연도의 익금과 손금에 산입한다(결산조정).

다만, 중소기업인 법인이 장기할부조건으로 자산을 판매하거나 양도한 경우에는 그 장기할부조건에 따라 각 사업연도에 회수하였거나 회수할 금액과 이에 대응

하는 비용을 각각 해당 사업연도의 익금과 손금에 산입할 수 있다(중소기업은 신고조정 가능).

여기서 장기할부조건에 따라 회수하였거나 회수할 금액이라는 표현으로 되어 있는데, 이는 약정에 의하여 회수기일이 도래된 금액(회수기준이 아님)으로 보아야 한다. 따라서 회수기일이 도래하기 전에 미리 회수된 금액은 선수금으로 보아 익금에 산입하지 않는다. 즉 미회수분은 포함하되, 선회수분은 포함하지 않는다.

이 경우 인도일 이전에 회수하였거나 회수할 금액은 인도일에 회수한 것으로 보며, 법인이 그 기간 중에 폐업한 경우에는 그 폐업일 현재 익금에 산입하지 않은 금액과 이에 대응하는 비용을 폐업일이 속하는 사업연도의 익금과 손금에 각각 산입한다.

기업회계기준에 의하면 할부매출에 대한 수익은 장·단기 구분 없이 인도한 날에 인식한다. 다만, 비상장중소기업의 경우에는 장기할부매출 및 토지 또는 건물 등을 장기할부조건으로 처분하는 경우 해당 자산의 처분이익은 할부금회수기일이 도래한 날에 실현되는 것으로 할 수 있다. 따라서 기업회계기준에 따라 인도기준으로 회계처리하거나 비상장중소기업에 대해 회수기일도래기준으로 회계처리한 것은 법인세법에서의 인식기준과 같으므로 세무조정이 필요 없다.

그러나 K-IFRS를 적용하는 상장중소기업은 장기할부판매손익을 결산서에 인도기준으로만 회계처리하여야 한다. 이에 법인세법에서는 K-IFRS에 따라 인도기준으로 처리한 경우에도 중소기업인 법인은 특별히 회수기일도래기준으로 신고조정하여 익금과 손금에 산입할 수 있도록 하는 것이다.

한편, 기업회계기준에서는 장기연불조건의 매매거래, 장기금전대차거래 또는 이와 유사한 거래에서 발생하는 채권·채무로서 명목가액과 현재가치의 차이가 중요한 경우에는 이를 현재가치로 평가하여 현재가치할인차금으로 계상한 후, 유효이자율법을 적용하여 상각 또는 환입하고 이를 이자비용 또는 이자수익으로 계상하도록 하고 있고, 다만, 비상장중소기업의 경우에는 현재가치에 의한 평가를 하지 않고 명목가액으로 평가할 수 있도록 하고 있다.

이에 대해 법인세법에서도 장기할부조건의 판매·양도손익에 있어 인도일에 현재가치를 기준으로 판매·양도손익을 계상하고 현재가치할인차금을 유효이자율법에 따라 환입하여 이자수익으로 계상한 경우 이를 익금에 산입하도록 하고 있다(현재가치 평가의 수용: 결산조정).

구 분	법인세법	기업회계기준
① 단기할부판매	인도기준(명목가치 평가)	좌동
② 장기할부판매	① 원칙: 인도기준(명목가치 평가) ② 특례: • 회수기일도래기준의 인정 (결산조정사항) • 중소기업은 회수기일도래기준의 신고조정 가능 • 현재가치 평가의 인정 (결산조정사항)	원칙: 인도기준(현재가치 평가) • 일반기업회계기준을 적용받는 비상장중소기업은 회수기일도래기준 적용 가능

[예제 8-1] 위탁판매

㈜경성의 위탁판매에 관한 다음 자료에 의하여 필요한 세무조정을 하시오.

1. ㈜경성은 제10기말에 ㈜서울과 위탁판매 계약을 체결하고 상품 ₩100,000,000을 적송하였다. 이에 따라 ㈜서울은 제10기말에 이를 모두 판매하였고, ㈜경성은 이에 대한 매출계산서를 제11기초에 수령하여 이에 대한 회계처리를 하였다.
2. 적송품의 판매가격은 적송품원가에 30%의 이익을 가산한 금액이며, 위탁판매 수수료는 판매가격의 1%를 지급하기로 하였다.
3. 적송품의 발송운임 ₩1,000,000은 제10기의 판매비와 관리비로 계상하였다.

해답 위탁판매손익은 수탁자가 판매한 사업연도인 제10기에 인식하여야 하는데, ㈜경성에서는 이를 제11기에 인식하였으므로 이에 따른 세무조정이 필요하다.

1. 기업회계의 회계처리

(1) 제10기	(차)	적송품	100,000,000	(대) 매입	100,000,000
		적송품운임 (판매비와 관리비)	1,000,000	현금	1,000,000

(2) 제11기 (차) 매출채권 128,700,000 (대) 적송품매출 130,000,000
판매수수료 1,300,000 적송품 100,000,000
매입 100,000,000
(적송품매출원가)

2. 세무조정

세무상으로는 위의 회계처리가 모두 제10기에 이루어져야 하므로 다음과 같은 세무조정이 필요하다(적송품운임은 제10기의 비용으로 처리되었기 때문에 세무조정이 필요 없음).

(1) 제10기의 매출로 보는 세무조정 :

〈익금산입〉 적송품매출액 ₩130,000,000(유보)
〈손금산입〉 판매수수료 1,300,000(△유보)
〈손금산입〉 적송품매출원가 100,000,000(△유보)

(2) 제11기의 매출로 보지 않는 반대의 세무조정 :

〈익금불산입〉 적송품매출액 ₩130,000,000(△유보)
〈손금불산입〉 판매수수료 1,300,000(유보)
〈손금불산입〉 적송품매출원가 100,000,000(유보)

[예제 8-2] 할부판매

㈜경성은 회수기준으로 할부판매의 수익을 계상하고 있다. ㈜경성의 제10기(20x1. 1.1-12.31) 할부판매와 관련된 다음 자료에 의하여 필요한 세무조정을 하시오.

구분	총판매대금	인도일	제10기 대금회수액	대금회수조건
A 상품	₩100,000,000	20x1. 5. 1	₩ 60,000,000	인도 후 매2개월마다 ₩20,000,000씩 회수
B 상품	200,000,000	20x0. 12. 1	180,000,000	인도 후 매3개월마다 ₩40,000,000씩 회수
C 상품	300,000,000	20x0. 10. 1	120,000,000	인도 후 매4개월마다 ₩50,000,000씩 회수
D 상품	400,000,000	20x2. 1. 5	50,000,000	20x1. 12. 1에 1회분 ₩50,000,000을 선수령하고, 나머지는 인도 후 매5개월마다 ₩50,000,000씩 회수

해답

구분	장·단기 구분	회사계상 수익	세무상 익금	세무조정
A	단기	₩60,000,000	₩100,000,000	익금산입 ₩40,000,000(유보)
B	장기	180,000,000	160,000,000	익금불산입 ₩20,000,000(△유보)
C	장기	120,000,000	150,000,000	익금산입 ₩30,000,000(유보)
D	장기	50,000,000	–	익금불산입 ₩50,000,000(△유보)

A : 단기할부판매는 인도일에 전액 익금으로 본다.

B : 회사가 회수기일도래금액인 ₩160,000,000보다 많은 금액인 ₩180,000,000을 회수하였더라도 회수기일도래금액만을 익금으로 계상하므로 그 차액을 익금불산입한다.

C : 회수기일도래금액인 ₩150,000,000보다 적은 ₩120,000,000을 회수하여 수익으로 계상하였으므로 그 차액을 익금산입한다.

D : 인도일 이전에 회수하였거나 회수할 금액은 인도일에 회수된 것으로 본다. 따라서 인도일인 20x2. 1. 5 이전에 회수한 금액은 20x1년도의 익금으로 볼 수 없다.

2. 용역제공손익의 귀속사업연도

건설·제조·기타 용역(도급공사 및 예약매출 포함)의 제공으로 인한 익금과 손금은 그 목적물의 건설 등의 착수일이 속하는 사업연도부터 그 목적물의 인도일(용역제공의 경우에는 그 제공을 완료한 날)이 속하는 사업연도까지 그 목적물의 건설 등을 완료한 정도(작업진행률)를 기준으로 하여 계산한 수익과 비용을 각각 해당 사업연도의 익금과 손금에 산입한다(진행기준). 따라서 장단기를 불문하고 건설 등의 제공으로 인한 손익은 원칙적으로 진행기준에 따라 손익을 인식하게 된다.

여기서 건설 등을 완료한 정도(작업진행률)에 따라 각 사업연도에 공사손익으로서 익금과 손금에 산입할 금액은 다음과 같이 계산한다.

익금(공사수익) = 계약(도급)금액 × 작업진행률
　　　　　　　　− 직전 사업연도말까지 익금에 산입한 금액
손금(공사원가) = 해당 사업연도에 발생된 총비용

* 작업진행률: 해당 사업연도말까지 발생한 총공사비 누적액 / 총공사예정비
* 총공사예정비: 기업회계기준을 적용하여 계약 당시 추정한 공사원가에 해당 사업연도말까지의 변동상황을 반영하여 합리적으로 추정한 공사원가

다만, 중소기업인 법인이 수행하는 계약기간 1년 미만의 건설 등의 경우에는 그 목적물의 인도일이 속하는 사업연도의 익금과 손금에 산입할 수 있다(완성기준 수용). 이는 K-IFRS를 도입한 중소기업은 단기건설공사에 대해 인도기준을 적용할 수 없고 진행기준만 적용해야 하므로 법인세법에서는 이를 신고조정을 통해 인도기준(완성기준)을 적용할 수 있도록 한 것이다.

또한 건설 등의 제공에 대하여 기업회계기준에 따라 목적물의 인도일이 속하는 사업연도의 수익과 비용으로 계상한 경우에는 그 목적물의 인도일이 속하는 사업연도의 익금과 손금에 산입할 수 있다. 즉 기업회계기준에서 분양공사 등의 예약매출(아파트 신축분양사업 등)은 인도기준으로 분양수익과 분양원가를 인식하여야 하는데, 이처럼 기업회계기준에 따라 인도기준으로 수익과 비용을 계상한 경우에는 법인세법에서도 인도기준으로 익금과 손금을 인식할 수 있다는 것이다.

그러나 진행기준을 적용할 수 없는 다음 중 어느 하나에 해당하는 경우에는 그 목적물의 인도일이 속하는 사업연도의 익금과 손금에 각각 산입하여야 한다(강제사항).

① 작업진행률을 계산할 수 없다고 인정되는 경우로서 법인이 기록·보관한 장부가 없거나 장부의 내용이 충분하지 않아 해당 사업연도 종료일까지 실제로 사용된 총공사비누적액 또는 작업시간 등을 확인할 수 없는 경우
② 지급배당 소득공제를 적용받는 유동화전문회사 등에 해당하는 법인으로서 국제회계기준을 적용하는 법인이 수행하는 예약매출의 경우

기업회계기준에서는 용역매출액 및 예약매출액은 장·단기를 불문하고 진행기준에 따라 실현되는 것으로 하고 있다. 다만, 일반기업회계기준을 적용하는 비상장중소기업의 경우에는 단기용역매출액 및 단기예약매출액은 용역을 제공하거나 제품 등을 완성한 날에 실현되는 것으로 할 수 있다. 따라서 기업회계기준에 따른 용역제공손익의 인식은 법인세법에서 모두 수용되는 셈이므로 세무조정이 필요 없게 된다.

이러한 용역제공손익의 귀속사업연도에 관한 내용을 요약하면 다음과 같다.

구 분		법인세법	기업회계기준
일반적인 건설	단기 건설	① 원칙: 진행기준* ② 특례: 중소기업은 인도기준(완성기준) 적용 가능	진행기준(비상장중소기업은 인도기준(완성기준) 적용 가능)
	장기 건설	진행기준*	진행기준
분양공사 등 예약매출		① 원칙: 진행기준* ② 특례: 기업회계기준에 따라 인도기준으로 계산한 경우 이를 수용	인도기준

* 작업진행률을 계산할 수 없다고 인정되는 경우와 K-IFRS를 적용하는 유동화전문회사 등이 수행하는 예약매출의 경우에는 인도기준(완성기준)을 적용(강제사항)

[예제 8-3] 용역제공 손익

다음은 중소기업인 ㈜경성의 도급공사와 관련된 자료이다. 회사에서 이 공사의 공사손익을 완성기준으로 회계처리한 경우 필요한 세무조정을 하시오.

구 분	A 공사	B 공사
도급금액	₩200,000,000	₩1,000,000,000
공사계약기간	20x1. 9. 1－20x2. 6. 30	20x1. 9. 1－20x2. 12. 31
총공사예정비	150,000,000	800,000,000
제10기 공사비용	60,000,000	240,000,000
제11기 공사비용	90,000,000	560,000,000

해답 1. A 공사는 단기도급공사이다. 단기도급공사의 경우에는 진행기준이 원칙이나 중소기업의 경우에는 완성기준으로 공사손익을 계상한 경우에도 이를 수용

한다. 따라서 별도의 세무조정이 필요 없다.

2. B 공사는 장기도급공사이다. 장기도급공사의 경우에는 장부불비 이외의 경우에는 반드시 진행기준으로 하여야 한다. 따라서 진행기준으로 회계처리한 경우에는 별도의 세무조정이 필요 없지만, 완성기준으로 회계처리한 경우에는 진행기준에 의한 공사수익과 공사비용을 계산하여 이에 따른 차액의 세무조정이 필요하다.

(1) 완성기준에 의한 공사수익과 공사비용

1) 제10기 : 공사수익과 공사비용을 계상하지 아니함

2) 제11기 : 공사수익 = ₩1,000,000,000
공사비용 = ₩800,000,000

(2) 진행기준에 의한 공사수익과 공사비용

1) 제10기 : 공사수익 = 계약금액 × 작업진행률 − 직전 사업연도말까지 익금산입액
= 1,000,000,000 × 240,000,000/800,000,000 − 0 = ₩300,000,000
공사비용 = ₩240,000,000

2) 제11기 : 공사수익 = 1,000,000,000 × 800,000,000/800,000,000 − 300,000,000
= ₩700,000,000
공사비용 = ₩560,000,000

(3) 세무조정

1) 제10기 :	〈익금산입〉	장기도급공사수익	₩300,000,000(유보)
	〈손금산입〉	장기도급공사원가	₩240,000,000(△유보)
2) 제11기 :	〈익금불산입〉	장기도급공사수익	₩300,000,000(△유보)
	〈손금불산입〉	장기도급공사원가	₩240,000,000(유보)

3. 금융손익의 귀속사업연도

1) 이자수익

금융보험업 외의 법인(일반법인)이 수입하는 이자 및 할인액은 소득세법에 따른 이자소득의 수입시기(실제로 받은 날 또는 받기로 한 날)가 속하는 사업연도의 익금으로 한다. 다만, 금융보험업을 영위하는 법인의 경우에는 실제로 수입된 날이 속하는 사업연도로 하되(현금주의), 선수입이자 등을 제외한다.

그러나 결산을 확정할 때 이미 경과한 기간에 대응하는 이자 등(법인세가 원천징수되는 이자 등은 제외)을 해당 사업연도의 수익으로 계상한 경우에는 위의 규정에도 불구하고 그 계상한 사업연도의 익금으로 한다(발생주의 허용 → 법인세가 원천징수되는 이자는 허용하지 않음).

이는 원천징수의 대상이 되는 이자소득에 대해서는 일반법인의 경우에는 소득세법상 이자소득의 귀속시기인 현금기준 또는 약정일 기준만을, 금융보험업의 경우에는 현금기준만을 적용한다는 것이다. 그러나 원천징수의 대상이 아닌 이자소득에 대해서는 결산을 확정함에 있어서 이미 경과한 기간에 대응하는 이자 등을 해당 사업연도의 수익(미수수익)으로 계상한 경우에는 금융보험업이든 일반법인이든 그 계상한 연도의 익금으로 인정한다.

이 경우 일반법인이 받는 대부분의 이자는 법인세가 원천징수되므로 이러한 발생주의의 수용특례규정은 극히 예외적인 경우를 제외하고는 사실상 적용될 수 없다. 다만, 금융보험업의 사업수입금액이 되는 이자소득에 대해서는 원칙적으로 원천징수를 하지 않는데, 채권·증권의 이자·할인액으로서 중도매매시 보유기간 이자상당액에 대해서는 예외로 원천징수를 한다.

이와 같이 원천징수 대상의 이자소득에 대하여 미수이자를 계상하지 못하도록 한 것(발생주의를 인정하지 않는 것)은 원천징수 사무의 기술적인 이유 때문이다. 즉 기간경과에 따른 미수이자 계상액을 익금으로 하여 법인세를 과세하게 되면 나중에 실제로 이자를 지급할 때 이미 법인세가 과세된 이자금액을 차감한 잔액에 대하여만 원천징수하여야 하는데, 이때 원천징수의무자가 소득자의 미수이자 계상 여부를 확인한다는 것은 사실상 불가능하기 때문이다.

2) 이자비용

법인이 지급하는 이자 등은 소득세법에 따른 이자소득의 수입시기에 해당하는 날이 속하는 사업연도의 손금으로 한다. 다만, 결산을 확정할 때 이미 경과한 기간에 대응하는 이자 등을 당해 사업연도의 손금으로 계상한 경우(발생주의에 의한 미지급이자의 계상)에는 그 계상한 사업연도의 손금으로 한다. 이는 미수이자와는 달리 이자비용의 경우에는 이자의 법인세 원천징수 대상 여부와는 관계없이 결산서에 손금으로 계상하면 인정된다(발생주의 인정).

[예제 8-4] 이자수익과 이자비용

기업회계에서 발생주의에 따라 제10기에 정기적금이자의 미수수익과 차입금이자의 미지급비용을 각각 ₩1,000,000씩 계상하고, 이를 제11기에 각각 수령·지급한 경우 필요한 세무조정을 하시오.

해답 1. 기업회계상 회계처리

(1) 이자수익:	제10기: (차) 미수수익	1,000,000	(대) 이자수익	1,000,000
	제11기: (차) 현금	1,000,000	(대) 미수수익	1,000,000
(2) 이자비용:	제10기: (차) 이자비용	1,000,000	(대) 미지급비용	1,000,000
	제11기: (차) 미지급비용	1,000,000	(대) 현금	1,000,000

2. 세무조정

(1) 이자수익: 정기적금이자는 원천징수 대상이 되므로 미수이자를 계상할 수 없고 실제로 그 지급을 받은 날의 익금으로 한다. 따라서 다음의 세무조정이 필요하다.

제10기: 〈익금불산입〉 미수이자 ₩1,000,000(△유보)

제11기: 〈익금산입〉 미수이자 ₩1,000,000(유보)

(2) 이자비용: 미지급이자의 계상은 원천징수 대상의 여부와 관계없이 결산서에 손금으로 계상하면 인정되므로 별도의 세무조정이 필요 없다.

3) 배당금수익

법인이 수입하는 배당금은 소득세법에 따른 배당소득의 수입시기(잉여금처분결의일, 실제로 받은 날 등)가 속하는 사업연도의 익금에 산입한다(권리의무확정주의 또는 현금주의).

4) 금융보험업의 수입보험료 등

금융보험업을 영위하는 법인이 수입하는 보험료·부금·보증료 또는 수수료의 귀속사업연도는 그 보험료 등이 실제로 수입한 날이 속하는 사업연도(현금주의)로 하되, 선수입보험료 등을 제외한다.

다만, 결산을 확정할 때 이미 경과한 기간에 대응하는 보험료 상당액 등을 해당 사업연도의 수익으로 계상한 경우에는 그 계상한 사업연도의 익금으로 한다(발생주의 수용).

4. 임대료 등 그 밖의 손익의 귀속사업연도

1) 임대손익

자산의 임대로 인한 익금과 손금의 귀속사업연도는 다음에 해당하는 날이 속하는 사업연도로 한다.

① 계약 등에 따라 임대료의 지급일이 정해진 경우에는 그 지급일

② 계약 등에 따라 임대료의 지급일이 정해지지 않은 경우에는 그 지급을 받은 날

다만, ㉠ 결산을 확정할 때 이미 경과한 기간에 대응하는 임대료 상당액과 이에 대응하는 비용을 해당 사업연도의 수익과 손비로 계상한 경우 및 ㉡ 임대료 지급기간이 1년을 초과하는 경우에는, 이미 경과한 기간에 대응하는 임대료 상당액과 비용은 이를 각각 그 계상한 사업연도의 익금과 손금으로 한다.

따라서 임대료의 지급기간이 1년을 초과하는 경우에는 결산서에 미수임대료를 계상하지 않은 경우 미수임대료 상당액과 대응하는 비용을 익금과 손금에 산입하는 세무조정이 필요하다(발생주의 강제).

구분	법인세법		기업회계기준
단기임대손익	원칙	계약상 지급일(또는 지급받은 날)	기간경과분 임대손익 인식(발생주의)
	특례	기간경과분 미수임대료·미지급임대료 계상 인정(발생주의 허용)	
장기임대손익	기간경과분 임대료 상당액·비용을 당기 익금·손금으로 함(발생주의 강제)		

2) 금전등록기 설치법인의 물품 · 용역대가

영수증 교부대상 업종을 영위하는 법인이 금전등록기를 설치 · 사용하는 경우 그 수입하는 물품대금과 용역대가의 귀속사업연도는 그 금액이 실제로 수입된 사업연도로 할 수 있다(현금주의 적용 가능).

3) 사채할인발행차금

법인이 사채를 발행하는 경우에 상환할 사채금액의 합계액에서 사채발행가액(사채발행수수료와 사채발행을 위하여 직접 필수적으로 지출된 비용을 차감한 후의 가액을 말함)의 합계액을 공제한 금액(사채할인발행차금)은 기업회계기준에 따른 사채할인발행차금의 상각방법에 따라 이를 손금에 산입한다.

따라서 회사가 유효이자율법에 따라 상각할 금액만큼 상각하지 않은 경우에는 그 차액을 손금산입(△유보)으로 강제 신고조정한다.

4) 리스료

리스이용자가 리스로 인하여 수입하거나 지급하는 리스료(리스개설 직접원가를 제외함)의 익금과 손금의 귀속사업연도는 기업회계기준으로 정하는 바(리스기간에 걸쳐 균등하게 배분된 금액)에 따른다.

5) 전기오류수정손익

전기오류수정손익이란 전기 또는 그 이전의 수익 · 비용의 과대 또는 과소계상이 당기에 발견된 경우 이를 수정할 경우 발생하는 손익을 말한다.

기업회계에서는 당기에 발견한 전기 또는 그 이전 기간의 오류는 당기 손익계산서에 영업외손익 중 전기오류수정손익으로 보고하도록 하고 있다(전진법). 다만, 전기 또는 그 이전 기간에 발생한 중대한 오류의 수정은 전기이월이익잉여금에 반영하고 관련 계정잔액은 수정하며(소급법), 비교재무제표를 작성하는 경우 중대한 오류의 영향을 받는 회계기간의 재무제표 항목은 재작성하도록하고 있다.

이에 대해 법인세법에서는 전기오류수정손익도 순자산증가설에 따라 세법에서 별도로 익금불산입항목 또는 손금불산입항목으로 규정하고 있는 경우를 제외하고 원칙적으로 익금 또는 손금으로 본다. 다만, 조세의 부담을 부당하게 감소시키거나 소득을 조작할 목적 등으로 전기의 손익을 당기의 손익으로 계상한 경우에는 이를 당기의 손익으로 보지 않고 그 손익이 확정된 전기 이전의 사업연도의 손익으로 보아 그 사업연도의 소득금액을 소급하여 다시 결정하도록 하고 있다.

이러한 전기오류수정손익을 당기손익으로 계상한 경우에는 이들이 법인세법상 익금과 손금에 해당하면 세무조정이 필요 없고, 익금과 손금에 해당하지 않으면 익금불산입과 손금불산입의 세무조정을 하면 된다.

그러나 전기오류수정손익이 중대한 오류의 수정에 해당되어 이를 이익잉여금의 증가 또는 감소로 회계처리한 경우의 세무조정은 다음과 같다.

전기오류수정손익이 법인세법상 익금항목 또는 손금항목에 해당되면 이를 익금산입(기타) 또는 손금산입(기타)하는 세무조정만 하면 된다. 그러나 법인세법상 익금불산입항목 또는 손금불산입항목에 해당되면 이를 일단 익금산입(기타) 또는 손금산입(기타)한 후 다시 익금불산입(△유보 또는 기타) 또는 손금불산입(유보, 사외유출 또는 기타)하는 세무조정을 하여야 한다.

예를 들어 전기에 재산세를 과대계상하여 당기에 환급된 금액을 전기오류수정이익으로 하여 이익잉여금의 증가로 계상하였다면, 이는 손금에 해당하는 재산세가 환급된 것이므로 익금항목이다. 따라서 이는 익금산입(기타)하는 세무조정만 하면 된다.

그러나 재산세의 환급금에 대한 이자가 포함되어 이를 전기오류수정이익으로 하여 이익잉여금의 증가로 계상하였다면, 이자의 환급금은 익금불산입항목이므로 이는 일단 익금산입(기타)한 후 익금불산입(기타)하는 세무조정을 하여야 한다.

한편, 전기에 과소계상된 감가상각비 등을 당기에 전기오류수정손실로 계상한 경우에는 이를 계상한 사업연도의 손금으로 보므로 손금산입(기타)한 후, 감가상각비 등의 시부인계산시 회사계상액에 가산하여 한도초과액을 계산하게 된다.

<table>
<tr><th>구 분</th><th>회계처리</th><th>세무조정</th></tr>
<tr><td rowspan="2">전진법을
적용한 경우</td><td>전기오류수정이익
(당기수익)</td><td>• 당기의 익금인 경우: 세무조정 없음
• 당기의 익금이 아닌 경우: 익금불산입</td></tr>
<tr><td>전기오류수정손실
(당기비용)</td><td>• 당기의 손금인 경우: 세무조정 없음
• 당기의 손금이 아닌 경우: 손금불산입</td></tr>
<tr><td rowspan="2">소급법을
적용한 경우</td><td>전기오류수정이익
(이월이익잉여금 증가)</td><td>① 1차 세무조정: 익금산입(기타)
② 2차 세무조정
• 당기의 익금인 경우: 세무조정 없음
• 당기의 익금이 아닌 경우: 익금불산입</td></tr>
<tr><td>전기오류수정손실
(이월이익잉여금 감소)</td><td>① 1차 세무조정: 손금산입(기타)
② 2차 세무조정
• 당기의 손금인 경우: 세무조정 없음
• 당기의 손금이 아닌 경우: 손금불산입</td></tr>
</table>

[예제 8-5] 전기오류수정손익

㈜경성은 중대한 오류의 수정에 해당하는 전기오류수정손익을 기업회계기준에 따라 전기이월이익잉여금의 증감항목으로 회계처리하고 있으며, 그 내역은 다음과 같다. 이에 따른 필요한 세무조정을 하시오.

1. 전기오류수정이익

과 목	금 액	내 역
재산세 환급금 재산세 환급금이자 부산물 매각대	₩5,000,000 100,000 3,000,000	전기 손금인정된 재산세 환급 전기 세무조정시 누락된 금액
계	₩8,100,000	

2. 전기오류수정손실

과 목	금 액	내 역
감가상각비 법인세추납액	₩5,000,000 2,000,000	전기 과소상각액의 추가계상 전기분 법인세의 추가납부액
계	₩7,000,000	

해답 1. 전기오류수정이익

〈익금산입〉 전기오류수정이익 ₩8,100,000(기타)

〈익금불산입〉 재산세 환급금이자 ₩100,000(기타)

〈익금불산입〉 부산물 매각대 ₩3,000,000(기타)

* 재산세는 손금인정되므로 이의 환급액도 익금항목이다. 따라서 재산세환급금은 익금산입하는 세무조정만 하면 된다. 그러나 재산세의 환급금에 대한 이자는 익금불산입항목이므로 이는 일단 익금산입한 후 익금불산입하는 세무조정을 하여야 한다.
* 부산물 매각대 ₩3,000,000은 전기 귀속분이므로 당기의 익금으로 볼 수 없고, 전기의 익금에 포함시켜 전기의 소득금액을 수정신고하거나 경정하여야 한다.

2. 전기오류수정손실

〈손금산입〉 전기오류수정손실 ₩7,000,000(기타)

〈손금불산입〉 법인세추납액 ₩2,000,000(기타사외유출)

* 전기에 과소계상한 감가상각비를 당기에 계상한 경우에는 이를 계상한 사업연도인 당기의 감가상각비로 본다. 따라서 이를 전기오류수정손실로 계상하였으므로 손금산입의 세무조정을 하고, 이는 감가상각비의 한도 계산시 회사계상액에 가산하여야 한다.
* 법인세는 손금불산입항목이므로 전기오류수정손실로 계상된 법인세추납액을 손금산입한 후 다시 손금불산입하여야 한다.

6) 그 밖의 손익

법인세법과 조세특례제한법에서 규정한 것 이외의 익금과 손금의 귀속사업연도는 그 익금과 손금이 확정된 날이 속하는 사업연도로 한다.

제 9 장 자산의 취득가액과 자산 · 부채의 평가

9-1 자산의 취득가액

1. 취득가액 계산의 일반원칙

기업회계기준에서는 자산의 취득원가를 제작원가 또는 매입가액에 취득부대비용을 가산한 가액으로 하며, 교환 · 현물출자 · 증여 기타 무상으로 취득한 자산의 가액은 공정가치를 취득원가로 한다. 법인세법에서도 취득원가에 대한 기본적인 인식은 기업회계기준과 같으나 법인의 자의적인 평가를 배제하기 위하여 보다 구체적인 취득가액의 규정을 두고 있다.

1) 매입 · 자가제조 등의 경우의 자산의 취득가액

법인이 매입 · 제작 · 교환 및 증여 등에 의하여 취득한 자산의 취득가액은 다음의 금액으로 한다.

구 분	취 득 가 액
타인으로부터 매입한 자산*	매입가액＋부대비용(취득세 등)
자기가 제조 · 생산 · 건설 기타 이에 준하는 방법으로 취득한 자산	제작원가＋부대비용(취득세 등)
기타의 방법(교환 · 증여 등)으로 취득한 자산	취득당시 취득한 자산의 시가

* 기업회계기준에 따라 단기매매항목으로 분류된 금융자산 및 파생상품은 매입가액만을 취득가액으로 함(K-IFRS에서 당기손익인식금융상품의 취득을 위한 거래원가(부대비용)를 당기비용으로 하므로 법인세법에서도 이를 수용)

2) 현물출자 · 물적분할로 취득한 자산

<table>
<tr><th>구 분</th><th>주주가 취득한 주식의 취득가액</th><th>법인이 취득한 자산의 취득가액</th></tr>
<tr><td>현물출자</td><td>① 출자법인이 현물출자로 인해 피출자법인을 새로 설립하면서 그 대가로 주식만 취득하는 경우: 출자법인이 현물출자한 순자산의 시가
② ① 외의 경우: 해당 주식의 시가</td><td rowspan="2">해당 자산의 시가</td></tr>
<tr><td>물적분할</td><td>분할법인이 물적분할한 순자산의 시가</td></tr>
</table>

3) 합병 · 인적분할로 취득한 자산

<table>
<tr><th>구 분</th><th>주주가 취득한 주식의 취득가액</th><th>법인이 취득한 자산의 취득가액</th></tr>
<tr><td>적격
합병 · 인적분할</td><td rowspan="2">종전 주식의 장부가액
+합병 · 분할로 인한 의제배당금액
+불공정자본거래로 분여받은 이익
−합병 · 분할교부금</td><td>피합병법인 · 분할법인의
장부가액</td></tr>
<tr><td>비적격
합병 · 인적분할</td><td>해당 자산의 시가</td></tr>
</table>

4) 채무의 출자전환으로 취득한 주식

채무의 출자전환으로 취득한 주식은 취득 당시의 시가로 한다. 다만, 법률 · 협약에 따른 출자전환으로 취득한 주식은 출자전환된 채권의 장부가액으로 한다.

2. 취득가액의 범위

이러한 취득가액에 대한 규정과 함께 이들 취득가액에 포함하는 것과 포함하지 않는 것에 대한 규정을 두고 있는데, 이의 내용은 다음과 같다.

1) 취득가액에 포함하는 것

① 건설자금에 충당한 차입금의 이자

② 특수관계인인 개인으로부터 유가증권을 시가에 미달하는 가액으로 매입하는 경우 그 매입가액과 시가와의 차액

③ 기업회계기준에 따라 국공채의 매입가액과 현재가치의 차액을 유형자산의 취득가액으로 계상한 금액

2) 취득가액에 포함하지 않는 것

① 장기할부조건으로 취득한 자산을 현재가치로 평가한 경우의 현재가치할인차금

② 특수관계인으로부터 자산을 시가보다 높은 가액으로 매입하거나 현물출자받은 경우 그 시가초과액

③ 특수관계 없는 자로부터 정상가액(시가의 30%를 가감한 범위의 금액을 말함)보다 높은 가액으로 매입한 자산의 정상가액초과액

④ 법인의 증자를 할 때 신주를 시가보다 높은 가액으로 인수함으로써 특수관계인인 다른 주주 등에게 이익을 분여한 경우 그 시가초과액

⑤ 연지급수입에 있어서 취득가액과 구분하여 지급이자로 계상한 금액
→ 연지급수입이자를 취득가액으로 계상한 경우에는 자산의 취득가액에 포함함.
(예 : Banker's Usance이자)

⑥ 부가가치세법상 의제매입세액 및 재활용폐자원 등에 대한 매입세액

3. 특수한 경우의 취득가액 계산

1) 자산의 고가 · 저가매입

(1) 저가매입

원칙적으로 자산을 저가매입한 경우에는 실제 매입가액을 취득가액으로 하나, 특수관계인인 개인으로부터 유가증권을 시가에 미달하는 가액으로 매입한 경우에는 시가를 취득가액으로 한다.

(2) 고가매입

거래상대방이 특수관계인인지 여부에 따라 다음과 같이 처리한다.

구 분	취득가액	매입가액과의 차액
특수관계인인 경우	시가	시가초과액은 부당행위계산부인으로 봄* (취득가액으로 보지 않음)
특수관계인이 아닌 경우	정상가액(시가×130%)	정상가액 초과액은 기부금으로 봄 (취득가액으로 보지 않음)

* 부당행위계산부인의 적용요건: 시가초과액이 3억원이상이거나 시가의 5% 이상인 경우

[예제 9-1] 자산의 고가매입

㈜경성은 시가 ₩300인 토지를 ㈜대연으로부터 ₩500에 매입하였다. ㈜대연이 특수관계인인 경우와 아닌 경우로 나누어 세무조정을 하시오.

해답 1. 특수관계인인 경우

〈손금산입〉 토지 ₩200(△유보) ← 자산의 과대계상

〈익금산입〉 부당행위 ₩200(기타사외유출)

2. 특수관계인이 아닌 경우

〈손금산입〉 토지 ₩110*(△유보)

〈손금불산입〉 비지정기부금 ₩110*(기타사외유출)

* 정상가액: 시가(₩300) × 130% = ₩390

* 정상가액 초과액: ₩500 − ₩390 = ₩110

2) 자산의 현재가치 평가 수용

법인세법에서는 자산을 장기할부조건 등으로 취득한 경우 명목가액으로 평가함을 원칙으로 한다. 다만, 기업회계기준에 따라 현재가치로 평가한 경우에는 이를 인정한다.

기업회계기준에 의하면 장기연불조건의 매매거래, 장기금전대차거래 또는 이와 유사한 거래에서 발생하는 채권・채무로서 명목가액과 현재가치가 중요한 경우에

는 이를 현재가치로 평가하여야 하고, 이때 계상된 현재가치할인차금은 유효이자율법을 적용하여 상각 또는 환입하고 이를 이자비용 또는 이자수익으로 계상하도록 하고 있다.

따라서 법인이 자산을 장기할부조건 등으로 취득하는 경우 발생한 채무를 기업회계기준에 따라 현재가치로 평가하여 현재가치할인차금이 계상된 경우의 해당 현재가치할인차금은 취득가액에 포함하지 않고, 유효이자율법에 의한 현재가치할인차금의 상각액은 손금으로 인정한다. 다만, 그 상각액에 대해서는 지급이자의 손금불산입, 수입배당금 익금불산입 계산시 지급이자 배제액, 원천징수, 지급명세서 제출의무에 대한 규정을 적용하지 않는다.

그런데 법인세법에서는 장기금전대차거래 또는 채무조정에 대한 현재가치평가를 인정하지 않으므로(기업회계기준에서는 인정) 회사가 이에 대하여 현재가치할인차금을 계상한 경우에는 이를 부인하는 세무조정을 하여야 한다. 즉 장기금전대차거래에서 발생하는 채권 · 채무를 현재가치로 평가하여 명목가액과 현재가치의 차액을 현재가치할인차금으로 계상하여 당기손익으로 처리한 경우 이를 각 사업연도 소득금액 계산상 익금 또는 손금에 산입하지 않으며, 추후 현재가치할인차금을 상각 또는 환입하면서 이를 이자비용 또는 이자수익으로 계상한 경우에도 각 사업연도 소득금액 계산상 익금 또는 손금에 산입하지 않는다.

<table>
<tr><th>구 분</th><th colspan="2">법인세법</th><th>기업회계기준</th></tr>
<tr><td rowspan="2">장기할부조건으로 취득한 자산</td><td>원칙</td><td>명목가액(상각대상금액 : 명목가액)</td><td rowspan="2">현재가치 평가</td></tr>
<tr><td>특례</td><td>현재가치 평가 인정
• 현재가치할인차금 계상액 : 자산의 취득가액에서 제외(상각대상금액 : 현재가치)
• 현재가치할인차금 상각액 : 이자비용 인정</td></tr>
<tr><td>장기금전대차거래의 채권 · 채무</td><td colspan="2">명목가액 → 현재가치 평가 인정하지 않음</td><td>현재가치 평가</td></tr>
</table>

3) 자산의 취득과 관련된 이자비용

(1) 연지급수입이자(물품수입시 부담한 지급이자)

연지급수입의 경우 지급하는 이자는 해당 수입물품의 매입부대비용으로 처리함을 원칙으로 하나, 결산서에 연지급수입이자를 취득가액과 구분하여 이자비용으로 계상한 경우에는 당기의 손금으로 인정한다.

구 분	법인세법	기업회계기준
연지급수입이자 • Banker's Usance 이자*1) • Shipper's Usance 이자*2) • D/A 이자*3)	• 원칙 : 취득가액에 포함 • 특례 : 이자비용 계상 인정*4)	이자비용으로 처리

*1) 물품 등을 수입할 때 은행이 먼저 수입대금을 결제하고 일정기간 경과 후 수입업자가 그 수입대금에 이자를 합한 금액을 은행에게 지급하는 경우 그 이자

*2) 물품 등을 수입할 때 공급자의 거래은행이 먼저 공급자에게 수입대금을 결제하고 일정기간 경과 후 수입업자가 그 수입대금의 이자를 합한 금액을 공급자에게 지급하는 경우 그 이자

*3) 물품 등을 수입할 때 대금결제 없이 물품을 공급자로부터 먼저 수령하고 일정기간 경과 후 수입업자가 그 수입대금에 이자를 합하여 공급자에게 지급하는 경우 그 이자

*4) 이 경우 이자비용으로 계상된 연지급수입이자에 대하여는 지급이자의 손금불산입, 수입배당금익금불산입 계산시 지급이자 배제액, 원천징수, 지급명세서 제출의무에 대한 규정을 적용하지 않는다(현재가치할인차금 상각액의 경우와 동일).

여기서 D/A(Documents against Acceptance : 인수도조건)란 신용장이 개설되지 아니한 상태에서 이루어지는 국제간의 외상거래로 외상조건을 공급자가 제공하는 경우를 말하며, Usance(기한부신용장)란 신용장이 개설된 상태에서 이루어지는 국제간의 외상거래로 외상조건을 공급자가 제공하는 Shipper's Usance와 수출지의 은행이 금융을 제공하는 Banker's Usance로 나뉜다.

(2) 건설자금이자

사업용 고정자산(유형자산과 무형자산)에 대한 건설자금이자는 취득원가에 산입하고, 재고자산과 투자자산에 대한 건설자금이자는 이자비용으로 처리한다.

구 분	법인세법	기업회계기준
사업용 고정자산(유형자산 · 무형자산)의 건설자금이자	• 특정차입금이자: 강제 자본화 • 일반차입금이자: 선택 자본화	• K-IFRS : 강제 자본화 • 일반기업회계기준 : 선택 자본화
투자자산 · 제조기간이 장기인 재고자산의 건설자금이자	자본화하지 않음(손금)	

4) 유형고정자산 취득시 국 · 공채 매입가액과 현재가치의 차액

유형고정자산의 취득과 함께 국 · 공채를 매입하는 경우 기업회계기준에 따라 그 국 · 공채의 매입가액과 현재가치의 차액을 해당 유형고정자산의 취득가액으로 계상한 금액은 유형고정자산의 취득가액에 포함한다. 즉 국 · 공채의 매입가액과 현재가치의 차액은 유형고정자산의 취득원가에 포함하지 않는 것이 법인세법의 기본입장이지만, 결산서에 유형고정자산의 취득원가에 계상한 경우에는 이를 인정한다는 것이다.

구 분	법인세법	기업회계기준
유형고정자산 취득시 국 · 공채 매입가액과 현재가치의 차액	• 원칙: 국 · 공채의 취득가액 • 특례: 유형고정자산의 취득가액으로 계상한 경우 인정	유형고정자산의 취득가액

[예제 9-2] 유형고정자산 취득시 국 · 공채 매입가액과 현재가치의 차액

㈜경성은 토지 ₩300을 매입하면서 현재가치 ₩10인 국 · 공채를 ₩20에 취득하고 다음과 같이 회계처리하였다. 필요한 세무조정을 하시오.

(case 1)	(차) 토 지	300	(대) 현 금	320
	금융자산	20		
(case 2)	(차) 토 지	310	(대) 현 금	320
	금융자산	10		

해답 (case 1) 법인세법의 원칙에 따라 회계처리 하였으므로 세무조정 필요 없음
(case 2) 법인세법의 특례에 따라 회계처리(기업회계기준에 따른 회계처리) 하였으므로 세무조정 필요 없음

5) 의제매입세액 공제액

부가가치세 과세사업자가 면세농산물 등의 원재료를 매입하여 의제매입세액 공제를 적용받는 경우 그 의제매입세액은 부가가치세 선급금에 해당한다. 따라서 회사가 의제매입세액 공제액을 원재료의 취득가액으로 계상한 경우에는 이를 원재료의 취득가액에서 차감하여야 한다.

9-2 자산 · 부채의 평가

1. 원칙

법인이 보유하는 자산 및 부채를 평가(장부가액을 증액 또는 감액하는 것을 말하며 감가상각은 제외)한 경우에는 그 평가일이 속하는 사업연도 및 그 후의 각 사업연도의 소득금액을 계산할 때 해당 자산 및 부채의 장부가액은 그 평가하기 전의 가액으로 한다(취득원가주의). 즉 자산의 평가손익은 원칙적으로 익금 및 손금으로 인정하지 않는 것이다(∵미실현손익).

2. 예외

다음의 경우에는 예외적으로 자산·부채의 평가를 인정한다.

1) 평가이익을 인정하는 경우

보험업법이나 그 밖의 법률에 따른 고정자산(유형자산·무형자산)의 평가(장부가액을 증액한 경우만 해당)의 경우에는 해당 자산의 장부가액을 평가 후의 가액으로 한다.

→ 법률에 의하지 않은 평가증은 인정하지 않으며(예 : 이사회 결의에 의한 평가증 등), 재고자산이나 유가증권의 평가증은 인정하지 않음

2) 평가손실을 인정하는 경우

다음 중 어느 하나에 해당하는 자산은 법인이 그 장부가액을 해당 사유가 발생한 사업연도에 다음의 평가액으로 감액하고 그 감액된 금액을 손금으로 계상할 수 있다. 이러한 평가손실은 감액사유가 발생한 날이 속하는 사업연도에 평가손실을 결산서에 계상한 경우에 한하여 손금으로 인정한다. 따라서 감액사유가 발생한 사업연도 이후의 사업연도에 비용으로 계상한 경우에는 손금으로 인정하지 않는다(다른 결산조정사항과의 차이점).

구 분	감액사유 및 대상	평가액
재고자산	파손 · 부패 등의 사유로 정상가액으로 판매할 수 없는 재고자산	사업연도 종료일 현재 처분가능한 시가
고정자산	① 천재 · 지변 · 화재 · 수용 · 폐광 등의 사유로 파손 또는 멸실된 고정자산 ② 시설개체 · 기술낙후로 폐기한 생산설비	사업연도 종료일 현재 시가 • ②는 ₩1,000은 비망가액
유가증권	① 주식발행법인이 파산한 경우 해당 주식 ② 다음에 해당하는 주식으로서 그 발행법인이 부도가 발생한 경우*1) 해당 주식 • 주권상장법인이 발행한 주식 • 특수관계인*2)이 아닌 비상장법인이 발행한 주식 • 중소기업창업투자회사 · 신기술사업금융업자의 보유주식 중 창업자 · 신기술사업자가 발행한 주식	사업연도 종료일 현재 시가 • ₩1,000은 비망가액

*1) 주식발행법인이 회생계획인가 결정을 받았거나 부실징후기업이 된 경우를 포함

*2) 지분율 5% 이하를 소유하고 그 주식의 취득가액이 10억원 이하인 주주는 소액주주로 보아 특수관계인 해당 여부 판단

9-3 재고자산의 평가

1. 재고자산의 평가방법

재고자산의 평가는 기초재고액과 당기매입액을 기말재고액과 매출원가로 배분하는 과정으로 이익계산에 중대한 영향을 미치고 있다. 이를 감안하여 법인세법시행령에서는 재고자산의 평가방법을 구체적으로 규정하여 자의적인 평가를 방지하고 있다.

1) 평가방법의 종류

법인이 재고자산을 보유하는 경우 해당 재고자산의 평가는 다음의 방법 중 법인이 납세지 관할세무서장에게 신고한 방법에 따른다.

구 분	방 법
원가법	개별법, 선입선출법, 후입선출법*1), 총평균법, 이동평균법, 매출가격환원법 중 한 가지 방법에 따라 산출한 취득가액을 그 자산의 평가액으로 하는 방법
저가법*2)	원가법과 기업회계기준에 따라 시가로 평가한 가액 중 낮은 가액을 평가액으로 하는 방법

*1) K-IFRS에서는 재고자산의 평가방법으로 후입선출법을 인정하지 않음
*2) 저가법으로 신고하는 경우에는 시가와 비교되는 원가법을 함께 신고하여야 함

2) 평가방법의 선택

재고자산의 평가시에는 재고자산을 다음의 각 호별로 구분하여 종류별·영업장별로 각각 다른 방법에 따라 평가할 수 있다.

〈제1호〉 제품 및 상품(매매목적용 부동산 포함)
〈제2호〉 반제품 및 재공품

〈제3호〉 원재료
〈제4호〉 저장품

즉 제품과 원재료는 각각 다른 방법으로 평가할 수 있으며, 동일 종류의 제품이라 하더라도 영업장별로 각각 다른 방법으로 평가할 수 있다.

이에 비해 기업회계기준에서는 원가법을 원칙으로 하되, 순실현가능가액이 취득원가보다 하락한 경우에는 순실현가능가액을 재무상태표가액으로 하는 저가법을 강제하고 있다.

따라서 기업회계기준에 따라 저가법으로 평가손실을 계상하였다 하더라도 세법상 원가법으로 신고한 경우에는 그 평가손실을 손금으로 인정할 수 없다. 다만, 재고자산 중에서 파손 · 부패 등의 사유로 정상가격으로 판매할 수 없는 것이 있을 때에는 이를 사업연도종료일 현재의 처분가능한 시가로 평가하여 그 장부가액을 감액할 수 있다.

2. 평가방법의 신고와 변경

1) 평가방법의 신고(변경신고)

재고자산의 평가방법을 신고(또는 변경신고)할 때에는 다음의 신고기한 내에 「재고자산 등 평가방법신고(변경신고)서」를 납세지 관할세무서장에게 제출하여야 한다. 이 경우 저가법을 신고하는 경우에는 시가와 비교되는 원가법을 함께 신고하여야 한다.

구 분	신고기한	기한경과 후 신고한 경우
최초신고	법인의 설립일(비영리법인은 수익사업개시일)이 속하는 사업연도의 법인세 과세표준의 신고기한 내	• 신고일이 속하는 사업연도까지는 무신고시 평가방법에 따르고 • 그 후의 사업연도의 경우에는 법인이 신고한 평가방법에 따름

구 분	신고기한	기한경과 후 신고한 경우
변경신고	변경할 평가방법을 적용하려는 사업연도의 종료일 이전 3개월이 되는 날까지	• 변경신고일이 속하는 사업연도까지는 임의변경시 평가방법에 따르고 • 그 후의 사업연도의 경우에는 법인이 신고한 평가방법에 따름

→ 신고만 하면 되고, 승인은 요하지 않는다.

2) 무신고 · 임의변경시 평가방법

법인이 기한 내에 평가방법을 신고하지 않은 경우(무신고)에는 선입선출법(매매목적용 부동산은 개별법)으로 평가하고, 신고한 평가방법 외의 방법으로 평가하거나 기한 내에 평가방법 변경신고를 하지 않고 그 방법을 변경한 경우(임의변경)에는 선입선출법(매매목적용 부동산은 개별법)과 당초 신고한 평가방법으로 평가한 금액 중 큰 금액으로 평가한다.

위에서 설명한 바와 같이, 기한이 경과된 후에 평가방법을 신고(또는 변경신고)한 경우에는 그 신고일(또는 변경신고일)이 속하는 사업연도까지는 무신고 · 임의변경시의 평가방법에 따르고, 그 후의 사업연도의 경우에는 법인이 신고한 평가방법에 따른다.

또한 평가방법을 신고하고 신고한 방법에 따라 평가하였으나 기장 또는 계산상의 착오가 있는 경우에는 평가방법을 달리하여 평가한 것으로 보지 않는다.
→ 임의변경으로 보지 않으므로 계산상의 차액만 세무조정함

이러한 무신고 · 임의변경시 평가방법은 평가대상 재고자산을 각 호별로 구분하여 그 사유에 해당하는 각 호별 자산에 한정하여 적용한다.

3. 재고자산의 평가에 대한 세무조정

재고자산이 과소평가(재고자산평가감)되어 이를 증액하여야 할 경우에는 익금산입(유보)하는 세무조정을 하여야 하고, 다음 사업연도에 즉시 손금산입(△유보)하는 반대의 세무조정을 하여야 한다. 반대로 재고자산이 과대평가(재고자산평가

증)되어 이를 감액하여야 할 경우에는 손금산입(△유보)하는 세무조정을 하여야 하고, 다음 사업연도에 즉시 익금산입(유보)하는 반대의 세무조정을 하여야 한다.

[예제 9-3] 재고자산의 세무조정

다음은 ㈜경성의 제10기(20x1. 1.1－12.31) 기말 재고자산에 대한 평가내역이다. 이에 따라 필요한 세무조정을 하시오.

1. 제10기 기말 재고자산의 평가내역

구 분	회사 평가액	선입선출법	후입선출법	총평균법
제 품	₩5,500,000	₩6,000,000	₩5,000,000	₩5,500,000
재공품	4,500,000	3,000,000	4,000,000	4,500,000
원재료	6,000,000	7,000,000	6,000,000	6,500,000
저장품	6,500,000	7,500,000	6,500,000	7,000,000

2. 제품은 평가방법을 신고하지 않았다.
3. 재공품은 제9기까지는 후입선출법으로 평가하였으나 제10기의 11월 1일에 총평균법으로 평가방법의 변경신고를 하였다.
4. 원재료는 제9기까지는 후입선출법으로 평가하고 제10기의 9월 1일에 총평균법으로 평가방법의 변경신고를 하였으나 후입선출법으로 그대로 평가하였다.
5. 저장품은 신고한 평가방법인 총평균법으로 평가하였으나, 계산 착오로 ₩500,000을 과소계상하였다.

해답 1. 제품 → 무신고이므로 선입선출법으로 평가한다.

(1) 제10기

1) 회사 평가액 : ₩5,500,000

2) 세무상 평가액 : ₩6,000,000(선입선출법)

3) 평가차액 : ₩500,000(과소평가)

4) 세무조정

〈익금산입〉 제품 과소평가(평가감) ₩500,000(유보)

(2) 제11기 → 전기의 세무조정에 대한 반대의 세무조정을 하여야 한다.

〈손금산입〉 전기 제품 과소평가(평가감) ₩500,000(△유보)

2. 재공품 → 사업연도 종료일 이전 3월이 되는 날(20x1. 9. 30)을 경과하여 변경신고를 하였으므로 임의변경에 해당한다. 따라서 선입선출법과 당초 신고한 평가방법(후입선출법)으로 평가한 금액 중 큰 금액으로 평가한다.

(1) 제10기

1) 회사 평가액 : ₩4,500,000

2) 세무상 평가액 : ₩4,000,000(①과 ② 중 큰 금액)

① 선입선출법 : ₩3,000,000

② 후입선출법 : ₩4,000,000

3) 평가차액 : ₩500,000(과대평가)

4) 세무조정

〈손금산입〉 재공품 과대평가(평가증) ₩500,000(△유보)

(2) 제11기 → 전기의 세무조정에 대한 반대의 세무조정을 하여야 한다.

〈익금산입〉 전기 재공품 과대평가(평가증) ₩500,000(유보)

3. 원재료 → 9월 30일 이전에 변경신고하였으나 변경신고한 평가방법을 적용하지 않았으므로 임의변경에 해당한다. 따라서 선입선출법과 변경신고한 평가방법(총평균법)으로 평가한 금액 중 큰 금액으로 평가한다.

(1) 제10기

1) 회사 평가액 : ₩6,000,000

2) 세무상 평가액 : ₩7,000,000(①과 ② 중 큰 금액)

① 선입선출법 : ₩7,000,000

② 총평균법 : ₩6,500,000

3) 평가차액 : ₩1,000,000(과소평가)

4) 세무조정

〈익금산입〉 원재료 과소평가(평가감) ₩1,000,000(유보)

(2) 제11기 → 전기의 세무조정에 대한 반대의 세무조정을 하여야 한다.

〈손금산입〉 전기 원재료 과소평가(평가감) ₩1,000,000(△유보)

4. 저장품 → 계산 착오는 임의변경으로 보지 않고 계산상의 차액만 세무조정한다.

(1) 제10기

1) 회사 평가액 : ₩6,500,000

2) 세무상 평가액 : ₩7,000,000(총평균법)

3) 평가차액 : ₩500,000(과소평가)

4) 세무조정

〈익금산입〉 저장품 과소평가(평가감) ₩500,000(유보)

(2) 제11기 → 전기의 세무조정에 대한 반대의 세무조정을 하여야 한다.

〈손금산입〉 전기 저장품 과소평가(평가감) ₩1,000,000(△유보)

9-4 유가증권의 평가

1. 유가증권의 평가방법

유가증권은 취득원가에 의하여 평가하는 것(원가법)을 원칙으로 한다. 이러한 취득원가의 산정에 적용할 수 있는 방법으로 기업회계기준에서는 주식 및 채권에 대해 총평균법 · 이동평균법을 적용하여 취득원가를 산정하도록 하고 있으나, 법인세법에서는 다음과 같이 채권에 대한 개별법의 적용을 인정하고 있다.

구 분	취득원가 산정의 방법
주식 또는 출자지분	총평균법 · 이동평균법 중 선택
채권	개별법 · 총평균법 · 이동평균법 중 선택

2. 평가방법의 신고와 변경

이러한 유가증권의 평가방법 중에서 법인은 선택하여 해당 법인의 설립일(비영리법인은 수익사업개시일)이 속하는 사업연도의 법인세과세표준의 신고기한 내에 납세지 관할세무서장에게 신고하여야 하고, 그 평가방법을 변경하고자 하는 경우에는 변경할 평가방법을 적용하려는 사업연도의 종료일 이전 3개월이 되는 날까지 평가방법의 변경신고를 하여야 한다.

만약 신고를 하지 않은 경우에는 총평균법으로 평가하고, 임의로 변경한 경우에는 총평균법과 당초 신고한 평가방법으로 평가한 금액 중 큰 금액으로 평가한다.

3. 유가증권평가손익에 대한 세무조정

유가증권의 평가에 대해 법인세법에서는 원가법만 인정하므로 유가증권의 평가이익과 평가손실은 모두 부인된다. 이에 비해 기업회계기준에서는 유가증권의 평가에 대해 법인세법과 다른 규정을 두고 있는데, 이와 같이 유가증권의 평가손익을 기업회계기준에 따라 회계처리한 경우에는 다음과 같은 세무조정이 있어야 한다.

1) 당기손익으로 계상된 경우

당기수익으로 계상된 경우에는 익금불산입(△유보)하고, 처분시 손금불산입(유보)하여 추인한다. 당기비용으로 계상된 경우에는 손금불산입(유보)하고, 처분시 익금불산입(△유보)하여 추인한다.

2) 기타포괄손익으로 계상된 경우

평가이익이 기타포괄손익으로 계상된 경우에는 익금산입(기타)과 익금불산입(△유보)의 세무조정을 동시에 하고, 평가손실이 기타포괄손익으로 계상된 경우에는 손금산입(기타)과 손금불산입(유보)의 세무조정을 동시에 한다.

만약, 처분시 기타포괄손익이 증감된 경우(채무상품의 경우), 평가이익의 경우에는 손금산입(기타)과 익금산입(유보), 평가손실의 경우에는 익금산입(기타)과 손금산입(△유보)의 세무조정을 동시에 하여 추인한다. 처분시 기타포괄손익의 증감이 없는 경우(지분상품이나 금융부채의 경우), 평가이익의 경우에는 익금산입(유보), 평가손실의 경우에는 손금산입(△유보)의 세무조정만 하여 유보(또는 △유보)를 추인한다.

3) 이자수익(상각후원가측정금융자산)의 경우

기업회계기준에 의하면 상각후원가측정금융자산의 취득원가와 액면가액이 다른 경우에는 취득원가로 계상한 후, 그 차액을 유효이자율법을 적용하여 상환기간에 걸쳐 취득원가에 가감하면서 이를 이자수익에 가감하도록 하고 있다.

법인세법상 이자수익의 귀속시기는 소득세법에 따른 이자소득의 수입시기(실제로 받은 날 또는 받기로 한 날)가 속하는 사업연도의 익금으로 한다. 따라서 상각후원가측정금융자산의 취득가액과 액면가액과의 차액을 유효이자율법에 따라 이자수익에 가산하는 경우에는 익금불산입(△유보)하고, 처분 또는 상환시 익금산입(유보)하여 추인한다. 이자수익에서 차감하는 경우에는 익금산입(유보)하고, 처분 또는 상환시 익금불산입(△유보)하여 추인한다.

법인세법에서는 이와 같이 유가증권의 평가손익을 계상할 수 없는 것이 원칙이나, 예외로서 투자회사 등이 보유하는 집합투자재산은 시가법에 따라 평가하며, 보험회사의 특별계정에 속하는 자산은 원가법과 시가법 중 신고한 방법에 따라 평가하되, 그 방법을 이후 사업연도에도 계속 적용하여야 한다.

또한 주식발행법인이 파산한 경우 해당 주식과 상장법인, 특수관계인이 아닌 비상장법인, 중소기업창업투자회사 · 신기술사업금융업자의 보유주식 중 창업자 · 신기술사업자가 발행한 주식으로서 그 발행법인이 부도가 발생한 경우 해당 주식은 사업연도 종료일 현재의 시가로 평가하고 장부가액을 감액할 수 있도록 하고 있다. 이 경우 시가로 평가한 금액이 ₩1,000 이하인 경우에는 ₩1,000으로 한다. 이는 해당 법인 등에 대한 세제상 지원책으로 부실채권을 조기에 정리하도록 하는 취지의 특례규정으로 볼 수 있다.

[예제 9-4] 유가증권의 평가에 대한 세무조정

다음은 ㈜경성이 보유하고 있는 유가증권의 내역으로, ㈜경성은 기업회계기준에 따라 회계처리하였다. 이에 대한 세무조정을 하시오.

1. 제10기 사업연도 유가증권의 보유내역

종 목	구 분	취득가액	기말 공정가치
A주식	당기손익인식금융자산	₩30,000,000	₩40,000,000
B주식	기타포괄손익인식금융자산	40,000,000	50,000,000
C채권	기타포괄손익인식금융자산	20,000,000	25,000,000
계		100,000,000	105,000,000

2. 제11기에 A주식은 ₩35,000,000, B주식은 ₩55,000,000, C채권은 ₩30,000,000에 처분하였다.

해답 1. A주식

(1) 제10기

1) 기업회계상 회계처리

(차) 당기손익인식금융자산 10,000,000 (대) 당기손익인식금융자산평가이익 10,000,000

2) 세무조정

〈익금불산입〉 금융자산평가이익 ₩10,000,000(△유보)

(2) 제11기

1) 기업회계상 회계처리

(차) 현금 35,000,000 (대) 당기손익인식금융자산 40,000,000

당기손익인식금융자산처분손실 5,000,000

2) 세무조정

〈손금불산입〉 금융자산처분손실 ₩10,000,000(유보)

2. B주식

(1) 제10기

1) 기업회계상 회계처리

(차) 기타포괄손익인식금융자산 10,000,000 (대) 기타포괄손익인식금융자산평가이익 10,000,000

2) 세무조정

〈익금산입〉 금융자산평가이익 ₩10,000,000(기타)

〈익금불산입〉 금융자산평가이익 ₩10,000,000(△유보)

(2) 제11기

1) 기업회계상 회계처리

(차) 현금 55,000,000 (대) 기타포괄손익인식금융자산 50,000,000

기타포괄손익인식금융자산처분이익 5,000,000

2) 세무조정

〈익금산입〉 금융자산처분이익 ₩10,000,000(유보)

3. C채권

(1) 제10기

1) 기업회계상 회계처리

(차) 기타포괄손익인식금융자산 5,000,000 (대) 기타포괄손익인식금융자산평가이익 5,000,000

2) 세무조정

〈익금산입〉 금융자산평가이익 ₩5,000,000(기타)

〈익금불산입〉 금융자산평가이익 ₩5,000,000(△유보)

(2) 제11기

1) 기업회계상 회계처리

(차) 현금	30,000,000	(대) 기타포괄손익인식금융자산	25,000,000
기타포괄손익인식금융자산평가이익	5,000,000	기타포괄손익인식금융자산처분이익	10,000,000

2) 세무조정

〈손금산입〉 금융자산평가이익 ₩5,000,000(기타)

〈익금산입〉 금융자산처분이익 ₩5,000,000(유보)

9-5 외화자산 · 부채의 평가

기업회계기준에서는 화폐성외화자산 · 부채는 재무상태표일 현재의 적절한 환율로 환산한 가액을 재무상태표가액으로 하며, 이와 같은 환산으로 인하여 발생한 외화환산손익을 영업외손익으로 계상하도록 하고 있다. 그러나 비화폐성 외화자산 · 부채는 원칙적으로 해당 자산을 취득하거나 해당 부채를 부담한 당시의 환율로 환산한 가액을 재무상태표가액으로 하도록 하여 비화폐성 외화자산 · 부채에 대한 외화환산손익은 인정하지 않고 있다.

이에 대해 법인세법에서도 기업회계기준과 유사한 규정을 하고 있는데 이를 살펴보면 다음과 같다.

1. 평가대상 외화자산 · 부채

평가대상이 되는 외화자산 · 부채는 기업회계기준에 따른 화폐성외화자산 · 부채와 화폐성외화자산 · 부채의 환위험을 회피하기 위하여 보유하는 통화선도 · 통화스왑 · 환변동위험으로 한다.

화폐성외화자산 · 부채란 보유하는 화폐단위들과 확정된 화폐단위 수량으로 회수하거나 지급하는 자산 · 부채를 말한다. 이들은 그 금액이 일정한 화폐액으로 고정되어 있어 환율변동에 따라 원화환산액이 달라지기 때문에 그로 인한 외화환산손익이 발생하는 것으로, 그 구체적인 범위는 다음과 같다.

구 분	자 산	부 채
화폐성 항목	현금, 예금, 매출채권, 대여금, 미수금, 보증금 등	매입채무, 미지급금, 차입금, 사채, 보증금 등
비화폐성 항목	주식·출자지분, 재고자산, 선급금, 선급비용, 영업권, 유형자산, 무형자산 등	선수금, 선수수익 등

여기서 화폐성 자산·부채가 아니거나 외화환산손익이 발생할 수 없는 다음의 자산·부채는 평가대상에서 제외된다.

① 재고자산 또는 유형자산과 같은 비화폐성 자산은 취득 당시의 환율로 계상하고 그 이후에 평가하지 않는다.

② 선급금과 선수금(소비대차로 전환된 경우에는 화폐성 항목으로 평가대상이 됨)도 비화폐성 자산·부채에 해당하므로 평가대상이 아니다.

③ 외화표시의 유가증권 중 채무증권은 화폐성 자산으로 평가대상이지만, 주식·출자지분 등의 지분증권은 비화폐성 자산으로 평가대상에서 제외한다.

④ 차입시의 환율로 상환할 것을 조건으로 하는 채권·채무는 외화환산손익이 발생할 수 없으므로 평가대상에서 제외한다.

2. 외화자산·부채의 평가손익

금융회사 외의 법인이 보유하는 화폐성외화자산·부채와 환위험 회피용 통화선도 등은 다음 ①과 ②의 평가방법 중 관할세무서장에게 신고한 방법에 따라 평가하여야 한다.

① 거래일 환율 평가방법(평가손익을 인식하지 않는 방법) : 외화자산·부채를 취득일 또는 발생일 현재의 매매기준율 등으로 평가하는 방법

② 마감환율 평가방법(평가손익을 인식하는 방법) : 외화자산·부채를 사업연도 종료일 현재의 매매기준율 등으로 평가하는 방법

최초로 ②의 방법을 적용하기 이전 사업연도의 경우에는 ①의 방법을 적용하여야 하며, ①과 ②의 평가방법 중 신고한 평가방법은 그 후의 사업연도에도 계속하여 적용하여야 한다. 다만, 일반법인은 신고한 평가방법을 적용한 사업연도를 포함하여 5개 사업연도가 지난 후에는 다른 방법으로 신고하여 변경된 평가방법을 적용할 수 있다.

이처럼 법인세법은 ②의 마감환율 평가방법으로 신고한 경우에만 평가손익을 익금 또는 손금으로 인정한다. 이는 기업회계에서는 반드시 화폐성 외화항목은 마감환율로 환산하고 그 외환차이가 발생하는 회계기간의 외화환산손익으로 인식하여야 하는 점에서 차이가 있다.

여기서 화폐성외화자산 · 부채는 사업연도 종료일 현재의 외환거래법에 의한 매매기준율 또는 재정된 매매기준율에 따라 평가하여야 한다. 매매기준율이란 최근 거래일의 외국환 중개회사를 통하여 거래가 이루어진 미화와 원화의 환율을 가중평균하여 산출되는 시장평균환율을 말하며, 재정된 매매기준율이란 최근 주요 국제금융시장에서 형성된 엔화 등 미화 이외의 통화와 미화와의 매매중간율을 시장평균환율로 산출한 율을 말한다.

한편, 금융회사의 경우에는 다음의 방법으로 평가하여야 한다.

① 화폐성외화자산 · 부채 : 사업연도 종료일 현재의 매매기준율 등으로 평가하는 방법

② 통화선도 등 : 일반법인의 경우와 동일

<table>
<tr><th>구 분</th><th>화폐성 외화자산 · 부채</th><th>통화선도 등</th></tr>
<tr><td>일반법인</td><td colspan="2">①과 ② 중 선택 → 선택평가
① 거래일 환율 평가방법 : 취득일 · 발생일(통화선도 등은 계약체결일) 현재의 매매기준율 등으로 평가(평가손익을 인식하지 않음)
② 마감환율 평가방법 : 사업연도 종료일 현재의 매매기준율 등으로 평가하는 방법(평가손익을 인식함)</td></tr>
<tr><td>금융회사</td><td>마감환율 평가방법 → 강제평가</td><td>위 ①과 ② 중 선택 → 선택평가</td></tr>
</table>

마감환율 평가방법을 평가하는 경우 그 평가손익은 다음과 같이 계산한다.

외화평가손익
= 외화금액×사업연도 종료일 현재의 매매기준율 등 − 환산 전 원화기장액

이러한 평가손익은 해당 사업연도의 익금 또는 손금에 산입한다.

3. 외화 채권 · 채무의 외화상환손익

외화자산·부채로 인하여 발생하는 외화차손익에는 해당 자산·부채의 보유 중 평가에 의하여 발생하는 외화평가손익(기업회계기준상 외화환산손익)과 해당 자산·부채가 소멸할 때 발생하는 외화상환손익(기업회계기준상 외환차손익)이 있다.

외화평가손익에 대한 법인세법의 규정은 위와 같은데, 외화상환손익에 대해서는 상환받거나 상환하는 외화채권·채무의 원화금액과 원화기장액과의 차익 또는 차손은 해당 사업연도의 익금 또는 손금에 산입한다. 이도 기업회계기준에 따른 회계처리와 동일하므로 이에 따라 회계처리를 하면 세무조정이 필요 없다.

그러나 기업회계기준에 따른 회계처리를 하지 않아 전기에 세무조정이 되어 유보 또는 △유보로 소득처분된 금액은 회사가 그 자산·부채를 당기에 회수·상환하거나 당기말에 적정한 환율로 평가한 금액을 재무상태표 가액으로 계상한 때에 반대의 세무조정을 하여 추인한다.

제 10 장 감가상각비

고정자산의 취득원가는 감가상각이라는 과정을 통하여 비용화된다. 이러한 고정자산에 대한 감가상각은 고정자산의 취득원가에서 잔존가액을 차감한 잔액을 그 자산의 경제적 효익이 발생하는 내용연수 동안 체계적이고 합리적으로 배분해 나가는 과정이다. 이와 같은 감가상각에 대해 기업회계기준에서는 기업이 감가상각자산을 취득한 경우 추정잔존가치를 고려하여 합리적인 방법에 따라 추정내용연수기간 동안 계속적으로 감가상각비를 계상하도록 규정하고 있다.

이에 비해 법인세법에서는 잔존가치와 내용연수의 추정 및 감가상각 방법의 임의적 선택을 인정하지 않으며 세법에 정한 규정대로 적용하도록 하고 있다. 그러나 세법에서는 매년 인정될 수 있는 감가상각비의 최고한도액(상각범위액)을 규정해 놓고 그 범위 내에서는 법인이 감가상각의 여부나 시기 등을 임의로 선택하여 계상할 수 있는 임의상각제도를 채택하고 있다(결산조정사항). 이하에서는 이러한 법인세법상의 감가상각 제도에 대해 살펴보기로 한다.

10-1 감가상각자산

감가상각의 대상이 되는 자산은 토지를 제외한 고정자산(기업회계기준에서의 유형자산 및 무형자산)으로서 다음에 해당하는 것으로 한다.

구분	감가상각 대상자산
유형고정자산	① 건축물: 건물(부속설비 포함) 및 구축물 ② 차량 및 운반구, 공구, 기구 및 비품 ③ 선박 및 항공기 ④ 기계 및 장치 ⑤ 동물 및 식물 ⑥ 기타 위와 유사한 유형고정자산
무형고정자산	① 영업권(합병·분할로 인하여 합병법인 등이 계상한 영업권* 제외), 의장권, 실용신안권, 상표권 ② 특허권, 어업권, 해저광물자원개발법에 의한 채취권, 유료도로관리권, 수리권, 전기가스공급시설이용권, 공업용수도시설이용권, 수도시설이용권, 열공급시설이용권 ③ 광업권, 전신전화전용시설이용권, 전용측선이용권, 하수종말처리장시설관리권, 수도시설관리권 ④ 댐사용권 ⑤ 개발비 ⑥ 사용수익기부자산가액 ⑦ 주파수이용권, 공항시설관리권 및 항만시설관리권

* 합병·분할로 인한 영업권은 상각자산이 아니라 5년간 균등분할하여 손금에 산입

여기서 개발비 및 사용수익기부자산가액의 구체적인 범위는 다음과 같다.

구 분	범 위
개발비	상업적인 생산 또는 사용 전에 재료·장치·제품·공정·시스템 또는 용역을 창출하거나 현저히 개선하기 위한 계획 또는 설계를 위하여 연구결과 또는 관련 지식을 적용하는 데 발생하는 비용으로서 해당 법인이 개발비로 계상한 것1)
사용수익기부자산가액	금전 외의 자산을 법정기부금단체 또는 지정기부금단체에 기부한 후 그 자산을 사용하거나 그 자산으로부터 수익을 얻는 경우 해당 자산의 장부가액2)

1) 법인이 무형고정자산인 개발비로 계상한 경우에만 적용하는 것이므로, 법인이 해당 개발비로 계상하지 않은 금액은 그 지급이 확정된 사업연도의 손금에 산입한다.
2) 비지정기부금에 해당하는 경우에는 무형고정자산으로 인정하지 않는다.

이러한 감가상각자산은 법인이 법적인 소유권을 가져야 하는 것은 아니며, 다음

과 같이 실질적으로 사용·수익하는 자산이면 소유권의 이전 여부와 관계없이 감가상각의 대상자산이 된다.

① 장기할부조건으로 매입한 고정자산을 전액 자산으로 계상하고 사업에 사용하는 경우에는 대금의 청산 또는 소유권의 이전 여부와 관계없이 이를 감가상각자산에 포함한다.

② 금융리스자산은 리스이용자의 감가상각자산으로 하나, 금융리스 외의 리스자산(운용리스자산)은 리스회사의 감가상각자산으로 한다.

그러나 다음에 해당하는 고정자산은 감가상각의 대상자산에 포함하지 않는다.

① 사업에 사용하지 않는 자산(유휴설비 제외)

② 건설중인 자산(일부가 완성되어 사업에 사용되는 경우 그 부분은 제외)

③ 시간의 경과에 따라 그 가치가 감소되지 않는 자산(서화, 골동품, 정원수 등)

여기서 사업에 사용하고 있으나 일시적인 조업중단 등으로 인하여 가동되지 않고 있는 유휴설비는 감가상각자산에 해당한다. 그러나 사업에 사용하던 기계·장치 등을 철거하여 사업에 사용하지 않거나 취득 후 사용하지 않고 보관상태에 있는 기계·장치 등은 유휴설비로 볼 수 없기 때문에 감가상각을 할 수가 없다.

10-2 감가상각의 결정요소

감가상각액을 결정하기 위해서는 취득가액, 잔존가액, 내용연수의 세 가지 요소가 필요하다. 법인세법에서는 이 세 가지 요소를 기초로 감가상각비의 손금산입한도액인 상각범위액을 계산하도록 하고 있다. 이하에서는 이 세 가지 요소에 대해 설명하기로 한다.

1. 취득가액

1) 취득가액의 산정

감가상각자산의 취득가액은 일반적인 자산의 취득가액에 관한 규정을 준용하는데, 매입가액 또는 제작원가에 부대비용을 가산한 금액으로 하는 것이 원칙이다.

그 내용 중 특정 거래분에 대한 취득가액 산정의 내용을 요약하면 다음과 같다.

취득가액에 포함하는 항목	취득가액에 포함하지 않는 항목
• 자본적 지출(건설자금이자 포함) • 보험업법 등 법률에 의한 평가차익 • 유형고정자산의 취득가액으로 계상한 국·공채의 매입가액과 현재가치와의 차액	• 특수관계인으로부터 고가매입자산의 시가초과액 • 특수관계 없는 자로부터 고가매입자산의 정상가액 초과액 • 장기할부조건으로 취득한 자산의 현재가치할인차금 • 임의평가차익

2) 자본적 지출과 수익적 지출

자본적 지출은 감가상각자산의 내용연수를 연장시키거나 해당 자산의 가치를 현실적으로 증가시키기 위하여 지출한 수선비로 감가상각자산의 취득가액에 포함시켜야 한다.

이에 비해 단지 감가상각자산의 원상회복이나 능률유지를 위한 수선비는 수익적 지출로 하여 발생한 사업연도의 손금으로 하여야 한다. 이러한 자본적 지출과 수익적 지출의 예를 들면 다음과 같다.

자본적 지출	수익적 지출
• 본래의 용도를 변경하기 위한 개조 • 엘리베이터 또는 냉난방장치의 설치 • 빌딩에 있어서 피난시설 등의 설치 • 재해 등으로 인하여 멸실 또는 훼손되어 본래의 용도에 이용할 가치가 없는 건축물·기계·설비 등의 복구 • 그 밖의 개량·확장·증설 등 위와 유사한 성질의 것	• 건물 또는 벽의 도장 • 파손된 유리나 기와의 대체 • 기계의 소모된 부속품 또는 벨트의 대체 • 자동차 타이어의 대체 • 재해를 입은 자산에 대한 외장의 복구, 도장 및 유리의 삽입 • 그 밖의 조업가능한 상태의 유지 등 위와 유사한 성질의 것

3) 즉시상각의 의제

(1) 원칙

즉시상각의 의제란 법인이 고정자산을 취득하기 위하여 지출한 금액과 고정자산에 대한 자본적 지출에 해당하는 금액을 자산으로 처리하지 않고 비용으로 계상한 경우 이를 즉시 감가상각한 것으로 보아 시부인계산하는 것을 말한다.

즉 고정자산의 취득을 위한 지출 또는 이에 대한 자본적 지출은 자산의 취득원가에 가산하는 것이 원칙인데, 이를 자산으로 계상하지 않고 비용으로 처리한 경우에는 이에 지출된 금액을 전액 취득가액에 계상하였다가 즉시 전액을 감가상각비로 계상한 것으로 보아 시부인계산을 하는 것이다.

따라서 그 금액은 ① 법인이 계상한 감가상각비에 합산되어 시부인계산의 대상이 될 뿐 아니라 ② 상각범위액을 계산할 때 감가상각의 기초가액(취득가액)에 합산되어 상각범위액을 증가시키게 된다.

(2) 특례

그러나 다음에 해당하는 경우에는 회사가 비용으로 계상하더라도 별도의 감가상각 시부인계산을 하지 않고 전액 손금으로 인정한다.

① 소액자산의 취득

취득가액이 거래단위별로 100만원 이하인 사업용 감가상각자산은 이를 그 사업에 사용한 날이 속하는 사업연도의 손금으로 계상한 것에 한하여 손금으로 인정한다. 다만, 다음의 경우에는 취득가액이 100만원 이하라 하더라도 감가상각 시부인계산을 하여야 한다.

㉠ 그 고유업무의 성질상 대량으로 보유하는 자산

㉡ 그 사업의 개시 또는 확장을 위하여 취득한 자산

② 소모성 자산의 취득

다음에 해당하는 자산에 대하여는 이를 그 사업에 사용한 날이 속하는 사업연도의 손금으로 계상한 것에 한하여 손금으로 인정한다.

㉠ 어업에 사용되는 어구(어선용구 포함)

㉡ 영화필름, 공구(금형 포함), 가구, 전기기구, 가스기기, 가정용 기구 및 비품, 시계, 시험기기, 측정기기 및 간판

㉢ 대여사업용 비디오테이프 및 음악용 콤팩트디스크로서 개별자산의 취득가액이 30만원 미만인 것

㉣ 전화기(휴대용 전화기 포함) 및 개인용 컴퓨터(그 주변기기 포함)

③ 소액 수선비

법인이 지출한 수선비가 다음 중 어느 하나에 해당하는 경우로서 그 수선비를 지출한 사업연도의 손금으로 계상한 경우에 한하여 이를 자본적 지출에 포함하지 않고 전액 손금으로 인정한다.

㉠ 개별 자산별로 지출한 수선비의 합계액이 300만원 미만인 경우

㉡ 개별 자산별로 지출한 수선비의 합계액이 직전 사업연도종료일 현재 재무상태표상 장부가액(취득가액에서 감가상각누계액을 차감한 금액)의 5%에 미달하는 경우

㉢ 3년 미만의 기간마다 주기적인 수선을 위하여 지출하는 경우

④ 생산설비 폐기손실

시설개체 또는 기술낙후로 인하여 생산설비의 일부를 폐기한 경우에는 해당 자산의 장부가액에서 ₩1,000(비망가액)을 공제한 금액을 상각범위액과 관계없이 폐기일이 속하는 사업연도의 손금에 산입할 수 있다. 즉 이 경우에도 별도의 감가상각 시부인계산을 하지 않고 ₩1,000을 공제한 금액을 전액 손금으로 인정하는 것이다. 그 이유는 고정자산은 사업에 사용하기 위한 자산인데 이를 폐기한 경우에는 실질적으로 자산가치가 없는 것이므로 손금으로 인정하는 것이다. 또한 장부상 ₩1,000을 남겨두는 것은 자산이 아직 법인 내에 존재한다는 비망기록을 위한 것으로 자산이 실제로 처분될 때 손금에 산입한다.

4) 회사계상 감가상각비로 처리하는 경우

(1) 손상차손

감가상각자산이 진부화, 물리적 손상 등에 따라 시장가치가 급격히 하락하여 법인이 기업회계기준에 따라 손상차손을 계상한 경우에는 해당 금액을 감가상각비로서 손금으로 계상한 것으로 보아 감가상각 시부인계산을 한다. 따라서 감가상각 시부인계산의 대상이 되는 회사계상 감가상각비에는 기업회계기준에 따라 당기손실로 처리한 손상차손을 더해야 한다.

다만, 감가상각자산으로서 천재지변, 화재, 법령에 의한 수용, 채굴예정량의 채진으로 인한 폐광 등의 사유로 파손 또는 멸실된 것은 그 장부가액을 해당 사유가 발생한 사업연도에 사업연도종료일 현재의 시가로 감액하고 그 평가손실을 손금으로 계상하면 전액 손금으로 인정한다. 따라서 이 경우 평가손실은 회사계상 감가상각비로 보지 않는다.

(2) 전기오류수정손실

법인이 전기 또는 그 이전 기간에 과소계상한 고정자산의 감가상각비를 기업회계기준에 따라 전기오류수정손실로 당기비용으로 계상한 경우에도 당기에 감가상각비로 계상한 것으로 본다. 따라서 감가상각 시부인계산의 대상이 되는 회사계상 감가상각비에는 전기오류수정손실로 계상한 금액을 더해야 한다.

만약 전기의 감가상각비의 과소계상이 중대한 오류에 해당하여 기업회계기준에 따라 전기이월이익잉여금에서 차감하였다면 다음의 세무조정이 필요하다.

① 1차 세무조정 : 〈손금산입〉 전기오류수정손실 xxx (기타)

② 2차 세무조정 : 이 금액을 회사계상 감가상각비에 합산하여 감가상각 시부인계산

2. 잔존가액

기업회계에서는 감가상각자산의 잔존가액을 합리적으로 추정하여 적용하도록 하고 있으나, 법인세법에서는 이와 같은 추정을 인정하지 않고 일률적으로 영(0)으로 규정하고 있다. 다만, 정률법에 의하여 상각범위액을 계산하는 경우에는 잔존가액을 0으로 하면 상각률을 계산할 수 없으므로 취득가액(재평가차액, 자본적 지출 포함)의 5%에 해당하는 금액을 잔존가액으로 하여 상각률을 계산한다. 이 금액은 해당 감가상각자산에 대한 미상각잔액이 최초로 취득가액의 5% 이하가 되는 사업연도의 상각범위액에 가산한다. 결과적으로 이 5%는 상각완료연도의 감가상각비로 되므로 상각완료 후 잔존가액은 0이 되는 것이다.

이와 같이 감가상각자산의 잔존가액을 0으로 하면 그 자산의 사후관리가 어렵게 된다. 따라서 감가상각이 종료된 자산에 대해서는 그 자산을 처분할 때까지 실물관리를 위한 비망기록으로 취득가액의 5%와 ₩1,000 중 적은 금액을 해당 감가상각자산의 장부가액으로 남겨두어 동 금액은 손금에 산입하지 않는다. 이 금액은 해당 감가상각자산이 실제로 처분되는 사업연도에 손금에 산입하게 된다.

3. 내용연수

1) 일반적인 경우

기업회계에서는 감가상각자산의 내용연수를 합리적으로 추정하여 적용할 수 있으나, 법인세법에서는 각 자산별로 기준내용연수를 정하여 이 기준내용연수의 25%를 가감한 범위에서 법인이 선택하여 적용할 수 있도록 하고 있다. 다만, 시험연구용자산과 무형고정자산의 경우에는 세법에서 정하는 기준내용연수를 적용하여야 한다.

각 자산별로 법인세법에서 규정하고 있는 기준내용연수와 내용연수의 범위는 다음과 같다.

구 분	자산 또는 업종구분	기준내용연수	내용연수범위
건축물 등	차량운반구, 공구, 기구 및 비품	5년	4~6년
	선박, 항공기	12년	9~15년
	연와조, 블록조, 콘크리트조 등의 건축물	20년	15~25년
	철골, 철근콘크리트조 등의 건축물	40년	30~50년
업종별자산 (건축물 등에 해당하지 않는 나머지 유형고정 자산)	가죽・가방・신발제조업・교육서비스업	4년	3~5년
	농업, 임업, 인쇄・기록매체복제업, 도・소매업, 금융・보험업 등	5년	4~6년
	전자부품・컴퓨터・영상・음향・통신장비제조업, 통신업	6년	5~7년
	의복・모피제품제조업, 종합건설업, 숙박업, 부동산업, 수리업 등	8년	6~10년
	어업, 금속광업, 식료품제조업, 섬유제품제조업 등	10년	8~12년
	담배제조업, 수상운송업, 항공운송업	12년	9~15년
	코크스・연탄・석유정제품 제조업	14년	11~17년
	전기・가스・증기・공기조절업	16년	12~20년
	수도사업	20년	15~20년
시험연구용 자산	광학기기, 시험기기, 측정기기, 공구, 기타 시험연구용 설비	3년	
	건물부속설비, 구축물, 기계장치	5년	
무형 고정자산	영업권, 디자인권, 실용신안권, 상표권	5년	
	특허권	7년	
	어업권, 해저광물자원 채취권, 유료도로관리권, 수리권 등	10년	
	광업권, 전신전화전용시설이용권 등	20년	
	댐사용권	50년	

법인은 적용할 내용연수를 기준내용연수의 상하 25% 범위에서 선택하여 일정기한 내에 납세지 관할세무서장에게 신고를 하여야 하는데, 만약 기한 내에 신고를 하지 않은 경우에는 기준내용연수를 적용하게 된다. 이러한 내용연수의 신고는 연(年) 단위로 하여야 하며, 법인이 자산별・업종별로 적용한 신고내용연수 또는

기준내용연수는 그 후의 사업연도에 있어서도 계속하여 적용하여야 한다.

법인이 내용연수를 정하여 신고하고자 하는 때에는 내용연수신고서를 다음에 정해진 날이 속하는 사업연도의 법인세 과세표준의 신고기한(각 사업연도 종료일로부터 3개월 이내)까지 납세지 관할세무서장에게 제출하여야 한다.

① 신설법인과 새로 수익사업을 개시한 비영리내국법인의 경우: 그 영업의 개시일

② 자산별·업종별 구분에 따른 기준내용연수가 다른 고정자산을 새로 취득하거나 새로운 업종의 사업을 개시한 경우: 그 취득일 또는 개시일

2) 내용연수의 특례 및 변경

이미 설명한 바와 같이 자산별·업종별로 적용한 신고내용연수 또는 기준내용연수는 그 후의 사업연도에 있어서도 계속하여 적용하여야 한다. 그러나 다음 중 어느 하나에 해당하는 경우에는 기준내용연수에 기준내용연수의 50%(아래 ⑤·⑥의 경우에는 25%)를 가감한 범위에서 사업장별로 납세지 관할지방국세청장의 승인을 얻어 내용연수범위와 달리 내용연수를 적용하거나 적용하던 내용연수를 변경할 수 있다.

① 사업장의 특성으로 자산의 부식·마모 및 훼손의 정도가 현저한 경우

② 영업개시 후 3년이 경과한 법인으로서 해당 사업연도의 생산설비(건축물 제외)의 가동률이 직전 3개 사업연도의 평균 가동률보다 현저히 증가한 경우

③ 새로운 생산기술 및 신제품의 개발·보급 등으로 기존 생산설비의 가속상각이 필요한 경우

④ 경제적 여건의 변동으로 조업을 중단하거나 생산설비의 가동률이 감소한 경우

⑤ 건축물·업종별 자산에 대하여 국제회계기준을 최초로 적용하는 사업연도에 결산내용연수를 변경한 경우(결산내용연수가 연장된 경우 내용연수를 연장하고 결산내용연수가 단축된 경우 내용연수를 단축하는 경우만 해당하되 내용연수를 단축하는 경우에는 결산내용연수보다 짧은 내용연수로 변경할 수 없음)

⑥ 건축물·업종별 자산에 대한 기준내용연수가 변경된 경우(다만, 내용연수를 단축하는 경우로서 결산내용연수가 변경된 기준내용연수의 25%를 가감한 범위 내에 포함되는 경우에는 결산내용연수보다 짧은 내용연수로 변경할 수 없음)

위의 규정에 따라 특례내용연수의 승인 또는 변경승인을 얻고자 하는 경우에는 다음의 날까지 내용연수승인신청서 또는 변경승인신청서를 납세지 관할지방국세청장에게 제출하여야 한다.

① 특례내용연수의 승인신청기한 : 영업개시일(기준내용연수가 다른 자산을 취득한 경우 취득일)로부터 3개월이 되는 날까지
② 특례내용연수의 변경승인신청기한 : 그 변경할 내용연수를 적용하고자 하는 최초 사업연도의 종료일까지

위의 규정에 의하여 내용연수를 변경(재변경 포함)한 법인이 해당 자산의 내용연수를 다시 변경하고자 하는 경우에는 변경한 내용연수를 최초로 적용한 사업연도의 종료일부터 3년이 경과하여야 한다.

3) 중고자산 등에 대한 수정내용연수

다음의 경우에는 그 자산의 기준내용연수의 50%에 상당하는 연수와 기준내용연수의 범위에서 선택하여 납세지 관할세무서장에게 신고한 연수를 내용연수로 할 수 있다.

① 내국법인이 다른 법인 또는 개인사업자로부터 중고자산(해당 법인에게 적용되는 기준내용연수의 50% 이상의 연수가 경과한 자산)을 취득한 경우
② 합병·분할에 의하여 자산을 승계한 경우

수정내용연수의 범위 = [기준내용연수×50% ~ 기준내용연수]

이러한 수정내용연수를 계산할 때 1년 미만은 없는 것으로 한다. 예컨대 기준내용연수가 5년이고 경과연수가 3년인 중고자산을 취득하는 경우 법인세를 최소화하는 수정내용연수(수정내용연수의 하한선)는 5년×50% = 2.5년이나 1년 미만은 없는 것으로 하므로 2년이 된다. 따라서 수정내용연수는 2년에서 5년의 범위에서 법인이 선택하여 신고할 수 있는 것이다(법인세를 최소화하는 경우 2년 선택).

수정내용연수는 중고자산의 취득일 또는 합병·분할등기일이 속하는 사업연도의 법인세 과세표준 신고기한 내에 신고하여야 하고, 이러한 수정내용연수의 신고가 없는 경우에는 종전의 신고내용연수를 적용한다.

한편 해당 자산을 취득한 법인에게 적용되는 기준내용연수의 50% 미만의 연수가 경과한 중고자산을 취득한 경우에는 신규로 자산을 취득한 것으로 보아 내용연수를 적용한다. 예를 들어 기준내용연수가 10년인 자산을 5년이 경과하지 않은 상태에서 취득한 경우에는 이의 내용연수는 기준내용연수인 10년의 상하 25% 내에서 법인이 선택하게 된다.

[예제 10-1] 수정내용연수

㈜경성(사업연도 : 20x1. 1.1－12.31)의 다음 자료에 의하여 기계장치에 대한 각각의 상각범위액을 계산하시오.

1. 기계장치의 현황

구 분	취득일자	취득가액	비 고
기계장치 A	20x1. 3.10	₩30,000,000	5년 사용한 것을 취득
기계장치 B	20x1. 7.15	40,000,000	3년 사용한 것을 취득
기계장치 C	20x1.10.20	50,000,000	9년 사용한 것을 취득

2. ㈜경성이 보유하고 있는 다른 기계장치의 기준내용연수는 8년이고, 신고내용연수는 6년이며, 상각방법은 정률법이다.
3. 정률법 상각률은 다음과 같다.
   4년 : 0.528　　6년 : 0.394　　8년 : 0.313
4. ㈜경성은 위 기계장치에 대해 가급적 짧은 내용연수로 신고한다고 가정한다.

해답 1. 내용연수

구 분	중고자산 판정	내용연수
기계장치 A	중고자산 해당	4년(8년×50% ~ 8년 중 가장 짧은 4년을 선택)
기계장치 B	중고자산 아님	6년(기존의 신고내용연수를 적용)
기계장치 C	중고자산 해당	4년(8년×50% ~ 8년 중 가장 짧은 4년을 선택)

2. 상각범위액(신규취득자산으로 월할 계산한다)

구 분	상각범위액
기계장치 A	₩30,000,000×0.528×10/12 = ₩13,200,000
기계장치 B	₩40,000,000×0.394×6/12 = ₩7,880,000
기계장치 C	₩50,000,000×0.528×3/12 = ₩6,600,000

4) 내용연수와 상각률

이상과 같은 법인세법에서 규정하고 있는 내용연수는 다음에 설명할 상각범위액의 계산시 적용하는 상각률을 구하기 위한 수단에 불과하다. 이에 따라 법인세법에서는 내용연수에 따른 상각률을 별도로 정해놓고 이 상각률에 따라 상각하도록 하고 있다. 따라서 세법상으로는 내용연수가 완전히 경과하더라도 미상각잔액이 남아 있을 수 있으며, 이는 상각범위액 내에서 상각할 수가 있다.

예컨대 내용연수가 3년인 경우 정액법을 적용하면 매년 취득가액의 1/3을 상각하는 것이 아니라, 상각률로 정해둔 0.333으로 상각하여야 한다. 따라서 내용연수 3년이 지나고도 상각하지 못한 미상각잔액이 있을 수 있는데, 이는 그 다음연도에 상각되는 것이다. 법인세법상의 내용연수에 따른 상각률표의 예는 다음과 같다.

내용연수	정액법에 의한 상각률	정률법에 의한 상각률
2년	0.500	0.777
3	0.333	0.632
4	0.250	0.528
5	0.200	0.451
10	0.100	0.259

내용연수	정액법에 의한 상각률	정률법에 의한 상각률
20	0.050	0.140
30	0.034	0.096
40	0.025	0.073
50	0.020	0.059
60	0.017	0.049

이와 같은 내용연수에 따른 상각률은 사업연도의 기간이 1년인 경우를 전제로 정한 것이므로, 만일 사업연도의 기간이 1년 미만인 경우에는 다음과 같이 환산한 내용연수에 의한 상각률을 적용하여 상각범위액을 계산하여야 한다.

환산내용연수 = 내용연수(신고내용연수 또는 기준내용연수) × 12/사업연도의 월수

예컨대 사업연도의 월수가 6개월이고 내용연수가 5년인 자산의 경우에는 10년(=5년 × 12/6)에 해당하는 상각률을 적용하여 상각범위액을 계산하여야 한다. 이 경우 사업연도의 월수는 역에 따라 계산하되, 1월 미만의 일수는 1월로 한다.

10-3 감가상각의 방법과 상각범위액

1. 감가상각의 방법

법인세법상 인정되는 감가상각방법은 다음의 표와 같은데, 법인은 이 중에서 자산의 종류별로 하나의 방법만을 선택하여 납세지 관할세무서장에게 신고한 방법에 따라 상각범위액을 계산하여야 한다.

[표] 감가상각의 방법

<table>
<tr><th colspan="2" rowspan="2">자산의 종류</th><th colspan="2">상 각 방 법</th></tr>
<tr><th>신고를 한 경우</th><th>무신고의 경우</th></tr>
<tr><td rowspan="4">유형고정자산</td><td>원칙</td><td>정액법과 정률법 중 선택</td><td>정률법</td></tr>
<tr><td>건축물</td><td>정액법</td><td>정액법</td></tr>
<tr><td>광업용 자산</td><td>생산량비례법 · 정률법 · 정액법 중 선택</td><td>생산량비례법</td></tr>
<tr><td>폐기물매립시설</td><td>생산량비례법과 정액법 중 선택</td><td>생산량비례법</td></tr>
<tr><td rowspan="5">무형고정자산</td><td>원칙</td><td>정액법</td><td>정액법</td></tr>
<tr><td>광업권</td><td>생산량비례법과 정액법 중 선택</td><td>생산량비례법</td></tr>
<tr><td>개발비</td><td>관련제품의 판매 · 사용 가능시점부터 20년 이내의 기간 내에서 연단위로 신고한 내용연수에 따라 매사업연도별 경과월수에 따라 비례하여 상각(정액법)</td><td>관련제품의 판매 · 사용 가능시점부터 5년 동안 매년 균등액 상각(정액법)</td></tr>
<tr><td>사용수익
기부자산가액</td><td colspan="2">• 사업에 사용한 날부터 사용수익기간(사용수익기간에 관한 특약이 없으면 신고내용연수)에 따라 균등하게 안분한 금액을 상각(정액법)
• 사용수익기간 또는 신고내용연수기간 중에 멸실 · 계약해지된 경우 미상각잔액 전액 상각</td></tr>
<tr><td>주파수이용권
공항시설관리권
항만시설관리권</td><td colspan="2">주무관청에서 고시하거나 주무관청에 등록한 기간 내에서 사용기간에 따라 균등액 상각(정액법)</td></tr>
</table>

감가상각의 방법을 신고하고자 하는 때에는 위 자산의 종류별로 하나의 방법을 선택하여 감가상각방법신고서를 다음에 정하는 날이 속하는 사업연도의 법인세 과세표준 신고기한(각 사업연도 종료일로부터 3개월 이내)까지 납세지 관할세무서장에게 제출하여야 한다.

① 신설법인과 새로 수익사업을 개시한 비영리법인의 경우: 그 영업의 개시일

② ① 외의 법인이 위의 구분을 달리하는 고정자산을 새로 취득한 경우: 그 취득일

이와 같이 법인이 신고한 상각방법(신고하지 않은 경우에는 무신고시 상각방법)은 그 후의 사업연도에도 이를 계속적으로 적용하여야 하나, 다음 중 어느 하나에 해당하는 경우에는 납세지 관할세무서장의 승인을 얻어 그 상각방법을 변경할 수 있다.

① 상각방법이 서로 다른 법인이 합병(분할합병 포함)한 경우
② 상각방법이 서로 다른 사업자의 사업을 인수 또는 승계한 경우
③ 외국인투자촉진법에 따라 외국투자자가 내국법인의 주식 등을 20% 이상 인수 또는 보유하게 된 경우
④ 해외시장의 경기변동 또는 경제적 여건의 변동으로 종전의 상각방법을 변경할 필요가 있는 경우
⑤ 회계정책의 변경에 따라 결산상각방법이 변경된 경우(변경한 결산상각방법과 같은 방법으로 변경하는 경우만 해당). 여기서 결산상각방법이란 국제회계기준을 최초로 적용한 사업연도의 직전 사업연도에 해당 자산의 동종자산에 대하여 감가상각비를 손금으로 계상할 때 적용한 상각방법을 말한다.

이때에는 그 변경할 상각방법을 적용하고자 하는 최초 사업연도의 종료일까지 감가상각방법변경신청서를 납세지 관할세무서장에게 제출하여 승인을 얻어야 한다. 만일 변경승인을 얻지 않고 상각방법을 변경한 경우에는 변경하기 전의 상각방법에 의하여 상각범위액을 계산한다.

한편, 재고자산 평가방법의 변경은 그 변경신고기한은 감가상각방법의 변경신고기한과 같으나, 재고자산 평가방법의 변경은 별도의 변경요건이 없고, 감가상각방법의 변경과는 달리 신고만으로 충분하며, 별도의 승인은 필요하지 않다.

2. 상각범위액

상각범위액이란 법인세법상 감가상각비의 손금산입한도액을 말하는데, 감가상각방법별로 상각범위액은 다음과 같다.

① 정액법

상각범위액 = 세무상 취득가액* × 내용연수에 따른 상각률

* 세무상 취득가액
= 재무상태표상 기초 취득가액 + 자본적 지출액 + 즉시상각의제 누계액**
** 이때 당기분 즉시상각의제액뿐만 아니라 전기 이전의 즉시상각의제액도 포함한다.

② 정률법

상각범위액 = 세무상 미상각잔액* × 내용연수에 따른 상각률

* 세무상 미상각잔액
= 재무상태표상 기초 취득가액 - 재무상태표상 기초 감가상각누계액
+자본적 지출액 + 당기분 즉시상각의제액** + 상각부인액누계 - 감가상각의제액
** 이때는 전기분 즉시상각의제액은 고려할 필요가 없다.
(재무상태표상 취득가액과 감가상각누계액에 동시에 가산되어 상쇄되기 때문)

③ 생산량비례법

$$\text{상각범위액} = \text{세무상 취득가액} \times \frac{\text{해당 사업연도 중 채굴량(또는 폐기물매립시설에서 매립한 양)}}{\text{광구의 총채굴예정량(또는 폐기물매립시설의 매립예정량)}}$$

이러한 상각범위액의 계산에 있어 사업연도 중에 신규로 취득하여 사업에 사용한 감가상각자산에 대한 상각범위액은 사업에 사용한 날부터 월할 상각한다. 이 경우 월수는 역에 따라 계산하되, 1개월 미만의 일수는 1개월로 한다.

그러나 현재 사용 중인 고정자산에 대한 자본적 지출액은 신규취득과는 달리 자본적 지출이 발생한 후의 월수를 고려하지 않고, 해당 고정자산의 취득가액에 합산하여 그 자산의 내용연수를 그대로 적용하여 상각범위액을 계산한다.

감가상각의 방법은 일정한 요건 하에서 승인을 받아 변경할 수 있다고 하였는데, 이와 같이 감가상각의 방법을 변경하는 경우의 상각범위액은 전진법을 적용하여 다음과 같이 계산한다.

변경된 방법에 의한 상각범위액 = 세무상 미상각잔액×변경된 방법에 따른 상각률

1) 세무상 미상각잔액
   = 감가상각누계액을 공제한 장부가액 + 전기이월 상각부인액누계
2) 변경된 방법에 따른 상각률
   ① 정액법으로 변경하는 경우: 신고(또는 기준)내용연수에 따른 정액법의 상각률
   ② 정률법으로 변경하는 경우: 신고(또는 기준)내용연수에 따른 정률법의 상각률
   ③ 생산량비례법으로 변경하는 경우
      : 해당 사업연도의 채굴량 / (총채굴예정량 − 변경전 사업연도까지의 총채굴량)
      : 해당 사업연도의 매립량 / (총매립예정량 − 변경전 사업연도까지의 총매립량)

이때 정액법과 정률법으로 변경하는 경우 상각률은 잔존내용연수가 아니라 신고내용연수(신고하지 않은 경우에는 기준내용연수)를 적용한다는 점에 유의하여야 한다(기업회계기준에서는 잔존내용연수 동안만 변경 후 상각방법을 적용함). 따라서 상각방법을 정액법으로 변경하는 경우에는 사실상 상각기간이 연장되는 것이다.

10-4 감가상각비의 시부인계산과 세무조정

1. 감가상각비의 시부인계산

고정자산에 대한 감가상각비는 법인이 각 사업연도의 결산을 확정할 때 손금으로 계상한 경우에만 상각범위액의 범위에서 손금에 산입하고, 이를 초과하는 금액은 손금에 산입하지 않는다. 즉 감가상각비의 시부인계산이란 회사가 계상한 감가상각비와 상각범위액을 비교하여 회사가 계상한 감가상각비를 시인할 것인지 또는 부인할 것인지의 여부를 결정하는 것을 말한다. 이를 그림으로 나타내면 다음과 같다.

회사계상 감가상각비	−	상각범위액	=	상각부인액 또는 시인부족액

① 상각부인액이란 회사가 계상한 감가상각비가 상각범위액을 초과하는 금액을 말한다.

② 시인부족액이란 회사가 계상한 감가상각비가 상각범위액에 미달하는 금액을 말한다.

③ 회사가 계상한 감가상각비에는 손익계산서 및 제조원가보고서상의 감가상각비뿐만 아니라 이익잉여금의 감소 및 전기오류수정손실로 계상한 금액과 자본적 지출을 비용으로 계상한 금액(즉시상각의 의제)도 포함한다. 이때 이익잉여금의 감소 및 전기오류수정손실로 계상한 금액은 일단 손금산입(기타)으로 세무조정하고 이를 회사계상 감가상각비에 포함시켜 시부인계산을 한다.

이러한 감가상각비의 시부인계산은 개별 자산별로 한다. 따라서 어느 한 자산의 상각부인액과 다른 자산의 시인부족액은 서로 상계할 수 없으며, 내용연수가 같은 자산이라도 종류가 다르면 각각 별도로 시부인계산을 하여야 하는 것이다.

2. 감가상각비의 세무조정

법인세법상 고정자산의 감가상각비는 법인이 이를 결산서에 비용으로 계상한 경우에만 손금으로 인정하는 결산조정사항이다. 따라서 법인이 감가상각비를 계상할 수 있음에도 불구하고 이를 결산서에 반영하지 않으면 손금으로 인정받지 못한다.

그러나 법인세법에서는 고정자산의 감가상각비에 대하여 각 사업연도에 손금에 산입할 수 있는 최고한도액인 상각범위액을 정하여 두고 그 한도액의 범위에서는 법인이 임의로 감가상각비를 계상할 수 있는 임의상각제도를 채택하고 있다. 따라서 특정 사업연도에 손금으로 계상하지 않은 감가상각비는 법인세법상 내용연수가 경과되었다 하더라도 장부가액이 남아 있는 한 임의로 사업연도를 선택하여 해당 사업연도의 상각범위액 내에서 손금에 산입할 수 있는 것이다.

감가상각비의 시부인계산 결과 상각부인액과 시인부족액이 발생할 수 있는데, 이러한 상각부인액과 시인부족액은 다음과 같이 세무조정한다.

상각부인액이 발생한 경우에는 동 금액을 손금불산입하고 유보로 처분하며, 이를 차기로 이월시켜 차기 이후에 발생하는 시인부족액의 범위 내에서 손금산입하고 △유보로 추인한다.

시인부족액이 발생한 경우에는 별도의 세무조정을 하지 않는다. 또한 해당 사업연도에 발생하는 시인부족액은 그 후의 사업연도의 상각부인액에 충당하지도 못한다. 다만 위의 상각부인액에서 설명한 바와 같이, 전기로부터 이월된 상각부인액이 있는 경우에는 그 이월된 상각부인액을 당기에 발생한 시인부족액의 범위 내에서 손금으로 추인한다.

당기 세무조정			차기 이후 세무조정
회사상각비 > 상각범위액	(+) 상각부인액	손금불산입 (유보)	차기 이후 시인부족액의 범위 내에서 손금산입 추인
회사상각비 < 상각범위액	(−) 시인부족액	세무조정 없음	차기 이후 상각부인액에 충당하지 못하고 소멸

결국 시인부족액이 발생하면 그 시인부족액만큼 미상각잔액이 남게 되므로 이 부분에 대해서는 신고(또는 기준)내용연수가 경과하더라도 계속해서 감가상각비를 결산조정하여 손금에 산입할 수 있다. 왜냐 하면 감가상각비는 결산조정사항으로 손금으로 인정되기 위해서는 장부에 비용으로 계상을 하여야 하지만, 그 감가상각비의 계상 여부 및 계상 금액은 각 사업연도의 상각범위액 내에서 법인이 임의로 결정할 수 있는 임의상각제도를 채택하고 있기 때문이다.

[예제 10-2] 감가상각 시부인계산의 특징(결산조정사항)

취득가액 ₩200, 잔존가액 ₩0, 내용연수 5년의 감가상각자산을 매기 다음과 같이 상각하는 경우 세무조정을 하시오.

1. 매기 ₩45씩 상각
2. 매기 ₩35씩 상각

해답 1. 매기 ₩45씩 상각하는 경우

연 도	회사상각비	상각범위액	세무조정
제1기	₩45	₩40	손금불산입 ₩5 (유보)
제2기	45	40	손금불산입 5 (유보)
제3기	45	40	손금불산입 5 (유보)
제4기	45	40	손금불산입 5 (유보)
제5기	20	40	손금산입 20 (△유보)

2. 매기 ₩35씩 상각하는 경우

연 도	회사상각비	상각범위액	세무조정
제1기	₩35	₩40	세무조정 없음
제2기	35	40	세무조정 없음
제3기	35	40	세무조정 없음
제4기	35	40	세무조정 없음
제5기	35	40	세무조정 없음
제6기	25	25*	세무조정 없음

* 내용연수는 종료하였으나 장부상 ₩175이 상각되었고, 이를 시인하였기 때문에 남은 ₩25를 더 상각할 수 있다.

→ 위 예제의 내용을 정리하면, 법인세법에서는 감가상각비를 상각범위액보다 적게 계상하여 내용연수보다 길게 상각하는 것은 인정하지만, 감가상각비를 상각범위액보다 많게 계상하여 내용연수보다 짧게 상각하는 것은 인정하지 않는다. 결국, 세법상 내용연수는 상각기간을 의미하는 것이 아니라 최소한의 상각연수를 의미하는 것으로 단지 상각률을 결정하기 위한 요소일 뿐이다.

[예제 10-3] 감가상각 시부인계산의 단위(개별 자산별 시부인계산)

다음 자료에 따라 필요한 세무조정을 하시오(△는 시인부족액을 나타냄).

구 분	기계 A	기계 B	기계 C	기계 D
회사상각비	₩3,000,000	₩2,500,000	₩2,500,000	₩2,500,000
상각범위액	2,500,000	3,000,000	3,000,000	3,000,000
당기 시부인액	500,000	△500,000	△500,000	△500,000
전기 부인액 누계	△300,000	△200,000	300,000	800,000

해답

구 분	기계 A	기계 B	기계 C	기계 D
세무 조정	₩500,000 손금불산입(유보)	세무조정 없음	₩300,000 손금산입(△유보)	₩500,000 손금산입(△유보)

[예제 10-4] 감가상각 세무조정 종합(즉시상각의제)

다음 자료에 따라 감가상각과 관련된 세무조정을 하시오.

1. 회사 계상 감가상각비와 상각범위액

과 목	내용연수	제조경비	판매비와 관리비	상각범위액
건물	40년	₩50,000,000		₩40,000,000
기계장치	5	25,000,000		30,000,000
비품A	5		₩5,000,000	3,000,000
비품B	5		3,000,000	4,000,000
계		75,000,000	8,000,000	77,000,000

2. 자본적 지출에 해당하는 다음의 수선비를 판매비와 관리비로 계상하였다.
   (1) 건물 수선비 : ₩10,000,000(전기말 재무상태표상 가액의 5%를 초과하는 금액임)
   (2) 기계장치 수선비 : ₩2,000,000
3. 전기에 과소계상한 기계장치의 감가상각비 ₩3,000,000을 전기오류수정손실로 하여 이익잉여금처분계산서에 계상하였다.
4. 전기말 상각부인액은 다음과 같다.
   기계장치 : ₩5,000,000
   비품A : ₩3,000,000
   비품B : ₩500,000

해답 1. 감가상각비의 시부인계산

구 분	건 물	기계장치	비품A	비품B
내용연수	40년	5년	5년	5년
회사계상 감가상각비				
제조경비	50,000,000	25,000,000		
판매비와 관리비			5,000,000	3,000,000
전기오류수정손실		3,000,000		
즉시상각의 의제	10,000,000			
계	60,000,000	28,000,000	5,000,000	3,000,000
상각범위액	40,000,000	30,000,000	3,000,000	4,000,000
상각부인액(시인부족액)	20,000,000	△2,000,000	2,000,000	△1,000,000
전기 상각부인액		5,000,000	3,000,000	500,000
당기 손금추인액		2,000,000		500,000
차기이월 상각부인액	20,000,000	3,000,000	5,000,000	–

2. 세무조정

〈손금산입〉	전기오류수정손실	₩3,000,000(기타)
	기계장치 상각부인액의 손금추인	₩2,000,000(△유보)
	비품B 상각부인액의 손금추인	₩500,000(△유보)
〈손금불산입〉	건물 감가상각비 상각부인액	₩20,000,000(유보)
	비품A 감가상각비 상각부인액	₩2,000,000(유보)

[예제 10-5] 건설자금이자의 세무조정(즉시상각의제)

(주)경성은 20x1. 3.1에 본사건물의 신축공사를 착공하여 20x2. 7.1에 완공하였다. 다음 자료에 의하여 건설자금이자와 감가상각비에 대한 세무조정을 하시오.

1. 본사건물의 신축공사와 관련하여 발생한 건설자금이자는 20x1년(제10기)분 ₩30,000,000, 20x2년(제11기)분 ₩10,000,000이고, 이를 모두 손익계산서에 이자비용으로 계상하였다.
2. 본사건물에 대한 제11기의 감가상각비는 시인부족액 ₩20,000,000으로서 이는 건설자금이자를 고려하지 않고 계산한 것이다.
3. 본사건물의 신고내용연수는 40년이고, 신고한 감가상각방법은 정액법(상각률 0.025)이다.

해답 1. 제10기의 세무조정

〈손금불산입〉 건설자금이자 ₩30,000,000(유보)

→ 제10기말 현재 본사건물이 완공되지 않았으므로 제10기에 비용으로 처리한 건설자금이자 ₩30,000,000은 손금불산입하고 유보로 소득처분한다. 동 유보 금액은 본사건물이 완공되는 제11기에 감가상각비 부인액으로 본다.

2. 제11기의 세무조정

(1) 당초 계산한 감가상각비 상각부인액 △20,000,000(시인부족액)

(2) 회사계상 감가상각비의 증가(즉시상각의 의제) (+)10,000,000[1]

(3) 상각범위액의 변동(증가) (−) 500,000[2]

(4) 수정 후 상각부인액 △10,500,000

(5) 세무조정 : 〈손금산입〉 전기 상각부인액의 손금추인 ₩10,500,000[3](△유보)

1) 제11기에 비용으로 계상한 건설자금이자 ₩10,000,000은 제11기에 건설이 완공되었으므로 즉시상각의 의제로 보아 감가상각 시부인계산을 한다.

2) 비용계상한 자본적 지출액의 합계액 × 상각률 × 1/2(7월 1일 완공되어 취득되었으므로)
$= (30,000,000 + 10,000,000) \times 0.025 \times 1/2 = 500,000$

3) 제10기에 손금부인된 ₩30,000,000은 건물이 완공된 제11기에 감가상각부인액으로 되어, 이는 건물 완공 후의 감가상각비 시인부족액의 범위 내에서 손금으로 추인된다.

[예제 10-6] 감가상각 세무조정 종합(정액법과 정률법)

다음 자료에 따라 감가상각과 관련된 세무조정을 하시오.

1. 기계장치의 감가상각 관련 내용

전기말 재무상태표상 취득가액	전기말 재무상태표상 감가상각누계액	전기말 상각부인액 누계	당기 감가상각비 계상액(제조경비)
₩300,000,000	₩100,000,000	₩10,000,000	₩50,000,000

2. 비용계상한 자본적 지출액(모두 전기말 재무상태표상 가액의 5%를 초과하는 금액임)
   (1) 전기 발생분 : ₩20,000,000
   (2) 당기 발생분 : ₩10,000,000
3. 전기에 과소계상한 기계장치의 감가상각비를 다음과 같이 회계처리하였다.
   (차) 이월이익잉여금(전기오류수정손실) 5,000,000 (대) 감가상각누계액 5,000,000
4. 기계장치의 신고내용연수는 6년이고, 상각률은 정액법일 경우 0.166, 정률법일 경우 0.394이다.
5. 정액법으로 신고한 경우와 정률법으로 신고한 경우로 나누어 세무조정을 하시오.

해답 1. 정액법으로 신고한 경우

(1) 상각범위액

= 세무상 취득가액(전기말 재무상태표상 취득가액 + 즉시상각의제 누계액) × 상각률

= (300,000,000 + 30,000,000) × 0.166

= 54,780,000

(2) 회사 계상 감가상각비

제조경비 계상액	₩50,000,000
즉시상각의제액	10,000,000
전기오류수정손실	5,000,000
계	65,000,000

(3) 감가상각비 시부인계산

회사 계상 감가상각비	₩65,000,000
당기 상각범위액	54,780,000
당기 상각부인액	10,220,000
전기 상각부인액	10,000,000
차기이월 상각부인액	20,220,000

(4) 세무조정

〈손금산입〉 전기오류수정손실 ₩5,000,000(기타)

〈손금불산입〉 감가상각비 상각부인액 ₩10,220,000(유보)

2. 정률법으로 신고한 경우

(1) 상각범위액

= 세무상 미상각잔액 × 상각률

= 전기말 재무상태표상 취득가액	300,000,000
− 전기말 재무상태표상 감가상각누계액	△100,000,000
+ 비용계상한 자본적 지출액(당기분 즉시상각의제액에 한함)	10,000,000
+ 전기 상각부인액 누계	10,000,000
− 감가상각의제액	−
상각기초가액	220,000,000
× 상각률	× 0.394
상각범위액	86,680,000

(2) 회사 계상 감가상각비(정액법의 경우와 동일)

제조경비 계상액 ₩50,000,000

즉시상각의제액	10,000,000
전기오류수정손실	5,000,000
계	65,000,000

(3) 감가상각비 시부인계산

회사 계상 감가상각비	₩65,000,000
당기 상각범위액	86,680,000
당기 상각부인액(시인부족액)	△21,680,000
전기 상각부인액	10,000,000
차기이월 상각부인액	−

(4) 세무조정

〈손금산입〉	전기오류수정손실	₩5,000,000(기타)
	전기 상각부인액의 손금추인	₩10,000,000(△유보)

[예제 10-7] 감가상각 세무조정 종합(정액법과 정률법)

다음 자료에 따라 감가상각과 관련된 세무조정을 하시오.

1. 기계장치의 감가상각 관련 내용

당기말 재무상태표상 취득가액	당기말 재무상태표상 감가상각누계액	전기말 상각부인액 누계	당기 감가상각비 계상액(제조경비)
₩300,000,000	₩100,000,000	₩10,000,000	₩50,000,000

2. 비용계상한 자본적 지출액(모두 전기말 재무상태표상 가액의 5%를 초과하는 금액임)
   (1) 전기 발생분: ₩20,000,000
   (2) 당기 발생분: ₩10,000,000
3. 전기에 과소계상한 기계장치의 감가상각비를 다음과 같이 회계처리하였다.
   (차) 이월이익잉여금(전기오류수정손실) 5,000,000 (대) 감가상각누계액 5,000,000
4. 기계장치의 신고내용연수는 6년이고, 상각률은 정액법일 경우 0.166, 정률법일 경우 0.394이다.
5. 정액법으로 신고한 경우와 정률법으로 신고한 경우로 나누어 세무조정을 하시오.

해답 1. 정액법으로 신고한 경우

(1) 상각범위액

= 세무상 취득가액(당기말 재무상태표상 취득가액 + 즉시상각의제 누계액) × 상각률
= (300,000,000 + 30,000,000) × 0.166
= 54,780,000

(2) 회사 계상 감가상각비

제조경비 계상액	₩50,000,000
즉시상각의제액	10,000,000
전기오류수정손실	5,000,000
계	65,000,000

(3) 감가상각비 시부인계산

회사 계상 감가상각비	₩65,000,000
당기 상각범위액	54,780,000
당기 상각부인액	10,220,000
전기 상각부인액	10,000,000
차기이월 상각부인액	20,220,000

(4) 세무조정

〈손금산입〉 전기오류수정손실 ₩5,000,000(기타)
〈손금불산입〉 감가상각비 상각부인액 ₩10,220,000(유보)

2. 정률법으로 신고한 경우

(1) 상각범위액

= 세무상 미상각잔액 × 상각률

= 당기말 재무상태표상 취득가액	300,000,000
− 당기말 재무상태표상 감가상각누계액	△100,000,000
+ 당기 증가한 감가상각누계액(50,000,000 + 5,000,000)	55,000,000
+ 비용계상한 자본적 지출액(당기분 즉시상각의제액에 한함)	10,000,000
+ 전기 상각부인액 누계	10,000,000
− 감가상각의제액	−
상각기초가액	275,000,000
× 상각률	× 0.394
상각범위액	108,350,000

(2) 회사 계상 감가상각비(정액법의 경우와 동일)

제조경비 계상액	₩50,000,000
즉시상각의제액	10,000,000

전기오류수정손실	5,000,000
계	65,000,000

(3) 감가상각비 시부인계산

회사 계상 감가상각비	₩65,000,000
당기 상각범위액	108,350,000
당기 상각부인액(시인부족액)	△43,350,000
전기 상각부인액	10,000,000
차기이월 상각부인액	–

(4) 세무조정

〈손금산입〉 전기오류수정손실 ₩5,000,000(기타)

전기 상각부인액의 손금추인 ₩10,000,000(△유보)

3. 상각부인액의 사후관리

이상과 같이 감가상각비의 시부인계산 결과 시인부족액이 발생하는 경우에는 그 시인부족액은 사후관리를 할 필요가 없으나, 상각부인액이 발생하는 경우에는 그 상각부인액은 사후관리를 하여야 한다. 왜냐 하면 상각부인액이 발생하는 경우 그 금액은 손금불산입하고 유보로 소득처분하는 바, 이와 같은 기업회계와 세법간의 차이로 인한 유보금액은 당기 이후의 언젠가는 반드시 반대의 세무조정으로 소멸(추인)되므로 그 추인되는 시점까지 별도의 관리를 하여야 하는 것이다.

즉 상각부인액은 기업회계에서 세법의 규정보다 더 많은 금액을 상각한 것으로, 차기 이후의 시인부족액의 발생원인이 되며, 장부상 미상각잔액이 세무상 미상각잔액보다 과소계상됨에 따라 해당 자산을 처분할 때 처분이익이 과대계상되는 결과가 된다. 따라서 이러한 경우에는 이후 그 상각부인액에 대한 사후관리의 세무조정이 필요하며 이의 예를 정리하면 다음과 같다.

예	상각부인액에 대한 사후관리 세무조정	사후관리 세무조정의 이유
시인부족액 발생시	시인부족액의 범위 내에서 상각부인액을 손금산입하고 △유보로 추인	상각부인액이 시인부족액의 발생원인이기 때문
자산을 양도하는 경우	양도자산의 상각부인액을 손금산입하고 △유보로 추인	처분이익의 과대계상 또는 처분손실의 과소계상
보험업법 등 법률에 따른 평가증을 하는 경우	평가증 자산의 상각부인액을 평가차익의 범위 내에서 △유보로 추인	평가차익의 과대계상
보험차익 발생시	소멸자산의 상각부인액을 손금산입하고 △유보로 추인	보험차익의 과대계상

여기서 자산을 양도하는 경우 그 양도자산의 상각부인액이 있으면 이를 해당 자산의 양도일이 속하는 사업연도의 손금에 산입하는 세무조정을 하면 되는데, 그 양도자산의 당기 감가상각비에 대해서는 시부인계산을 하지 않는다. 왜냐 하면, 기업회계에서는 사업연도 중에 자산을 양도한 경우 양도일까지의 감가상각비를 계상한 후 처분손익을 계산하지만, 세법에서는 당기말 현재 보유하고 있는 감가상각자산에 대해서만 시부인계산을 하므로 기중에 양도한 자산에 대해서는 감가상각비의 시부인계산을 할 필요가 없는 것이다.

자산을 양도하는 경우와 마찬가지로 보험업법 등 법률에 의해 평가증을 하는 경우에도 평가증 자산의 상각부인액에 대한 사후관리의 세무조정을 하여야 한다. 즉 상각부인액만큼 평가차익이 과대계상되므로 평가차익을 한도로 상각부인액을 손금산입하고 △유보로 소득처분하며, 평가차익을 초과하는 상각부인액은 차기로 이월되는 상각부인액으로 한다.

이때 회사가 감가상각자산에 대하여 감가상각과 평가증을 병행한 경우에는 먼저 감가상각을 한 후 평가증을 한 것으로 보아 상각범위액을 계산한다. 즉 평가증을 하기 전의 자산가액을 기초로 상각범위액을 계산하여 감가상각비에 대한 시부인계산을 먼저 하고, 이로부터 도출되는 상각부인액에 대해 평가차익을 한도로 손금산입하고 △유보로 소득처분하는 것이다.

한편, 감가상각비의 시부인계산은 개별 자산별로 한다고 하였는데, 같은 종류의 감가상각자산 중 그 일부를 양도한 경우에는 해당 양도자산에 대한 감가상각누계액 및 상각부인액(또는 시인부족액)은 다음과 같이 안분계산한 금액으로 한다.

> 양도부분의 감가상각누계액 및 상각부인액(또는 시인부족액)
> = 해당 자산 전체의 감가상각누계액 및 상각부인액(또는 시인부족액)
> $\times \frac{\text{양도부분의 취득당시 장부가액}}{\text{해당 자산 전체의 취득당시 장부가액}}$

따라서 상각부인액이 있는 자산의 일부를 양도한 경우에는 위와 같이 안분계산한 금액을 손금산입하는 것이다.

[예제 10-8] 상각부인액 사후관리(양도)

회사는 20x1년 중에 보유하고 있는 기계장치의 일부를 처분하였다. 다음 자료에 따라 감가상각과 관련된 세무조정을 하시오.

1. 기계장치의 전기이월 자료

구 분	금 액
재무상태표상 취득가액	₩200,000,000
재무상태표상 감가상각누계액	120,000,000
감가상각비 부인액	20,000,000

2. 양도한 일부 기계장치의 취득가액은 ₩50,000,000이다.
3. 회사가 신고한 감가상각방법은 정률법(상각률 0.313)이며, 당기에 비용계상한 감가상각비는 ₩30,000,000이다.

해답 1. 양도자산의 상각부인액에 대한 사후관리

(1) 양도분의 상각부인액

$$= \text{양도자산 전체의 상각부인액} \times \frac{\text{양도분의 취득가액}}{\text{양도자산 전체의 취득가액}}$$

$$= 20{,}000{,}000 \times \frac{50{,}000{,}000}{200{,}000{,}000} = 5{,}000{,}000$$

(2) 세무조정

〈손금산입〉 양도자산 상각부인액의 손금추인 ₩5,000,000(△유보)

2. 당기 감가상각비의 시부인계산

(1) 상각범위액(정률법)

= (재무상태표상 취득가액 − 재무상태표상 감가상각누계액 + 상각부인액) × 상각률

= {(200,000,000 − 50,000,000) − (120,000,000 − 30,000,000*)

+ (20,000,000 − 5,000,000)} × 0.313 = 23,475,000

* 양도분의 감가상각누계액

$$= \text{양도자산 전체의 감가상각누계액} \times \frac{\text{양도분의 취득가액}}{\text{양도자산 전체의 취득가액}}$$

$$= 120{,}000{,}000 \times \frac{50{,}000{,}000}{200{,}000{,}000} = 30{,}000{,}000$$

(2) 상각부인액 = 회사계상 감가상각비 − 상각범위액

= 30,000,000 − 23,475,000 = 6,525,000

(3) 세무조정

〈손금불산입〉 감가상각비 부인액 ₩6,525,000(유보)

[예제 10-9] 상각부인액 사후관리(평가증)

보험업을 영위하는 법인이 보험업법에 따라 장부가액 ₩300,000,000(취득가액 ₩500,000,000, 감가상각누계액 ₩200,000,000, 상각부인액 ₩60,000,000)인 고정자산을 ₩400,000,000으로 평가증하고 이를 영업외수익으로 계상한 경우 세무조정을 하시오.

해답 평가차익 ₩100,000,000을 한도로 상각부인액을 손금산입하여야 한다.

[세무조정] 〈손금산입〉 고정자산평가이익 ₩60,000,000(△유보)

→ 만일 상각부인액이 ₩120,000,000이면, ₩100,000,000을 손금산입하고, 나머지 ₩20,000,000은 이후 사업연도로 이월할 상각부인액이 된다.

4. 감가상각의 의제

법인세법상 감가상각제도는 임의상각제도이므로 해당 사업연도에 감가상각비를 계상할 것인지의 여부는 전적으로 법인의 선택에 달려 있다. 그러나 조세특례제한법 등에 따라 일정기간 법인세가 면제되거나 감면되는 사업을 경영하는 법인에게도 임의상각제도를 인정하게 되면 해당 법인은 그 감면기간 중에는 감가상각비를 계상하지 않고 있다가 감면기간이 종료된 후의 사업연도에 감가상각비를 계상함으로써 의도적으로 조세부담을 회피할 우려가 있다.

따라서 법인세법에서는 이와 같은 조세부담의 회피를 방지하기 위하여 임의상각제도에 대한 예외로서 각 사업연도의 소득에 대하여 법인세가 면제되거나 감면되는 사업을 경영하는 법인으로서 실제로 법인세를 면제받거나 감면받은 경우에는 개별 자산에 대한 감가상각비가 상각범위액이 되도록 감가상각비를 손금에 산입하여야 한다.

즉, 각 사업연도의 결산을 확정할 때 손비로 계상한 면제·감면 사업의 감가상각자산에 대한 감가상각비가 상각범위액에 미달하면 그 미달하는 금액을 손금에 산입하여야 한다(강제신고조정사항).

이와 같이 회사가 감가상각비를 계상하지 않거나 과소계상한 경우에도 상각범위액만큼은 감가상각을 한 것으로 의제하여 차기 이후의 손금으로 인정하지 않는다는 의미에서 이를 감가상각의 의제라 하는 것이다.

감가상각의 의제규정에 의하여 감가상각자산에 대한 상각범위액을 손금으로 계상하지 않은 법인은 그 후 사업연도의 상각범위액 계산의 기초가 될 자산의 가액에서 그 감가상각비에 해당하는 금액을 공제한 잔액을 기초가액으로 하여 상각범위액을 계산하여야 한다.

따라서 감가상각의 의제규정이 적용되면 감가상각방법으로 정률법을 채택하고 있는 경우에는 취득가액에서 감가상각누계액을 공제한 장부가액에서 의제상각액을 공제한 잔액을 기초가액으로 하여 이에 상각률을 곱하여 상각범위액을 계산하고, 정액법을 채택하고 있는 경우에는 취득가액에 상각률을 곱하여 상각범위액을 계산하되 취득가액에서 감가상각누계액과 의제상각액을 공제한 잔액을 한도로 한다. 이렇게 함으로써 의제상각액은 감가상각비로서 손금에 산입할 수 없게 되는 것이다.

감가상각의 의제규정은 차기 이후의 감가상각비의 상각범위액 계산에만 적용되고, 추후 해당 자산의 처분손익의 계산에는 전혀 영향을 미치지 않는다. 즉 의제상각비에 해당하는 금액을 해당 자산의 보유기간 동안에는 감가상각비로 손금에 산입할 수 없지만, 처분할 때는 그 처분가액에서 차감하는 장부가액(미상각잔액)에 포함되지 않아 그만큼 처분이익이 줄어들게 되는 것이다.

한편, 법인세 과세표준을 추계결정·경정을 하는 경우에는 감가상각자산에 대한 감가상각비를 손금에 산입한 것으로 본다. 이처럼 추계결정·경정으로 감가상각의 의제규정이 적용된 사업연도의 다음 사업연도 이후에 상각범위액을 계산할 때에는 미상각잔액에서 의제상각액을 공제한 금액을 기초로 한다.

[예제 10-10] 감가상각의 의제(정액법)

㈜경성(사업연도: 1.1.－12.31.)의 기계장치에 대한 다음 자료에 의해 제1기부터 제9기까지의 세무조정을 하시오.

1. ㈜경성은 제1기부터 제3기까지 법인세를 50% 감면받는다.
2. 기계장치는 제1기 1월 1일에 ₩10,000,000에 취득하였고, 신고내용연수는 5년이며, 신고한 감가상각방법은 정액법이다. ㈜경성은 이 기계장치에 대한 감가상각비를 제4기부터 제8기까지 매기 ₩2,000,000씩 결산서에 계상하였다.
3. ㈜경성은 이 기계장치를 제9기에 현금 ₩3,000,000을 받고 매각하였다.
4. 감가상각이 종료되는 경우 ₩1,000의 장부가액을 남겨두어야 하나, 이는 무시하기로 한다.

해답 1. 제1기부터 제8기까지의 세무조정

사업연도	회사계상액	상각범위액	시부인액	세무조정
제1기	–	2,000,000	△2,000,000	손금산입(△유보)
제2기	–	2,000,000	△2,000,000	손금산입(△유보)
제3기	–	2,000,000	△2,000,000	손금산입(△유보)
제4기	2,000,000	2,000,000	–	–
제5기	2,000,000	2,000,000	–	–
제6기	2,000,000	–	2,000,000	손금불산입(유보)
제7기	2,000,000	–	2,000,000	손금불산입(유보)
제8기	2,000,000	–	2,000,000	손금불산입(유보)

2. 제9기의 세무조정 : 처분시 유보 잔액이 없으므로 세무조정 없음

[예제 10-11] 감가상각의 의제(정률법)

㈜경성(사업연도 : 1.1.－12.31.)은 각 사업연도의 소득에 대하여 법인세가 감면되는 사업을 영위하는 법인으로서 매년 법인세를 감면받아 왔다. ㈜경성의 기계장치에 대한 다음 자료에 의해 제1기부터 제4기까지의 세무조정을 하시오.

1. 취득일 : 제1기 1월 10일
2. 취득가액 : ₩10,000,000
3. 신고한 감가상각방법은 정률법이고, 신고내용연수 5년에 따른 상각률은 0.451이다.
4. 매년 결산서에 계상한 감가상각비는 다음과 같다.
   - 제1기 : ₩3,000,000
   - 제2기 : ₩0
   - 제3기 : ₩2,000,000
5. ㈜경성은 이 기계장치를 제4기 1월5일에 현금 ₩8,000,000을 받고 처분하였다.

해답 1. 제1기부터 제3기까지의 세무조정

사업연도	회사계상액	상각범위액	시부인액	세무조정
제1기	3,000,000	4,510,000*1)	△1,510,000	손금산입(△유보)
제2기	0	2,475,990*2)	△2,475,990	손금산입(△유보)
제3기	2,000,000	1,359,319*3)	640,681	손금불산입(유보)

*1) ₩10,000,000 × 0.451 = ₩4,510,000

*2) ₩5,490,000(10,000,000 − 3,000,000 − 1,510,000) × 0.451 = ₩2,475,990

*3) ₩3,014,010(10,000,000 − 3,000,000 − 3,985,990) × 0.451 = ₩1,359.319

2. 제4기의 세무조정 : 〈익금산입〉 ₩3,345,309(유보)

→ 처분시 △유보로 남은 금액 ₩3,345,309를 익금산입하고 유보로 추인한다.

(1) 회사의 분개

(차) 현　　금	8,000,000	(대) 기계장치	10,000,000
감가상각누계액	5,000,000	유형자산처분이익	3,000,000

(2) 세무상 분개

(차) 현　　금	8,000,000	(대) 기계장치	10,000,000
감가상각누계액	5,000,000	유형자산처분이익	6,345,309
의제상각누계액	3,345,309		

제 11 장 충당금과 준비금

충당금은 그 성격에 따라 부채성충당금과 평가성충당금으로 구분된다. 부채성충당금(기업회계에서는 충당부채라 함)이란 당기의 수익에 대응하는 비용으로서 장래에 지출될 것이 확실하고 당기의 수익에서 차감되는 것이 합리적인 것에 대하여 그 금액을 추산하여 이를 미리 손금으로 계상하고 동 금액을 부채로 계상한 충당금을 말하는데, 이의 예로는 제품보증충당부채 등이 있다.

이에 비해 평가성충당금이란 자산의 평가와 관련하여 그 자산의 일부 또는 전부를 손금에 산입하고 자산의 취득가액에서 직접 차감하는 대신 설정하는 충당금을 말하는데, 이의 예로는 대손충당금이 있다.

기업회계에서는 적정한 기간손익의 계산을 위하여 대손충당금과 같은 평가성충당금뿐만 아니라 제품보증충당부채, 공사손실충당부채, 채무보증충당부채, 손해배상충당부채 등과 같은 부채성충당금의 설정을 폭넓게 인정하고 있다.

이에 비해 권리의무확정주의를 채택하고 있는 법인세법의 입장에서는 이러한 충당금을 손금에 산입할 수 없다. 그러나 이를 엄격히 적용하면 조기에 수익이 과대계상되어 기업의 세부담이 과중해지고, 수익과 비용의 적정한 대응이 이루어지지 않는다. 그렇다고 기업회계에서 인정하고 있는 충당금을 전부 수용하면 조세수입의 감소와 기업이 충당금을 조세회피의 수단으로 악용할 여지가 있다.

따라서 법인세법에서는 다음과 같은 일부의 충당금만 인정하여 손금에 산입할 수 있도록 하고 있다.

1) 퇴직연금충당금
2) 대손충당금
3) 구상채권상각충당금
4) 일시상각충당금(비상각자산은 압축기장충당금)

11-1 퇴직연금충당금

1. 퇴직급여 적립제도

퇴직급여 적립제도는 그 적립방법에 따라 크게 사내적립과 사외적립으로 나뉜다.

사내적립 → 퇴직급여액을 퇴직급여충당금으로 설정하여 회사 내부에 적립
사외적립 → 금융기관 등의 외부기관에 퇴직급여액을 위탁하는 퇴직연금제도

이에 대해 법인세법에서는 2016년부터 퇴직급여충당금의 계상을 인정하지 않고, 모두 사외적립하는 퇴직연금제도를 선택하고 있다. 이하에서는 이러한 퇴직연금제도에 따른 세무조정의 문제에 대해 살펴보기로 한다.

2. 퇴직연금제도에 따른 세무조정

퇴직연금제도는 회사가 근로자의 재직기간 중 퇴직급여 지급재원을 외부의 금융기관에 적립하고 금융기관이 이를 회사 또는 근로자의 지시에 따라 운용하여 근로자의 퇴직시 연금 또는 일시금으로 지급하는 사외적립제도이다. 이에는 확정기여형(Defined Contribution : DC)제도와 확정급여형(Defined Benefit : DB)제도가 있다.

확정기여형 퇴직연금제도는 회사가 부담해야 할 부담금이 사전에 정해지는 반면, 그 적립금을 근로자가 자기책임으로 운용하며 결과에 대해서는 근로자가 스스로 책임을 지는 제도이다. 따라서 적립금의 운용실적이 저조하면 근로자가 그 손실을 부담하게 된다. 이 제도에서는 회사는 사전에 정해진 부담금을 정기적으로 납부할 의무를 지며, 근로자가 퇴직할 경우 추가적인 퇴직급여의 지급의무는 없게 된다.

확정급여형 퇴직연금제도는 근로자가 받을 퇴직급여의 규모와 내용이 노사협약 등에 의해 사전에 약정되는 제도이다. 이 제도에서는 기업이 퇴직급여 적립금의

운용을 책임지므로, 적립금 운용실적이 양호하면 기업의 부담금이 줄어들지만 운용실적이 저조하면 부담금이 늘어나게 된다.

[표] 확정기여형제도와 확정급여형제도의 비교

구 분	확정기여형(DC)	확정급여형(DB)
개 념	• 노사가 사전에 회사가 부담할 부담금을 확정 • 근로자가 적립금의 운용방법을 결정하고 운용책임을 근로자가 부담 • 근로자가 일정한 연령에 달한 때 그 운용결과에 기초하여 급여 지급(연금 55세 이상)	• 노사가 사전에 근로자가 연금으로 받을 금액을 약정 • 회사가 적립금의 운용방법을 결정(퇴직연금사업자에게 위탁)하고 운용책임을 회사가 부담 • 근로자가 일정한 연령에 달한 때 약정에 따른 급여 지급(연금 55세 이상)
부담금	확정(연간 임금총액의 1/12 이상)	운용수익률 등에 따라 변동
퇴직연금 수령액	적립금 운용실적에 따름	확정(근속연수×30일분 평균임금 이상)
위험부담	물가, 이자율 변동 등 근로자부담	물가, 이자율 변동 등 회사부담
선호계층	단기근속자 및 젊은 층	장기근속자
주요대상	연봉제 실시기업, 중소기업	대기업

1) 확정기여형 퇴직연금의 회계처리 및 세무조정

확정기여형은 회사가 부담해야 할 부담금이 사전에 확정되어 있고, 근로자가 퇴직시 지급받을 퇴직급여는 적립금 운용손익(적립금 운용방법은 근로자가 결정)에 따라 변동하는 제도이다. 따라서 회사는 부담금을 납부하면 의무가 종결되고 적립금 운용결과에 대한 추가부담이 없으므로 납부액을 전액 퇴직급여로 비용으로 처리하며 법인세법에서도 이를 전액 손금으로 인정하므로 세무조정이 필요 없다.

• 퇴직부담금을 납부할 때 회계처리(전액 손금인정)

(차) 퇴직급여 xxx (대) 현금 xxx

이러한 확정기여형 퇴직연금제도를 설정한 근로자에 대해서는 퇴직급여 지급의무가 추가로 발생하지 않기 때문에 퇴직급여충당금 설정대상에서도 제외한다.

다만, 임원에 대한 부담금의 경우에는 법인이 퇴직시까지 부담한 부담금의 합계액을 퇴직급여로 보아 임원퇴직급여 한도 규정을 적용하여 그 한도초과액을 다음과 같이 세무조정한다.

① 한도초과액이 있는 경우에는 퇴직일이 속하는 사업연도의 부담금 중 한도초과액 상당액을 손금불산입한다.

② 한도초과액이 퇴직일이 속하는 사업연도의 부담금을 초과하는 경우 그 초과금액은 퇴직일이 속하는 사업연도의 익금에 산입한다.

예컨대 임원 甲에 대한 확정기여형 퇴직연금으로 납부한 부담금의 합계액이 ₩500(이 중 퇴직일이 속하는 사업연도에 납부한 부담금 ₩100)이고 임원퇴직급여 손금산입한도액이 ₩380인 경우 한도초과액은 ₩120이다. 이 한도초과액은 ① 퇴직일이 속하는 사업연도의 부담금(₩100)에서 손금불산입(상여)하고 ② 나머지(₩20)는 직전 사업연도 이전의 부담금에서 발생한 것으로 보고 퇴직일이 속하는 사업연도에 익금산입(상여)한다.

2) 확정급여형 퇴직연금의 회계처리 및 세무조정

확정급여형은 근로자가 퇴직시 지급받을 퇴직급여가 사전에 확정되어 있고, 회사가 부담해야 할 부담금은 적립금 운용손익(적립금 운용방법은 기업이 결정)에 따라 변동하는 제도이다. 따라서 법인은 퇴직연금운용자산의 운용결과에 따라 근로자가 퇴직할 경우 추가적인 퇴직급여 지급의무가 있으므로, 확정급여형 퇴직연금 부담금이 설정된 임원이나 사용인의 경우 퇴직급여추계액의 100%까지 손금산입 받을 수 있도록 퇴직연금사업자에 납부하는 부담금은 일정한 범위에서 손금에 산입한다.

확정급여형 퇴직연금 부담금의 손금산입은 신고조정사항이다. 따라서 퇴직부담금을 납부한 법인이 그 부담금을 결산서에 비용으로 계상한 경우에는 손금산입범위액을 한도로 손금으로 인정하며, 법인이 결산서에 비용으로 계상하지 않은 경우에도 손금산입범위액은 신고조정으로 손금산입하는 것이다.

• 퇴직부담금을 결산서에 비용으로 계상하는 경우의 회계처리

(차)	퇴직급여	xxx	(대) 퇴직연금충당금*	xxx
	퇴직연금운용자산**	xxx	현금	xxx

* 기업회계에서는 확정급여채무라 한다.

** 기업회계에서는 사외적립자산이라 한다.

• 퇴직연금을 지급할 때 회계처리

(차) 퇴직연금충당금 xxx (대) 퇴직연금운용자산 xxx

이러한 확정급여형의 퇴직부담금에 대한 세무조정의 구조는 다음과 같다.

> 비용계상한 퇴직부담금 − 손금산입범위액 = (+) → 손금불산입(유보)
> (−) → 손금산입(△유보)

따라서 퇴직부담금을 결산서에 비용으로 계상하지 않은 경우에는 손금산입범위액까지 손금산입(△유보)하고, 퇴직연금을 지급할 때 그 지급액을 손금불산입(유보)한다.

여기서 손금산입범위액은 다음과 같다.

> 손금산입범위액 = MIN(①, ②) − 세무상 퇴직연금충당금 이월잔액[3)]
> ① 퇴직급여충당금 미설정액 = 퇴직급여추계액[1)] − 세무상 퇴직급여충당금 기말잔액[2)]
> ② 퇴직연금운용자산 기말잔액 = 퇴직연금운용자산 기초잔액 − 기중 감소액(수령액 및 해약액) + 기중 납입액(운용수익 포함)

1) 퇴직급여추계액 = MAX(①, ②)

① 일시퇴직기준 퇴직급여추계액: 해당 사업연도 종료일 현재 재직하는 임원이나 사용인의 전원이 퇴직할 경우에 퇴직급여로 지급되어야 할 추계액(손금불산입되는 퇴직급여 및 손금에 산입하는 확정기여형 퇴직연금부담금은 제외)

② 보험수리기준 퇴직급여추계액: (㉠+㉡)의 금액(손금불산입되는 퇴직급여 및 손금에 산입하는 확정기여형 퇴직연금부담금은 제외)

㉠ 확정급여형 퇴직연금 가입자분 추계액: 매 사업연도말일 현재를 기준으로 산정한 확정급여형 퇴직연금제도 가입자의 예상 퇴직시점까지의 가입기간에 대한 금액에 드는 비용 예상액의 현재가치에서 장래 근무기간 분에 대하여 발생하는 부담금 수입예상액의 현재가치를 뺀 금액으로서 고용노동부령으로 정하는 방법에 따라 산정한 금액

㉡ 확정급여형 퇴직연금 미가입자분 추계액: 해당 사업연도 종료일 현재 재직하는 임원 또는 사용인 중 확정급여형 퇴직연금제도에 가입하지 않은 사람 전원이 퇴직할 경우에 퇴직급여로 지급되어야 할 금액의 추계액과 확정급여형 퇴직연금제도에 가입한 사람으로서 그 재직기간 중 가입하지 않은 기간이 있는 사람 전원이 퇴직할 경우에 그 가입하지 않은 기간에 대하여 퇴직급여로 지급되어야 할 금액의 추계액을 더한 금액

2) 세무상 퇴직급여충당금 기말잔액

퇴직급여충당금은 임원이나 사용인이 퇴직할 때 퇴직급여에 충당하기 위하여 손금에 산입한 금액을 말하는데, 2016년 이후에 개시하는 사업연도부터는 사외적립하는 퇴직연금제도를 장려하기 위하여 퇴직급여충당금에 의한 손금산입제도는 폐지되었다. 따라서 세무상 퇴직급여충당금 기말잔액이란 2015년 이전에 손금산입을 위하여 설정된 퇴직급여충당금 중 퇴직급여 지급액과 상계되고 남은 경우 그 미상계잔액을 말한다.

3) 세무상 퇴직연금충당금 이월잔액

이는 이미 손금산입한 부담금과 같은 의미이며, 전기말까지 설정된 세무상 퇴직연금충당금 중에서 당기에 감소되고 남은 금액을 말하는데, 다음과 같이 계산한다.

재무상태표상 퇴직연금충당금 기초잔액
− 퇴직연금충당금 당기 감소액(기중 퇴직일시금 수령액)
− 퇴직연금충당금 손금부인액누계(유보 금액)
+ 전기말까지 신고조정으로 손금산입된 부담금 누계액(△유보 금액)
= 세무상 퇴직연금충당금 이월잔액(이미 손금산입한 부담금)

한편, 퇴직부담금을 손금산입한 법인의 임원 또는 사용인이 퇴직하는 경우 그 퇴직급여 상당액은 다음 순위에 따라 처리한다.

① 퇴직연금사업자로부터 수령한 퇴직연금·일시금: 퇴직연금충당금과의 상계. 다만, 신고조정으로 퇴직부담금을 손금산입한 경우에는 해당 퇴직일시금 상당액 등을 퇴직급여로 계상한 후 그 금액을 손금불산입한다.

② 회사 내부에서 추가로 지급한 퇴직급여: 퇴직급여충당금과의 상계. 퇴직급여충당금 잔액을 초과하여 지급한 금액은 퇴직급여로 손금산입

[예제 11-1] 퇴직연금충당금

㈜경성의 제10기(20x1. 1.1－12.31) 다음 자료에 따라 퇴직연금에 대한 세무조정을 하시오.

1. 재무상태표상 퇴직급여충당금 기초잔액은 ₩5,000,000(부인액 없음)이며, 퇴직연금운용자산 기초잔액은 ₩300,000,000(부인액 ₩30,000,000)이다.
2. 당기에 종업원의 퇴직으로 퇴직일시금 ₩15,000,000은 퇴직연금사업자로부터 종업원에게 지급되었으며, 추가로 ㈜경성이 ₩8,000,000을 퇴직급여로 지급하였다.
3. 기말 퇴직급여추계액은 일시퇴직기준 ₩300,000,000이고 보험수리기준 ₩290,000,000이며, 퇴직급여충당금 기말잔액은 ₩0이다.
4. 당기에 퇴직연금부담금 ₩100,000,000을 납부하였고(운용수익은 없음) 이를 비용으로 계상하였으며, 전기말까지 신고조정으로 손금산입한 퇴직부담금은 없다.

해답 1. 회계처리

구분	분개
퇴직급여 지급시	(차) 퇴직연금충당금 15,000,000 (대) 퇴직연금운용자산 15,000,000 (차) 퇴직급여충당금 5,000,000 (대) 현금 8,000,000 퇴직급여 3,000,000
퇴직연금부담금 납부시	(차) 퇴직급여 100,000,000 (대) 퇴직연금충당금 100,000,000 (차) 퇴직연금운용자산 100,000,000 (대) 현금 100,000,000

2. 퇴직급여 지급시 세무조정: 없음
3. 퇴직연금충당금에 대한 세무조정

(1) 결산서상 퇴직연금부담금: ₩100,000,000

(2) 손금산입범위액 = MIN(①, ②) － ③

= 300,000,000 － 255,000,000 = ₩45,000,000

① 퇴직급여충당금 미설정액 = 퇴직급여추계액 － 세무상 퇴직급여충당금 기말잔액

= 300,000,000 － 0 = ₩300,000,000

② 퇴직연금운용자산 기말잔액 = 300,000,000 － 15,000,000 ＋ 100,000,000

= ₩385,000,000

③ 세무상 퇴직연금충당금 이월잔액

= 퇴직연금충당금 기초잔액 － 당기 감소액 － 퇴직연금충당금 부인액

= 300,000,000 － 15,000,000 － 30,000,000 = ₩255,000,000

3. 세무조정: 〈손금불산입〉 퇴직연금충당금 ₩55,000,000(유보)

→ 만약 당기에 납부한 퇴직연금부담금 ₩100,000,000을 결산서에 비용으로 계상하지 않았으면, 손금산입범위액인 ₩45,000,000을 신고조정으로 손금산입(△유보)하여야 한다.

[예제 11-2] 퇴직연금충당금

㈜경성의 제10기(20x1. 1.1－12.31) 다음 자료에 따라 퇴직연금에 대한 세무조정을 하시오.

1. 퇴직연금운용자산, 퇴직연금충당금, 퇴직급여충당금 계정의 내역

계정과목	기초잔액	당기증가액	당기감소액	기말잔액
퇴직연금운용자산	350,000,000	200,000,000	50,000,000	500,000,000
퇴직연금충당금	350,000,000	200,000,000	50,000,000	500,000,000
퇴직급여충당금	20,000,000	0	20,000,000	0

2. 당기말 퇴직급여추계액은 일시퇴직기준 ₩900,000,000, 보험수리기준 ₩890,000,000이고, 퇴직연금충당금의 기초잔액 중 ₩30,000,000은 전기에 손금부인된 금액이다.
3. 전기말까지 신고조정으로 손금산입된 부담금은 없다.
4. 당기 퇴직연금운용자산 감소액 ₩50,000,000과 퇴직급여충당금 감소액 ₩20,000,000(퇴직급여충당금 중 손금부인된 금액은 없음)은 당기 퇴직한 종업원에게 퇴직일시금으로 지급한 금액이다.
5. 회사는 퇴직연금부담금 납입시에 전액 비용으로 처리하였다.

해답 1. 결산서상 퇴직연금부담금 : ₩200,000,000

2. 손금산입범위액 = MIN(①, ②) − ③
   = 500,000,000 − 270,000,000 = ₩230,000,000
   ① 퇴직급여충당금 미설정액 = 퇴직급여추계액 − 세무상 퇴직급여충당금 기말잔액
   = 900,000,000 − 0 = ₩900,000,000
   ② 퇴직연금운용자산 기말잔액 = ₩500,000,000
   ③ 세무상 퇴직연금충당금 이월잔액 = 350,000,000 − 50,000,000 − 30,000,000
   = ₩270,000,000
3. 세무조정 : 〈손금산입〉 퇴직연금충당금 ₩30,000,000(△유보)
   → 신고조정으로 손금산입한다.

11-2 대손금과 대손충당금

대손과 관련하여 대손금과 대손충당금의 개념이 있는데, 대손금이란 회수가 불가능한 것으로 판정된 채권을 말하며, 대손충당금이란 기말에 회사가 보유하고 있는 채권에 대한 장래의 대손 예상액을 해당 사업연도의 손금으로 계상한 평가성 충당금을 말한다. 이러한 대손금과 대손충당금의 설정에 대한 기업회계기준과 법인세법과의 차이를 요약하면 다음과 같다.

<table>
<tr><th>구분</th><th>기업회계기준</th><th>법인세법</th></tr>
<tr><td rowspan="2">대손금</td><td>별도의 대손요건에 관한 규정없이 회수불가능한 채권에 대하여 대손으로 처리</td><td>별도의 대손요건을 규정해 놓고 그 요건이 충족되지 않는 경우에는 손금으로 인정하지 않음</td></tr>
<tr><td colspan="2">〈세무조정〉 회사가 대손처리한 금액이 대손요건을 충족하지 않은 경우 그 금액을 손금불산입(유보)</td></tr>
<tr><td rowspan="2">대손충당금</td><td>합리적이고 객관적인 기준에 따라 산출한 대손추산액을 대손충당금으로 설정</td><td>세법상 한도액의 범위 내에서만 대손충당금 설정</td></tr>
<tr><td colspan="2">〈세무조정〉 회사가 당기에 설정한 대손충당금이 한도액을 초과하는 경우 그 금액을 손금불산입(유보)</td></tr>
</table>

1. 대손금

대손금이란 회수가 불가능한 채권을 말하는 바, 이와 같은 대손금에 대해 법인세법에서는 법인이 채권의 회수를 위한 노력을 하지 않고 대손금으로 계상하는 것을 방지하기 위하여 대손처리할 수 있는 채권의 범위를 엄격하게 제한하고 있다. 따라서 손금으로 인정되는 대손금은 법인세법에서 정한 대손금으로서의 요건을 갖춘 것에 한한다.

1) 대손사유

법인세법에서는 이러한 대손금의 요건으로서 다음의 두 가지 사유로 구분하여 대손금의 손금산입 시기도 이에 따라 다르게 규정하고 있다.

(1) 강제 대손사유(신고조정사항)

다음의 사유에 해당하는 채권의 금액은 해당 사유가 발생한 날이 속하는 사업연도의 손금으로 한다. 따라서 법인이 결산서에 대손처리하지 않았더라도 신고조정으로 손금산입하여야 하며, 당기에 손금산입하지 않은 금액을 차기 이후에 손금산입할 수 없다(강제사항).

① 소멸시효가 완성된 채권

㉠ 상법에 따른 소멸시효(주로 3년)가 완성된 외상매출금 및 미수금

㉡ 어음법에 따른 소멸시효(주로 3년)가 완성된 어음

㉢ 수표법에 따른 소멸시효(주로 6개월)가 완성된 수표

㉣ 민법에 따른 소멸시효(주로 10년)가 완성된 대여금 및 선급금

② 법에 따라 소멸되는 채권 등

㉠ 채무자 회생 및 파산에 관한 법률에 따른 회생계획인가의 결정 또는 법원의 면책결정에 따라 회수불능으로 확정된 채권

㉡ 민사집행법에 따라 채무자의 재산에 대한 경매가 취소된 압류채권

㉢ 물품수출 또는 국외용역제공으로 인하여 발생한 채권으로서 외국환거래에 관한 법령에 따라 한국은행총재 또는 외국환은행장으로부터 채권회수의무를 면제받은 것

(2) 임의 대손사유(결산조정사항)

다음의 사유에 해당하는 채권의 금액은 해당 사유가 발생하여 손금으로 계상한 날이 속하는 사업연도의 손금으로 한다. 따라서 법인이 결산서에 대손처리하지

않은 경우에는 신고조정으로 손금산입할 수 없다(임의사항).

① 부도발생일부터 6개월 이상 지난 수표 또는 어음상의 채권 및 외상매출금(중소기업의 외상매출금으로서 부도발생일 이전의 것에 한함)으로서 ₩1,000을 공제한 금액(법인이 채무자의 재산에 대하여 저당권을 설정하고 있는 경우는 제외)

② 채무자의 파산, 강제집행, 형의 집행, 사업의 폐지, 사망, 실종, 행방불명으로 인하여 회수할 수 없는 채권

③ 회수기일이 6개월 이상 지난 채권 중 채권가액이 20만원 이하(채무자별 채권가액의 합계액 기준)인 소액채권

④ 금융회사의 채권 중 감독기관장이 대손을 인정한 채권

⑤ 중소기업창업투자회사의 창업자에 대한 채권으로서 중소기업청장이 기획재정부장관과 협의하여 정한 기준에 해당한다고 인정한 것

위의 ①에서 부도발생일이란 소지하고 있는 부도수표나 부도어음의 지급기일(지급기일 전에 해당 수표나 어음을 제시하여 금융회사로부터 부도확인을 받은 경우에는 그 부도확인일)을 말하며, 비망계정으로 남겨둔 ₩1,000은 소멸시효 완성 등 다른 대손요건이 충족된 사업연도의 손금에 산입한다.

한편, 법인이 다른 법인과 합병하거나 분할하는 경우로서 임의대손사유에 해당하는 대손금을 합병등기일 또는 분할등기일이 속하는 사업연도까지 손금으로 계상하지 않은 경우 그 대손금은 해당 법인의 합병등기일 또는 분할등기일이 속하는 사업연도의 손금으로 한다. 그 취지는 피합병법인 등이 손금으로 계상하지 않은 회수불능채권을 합병법인 등이 승계하여 대손금으로 손금산입하는 행위를 방지하려는 데 있다.

2) 대손대상 채권

법인세법은 위와 같은 대손금의 범위를 엄격하게 제한하고 있으나, 대손처리할

수 있는 채권의 범위에 대해서는 별다른 제한을 두지 않고 있다. 그러나 다음에 해당하는 채권은 위의 대손요건이 충족되더라도 손금으로 인정되지 않고, 후술하는 대손충당금의 설정대상채권에서도 제외한다.

① 채무보증으로 인하여 발생한 구상채권

② 특수관계인에게 지급한 업무무관 가지급금

③ 부가가치세법에 따라 대손세액공제를 받은 부가가치세 매출세액 미수금

이를 손금으로 인정하지 않는 이유는 ①의 경우는 채무보증에 의한 과도한 차입을 억제함으로써 재무구조의 건실화를 유도하기 위한 것이고, ②의 경우는 특수관계인에 대한 업무무관 가지급금을 제재하기 위한 것이며, ③의 경우는 부가가치세법에 따라 대손세액공제를 받은 금액에 대하여 이를 다시 법인세법에서 대손으로 인정하여 이중으로 혜택을 주는 것을 방지하기 위한 것이다.

한편, 약정에 따라 채권의 전부 또는 일부를 포기하는 경우에는 이를 대손금으로 보지 않고 기부금 또는 접대비(기부금과 접대비의 구분은 업무와의 관련 여부에 따라 판단)로 본다. 이때 부당행위계산의 부인대상이 되는 경우에는 이를 손금불산입한다.

3) 대손금 관련 세무조정

이와 같이 대손금은 대손요건을 충족한 경우에만 손금으로 인정되므로 회사가 대손요건을 충족하지 못한 금액을 대손처리한 경우에는 이를 손금불산입하고 유보로 소득처분하는 한편, 이 대손부인액은 다음에 설명하는 대손충당금의 설정대상채권에 포함시켜야 한다.

그러데 기업회계에서는 대손이 발생하는 경우 대손충당금과 먼저 상계하고 대손충당금이 부족한 경우에는 대손상각비로 처리하도록 하고 있으므로 다음의 두 가지 회계처리가 가능하다.

① 대손상각비로 처리하는 경우 : (차) 대손상각비 ××× (대) 매출채권 ×××
② 대손충당금과 상계하는 경우 : (차) 대손충당금 ××× (대) 매출채권 ×××

이 경우 대손금이 대손요건을 충족하지 못하면 ①과 같이 대손상각비로 처리한 경우에는 당연히 손금불산입(유보)하는 세무조정을 하면 되고, ②와 같이 대손충당금과 상계한 경우에도 마찬가지의 세무조정을 하면 되는데, 그 이유는 다음과 같다. 즉 대손요건이 충족되지 않은 채권은 세법상 소멸시킬 수 없으므로 대손충당금도 상계할 수 없다. 따라서 대손충당금이 감소된 것으로 처리된 것을 다시 환입시키는 대손충당금환입의 세무조정(익금산입 = 손금불산입)을 하여야 하는 것이다.

한편, 대손요건을 충족하여 손금산입한 대손금 중 회수한 금액은 이를 그 회수한 날이 속하는 사업연도의 익금에 산입하고, 손금불산입된 대손금이 회수된 경우에는 이를 익금에 산입하지 않는다.

2. 대손충당금

이미 설명한 바와 같이 대손충당금은 정확한 수익·비용의 대응에 의한 기간손익의 계산을 위하여 기말에 회사가 보유하고 있는 채권에 대한 장래의 대손 예상액을 해당 사업연도의 손금으로 계상한 충당금으로 채권에 대한 평가성충당금에 해당한다. 기업회계에서는 이러한 대손충당금의 설정에 대해 개별적으로 채권의 대손추정액을 산출하거나 과거의 대손경험률에 의하여 산출하도록 하고 있으나, 법인세법에서는 과세의 형평을 위하여 대손충당금의 손금산입한도와 설정대상채권의 범위를 규정하고 있다.

1) 손금산입한도

법인이 각 사업연도에 손금으로 계상한 대손충당금은 다음 금액의 범위에서 손금에 산입할 수 있다. 이때 대손충당금을 비용으로 계상(결산을 확정할 때 손비로 계상하는 것을 말함)한 경우에만 손금으로 인정하므로(결산조정사항), 회사가 결산서에 비용으로 계상하지 않았거나 미달하게 계상한 금액은 신고조정으로 손금에 산입할 수 없다.

> 대손충당금 손금산입한도액 = 기말 설정대상채권의 세무상 장부가액 × 대손율*

* 대손율 : Max(①, ②)*

① 1%

② 대손실적률 = $\dfrac{\text{해당 사업연도의 대손금(대손요건을 충족한 것에 한함)}}{\text{직전 사업연도 종료일 현재의 채권잔액}}$

* 특정한 금융회사는 Max(①, ②, 금융감독규정상 적립률)로 한다.

이 경우 설정대상채권의 장부가액이란 세무상 장부가액을 말한다. 따라서 기말 설정대상채권의 재무상태표상 장부가액에서 세무조정에 의해 익금산입한 채권 누락분도 설정대상채권에 포함하여야 하며, 대손금 부인액도 대손요건을 충족하지 못하였으므로 세무상 채권으로서 존속하는 것으로 간주하여 설정대상채권에 포함하여야 한다.

예컨대 외상매출금 누락분의 익금산입액은 설정대상채권의 가액에 가산하여야 하고, 손익의 귀속시기의 차이로 인한 채권관련 세무조정금액도 기말 재무상태표 가액에서 가감하여야 한다. 또한 기말 대손금부인액(유보) 잔액(전기말 대손금부인액 − 전기 대손금부인액 중 당기 손금추인된 금액 + 당기 대손금부인액)이 있으면 이도 가산하여야 한다.

> 설정대상채권의 세무상 장부가액
> = 재무상태표상 장부가액 − 설정대상 제외 채권가액 ± 채권관련 유보잔액

2) 설정대상채권의 범위

대손충당금을 설정할 수 있는 채권의 범위는 다음과 같다.

범 위	구체적 내용
외상매출금	상품 · 제품의 판매가액의 미수액과 가공료 · 용역 등의 제공에 따른 사업수입금액의 미수액
대여금	금전소비대차계약 등에 따라 타인에게 대여한 금액
어음상의 채권	선일자수표상의 채권 포함
미수금	유형자산 매각대금 미수액, 작업진행률에 따른 공사미수금, 할부판매 미수금 등
그 밖에 기업회계기준에 따른 대손충당금 설정대상채권	선급금 등

그러나 다음에 해당하는 채권에 대하여는 대손충당금을 설정할 수 없다.

① 특수관계인에게 지급한 업무무관 가지급금

② 채무보증으로 인하여 발생한 구상채권

③ 부당행위계산으로 부인되는 시가초과액에 상당하는 채권

④ 금전소비대차계약없이 타인에게 대여한 금액

⑤ 할인어음 및 배서양도한 어음

⑥ 지급보증금

여기서 ①과 ②는 금전소비대차계약이 있더라도 대손충당금을 설정할 수 없으며, 앞에서 설명한 대손요건이 충족되더라도 손금으로 인정하지 않고 대손충당금의 설정대상채권에서도 제외하는 것이다.

금전소비대차계약이란 일방이 금전의 소유권을 상대방에게 이전할 것을 약정하고 상대방은 일정기간 후에 이를 변제할 것을 약정하는 계약을 말한다. 금전소비대차계약서에는 일반적으로 금액 · 상환기간 · 이자 · 담보 등에 대한 내용이 포함되는데, 소비대차는 무상 또는 낮은 이자율로 이루어질 수 있는 것이기 때문에 무이자조건으로 약정하였더라도 소비대차계약이 무효가 되는 것이 아니다. 따라서 무이자 또는 낮은 이자율로 금전을 대여하였더라도 소비대차계약이 있는 경우에는 대손충당금을 설정할 수 있는 것이다.

한편, 동일인에 대한 매출채권과 매입채무가 있는 경우에는 해당 매입채무를 상계하지 않고 매출채권 전액에 대하여 대손충당금을 설정할 수 있다. 다만, 당사자 간의 약정에 따라 상계하기로 한 때에는 상계한 잔액에 대해서만 설정할 수 있다.

3) 대손충당금의 세무조정

손금에 산입한 대손충당금은 이후에 발생한 대손금과 먼저 상계하여야 하며, 상계 후의 잔액이 있는 경우에는 다음 사업연도에 익금으로 산입(즉, 환입)하여야 한다. 이와 같이 법인세법에서는 대손충당금의 잔액을 일단 환입한 후 다시 설정하는 총액법에 따른 회계처리를 규정하고 있다.

이에 비해 기업회계에서는 대손충당금의 잔액을 환입하지 않고 설정하여야 하는 대손추산액에 미달하는 금액만 추가로 설정(초과하는 경우에는 환입)하는 보충법에 따른 회계처리를 규정하고 있다.

그러나 보충법·총액법 모두 손익에 미치는 영향은 동일하기 때문에, 만일 회사가 기업회계에 따라 환입액과 설정액을 상계하여 보충법으로 회계처리한 경우라 하더라도 이를 총액법으로 회계처리한 것으로 보아 각각 익금과 손금에 산입한 것으로 본다. 즉 법인이 해당 사업연도의 대손충당금의 손금산입범위액에서 익금에 산입하여야 할 대손충당금을 차감한 잔액만을 대손충당금으로 계상한 경우, 차감한 잔액은 각각 익금과 손금에 산입한 것으로 본다.

이는 총액법으로 회계처리한 것으로 보아 총액법에 의한 회계처리로 전환한 후 세무조정을 하여야 한다는 것을 의미하는데, 이에 대해 다음의 간단한 예제로 살펴보기로 한다.

[예제 11-3] 대손충당금의 세무조정

다음의 자료를 기초로 대손충당금에 대한 세무조정을 하시오.

대손충당금

당기상계	5,000,000	기초잔액	15,000,000
기말잔액	18,000,000	당기설정	8,000,000
	23,000,000		23,000,000

(1) 기초잔액 중 전기에 손금불산입된 금액 ₩1,000,000이 포함되어 있다.

(2) 당기상계액은 당기 중 매출채권과 상계한 것으로 모두 대손요건을 충족하였다.

(3) 당기의 대손충당금 설정한도액은 ₩10,000,000이다.

해설 회사가 보충법으로 회계처리한 경우에도 이를 총액법으로 전환한 후 세무조정을 한다.

(1) 기업회계상 회계처리(보충법)

(차)	대손충당금	5,000,000	(대) 매출채권	5,000,000
(차)	대손상각비	8,000,000	(대) 대손충당금	8,000,000

(2) 세무상 회계처리(총액법)

(차)	대손충당금	15,000,000	(대) 매출채권	5,000,000
			대손충당금환입	10,000,000
(차)	대손상각비	18,000,000	(대) 대손충당금	18,000,000

여기서 보충법에 의한 경우 기초잔액(₩15,000,000)에서 당기상계액(₩5,000,000)을 차감한 잔액(₩10,000,000)은 각각 익금과 손금에 산입한 것으로 본다는 것이다. 즉 대손충당금의 당기설정액은 대손충당금 계정상의 보충법에 의한 당기설정액(₩8,000,000)이 아닌 총액법에 의한 기말잔액(₩18,000,000)이 당기의 대손충당금 설정액이 되는 것이다. 따라서 이 금액과 당기의 대손충당금 설정한도액(₩10,000,000)과 비교하여 한도초과액(₩8,000,000)을 손금불산입하고 유보로 소득처분하여야 한다.

그런데 전기에 대손충당금 한도초과로 손금불산입된 ₩1,000,000이 있는데, 이는 대손충당금으로 부인된 것이므로 세무상의 대손충당금 기초잔액은 ₩15,000,000이 아닌 ₩14,000,000이 된다. 따라서 총액법으로 대손충당금을 환입시키는 금액은 ₩10,000,000이 아닌 ₩9,000,000이 되어야 한다. 즉 전기의 부인액에 해당하는 ₩1,000,000이 더 환입되었기 때문에 이를 익금불산입하는 세무조정이 이루어져야 한다. 이는 전기에 손금불산입되어 유보로 소득처분된 것을 익금불산입하여 △유보로 추인하는 과정인 것이다.

이상의 내용을 요약하여 정리하면 다음과 같다.

(1) 전기의 대손충당금 한도초과액은 무조건 당기에 익금불산입(△유보)하는 반대의 세무조정을 하여야 한다.

(2) 당기의 대손충당금 한도초과액을 판단할 경우 회사의 당기설정액은 보충법이든 총액법이든 상관없이 대손충당금 계정의 기말잔액으로 한다.

해답 〈익금불산입〉 대손충당금 과다환입액(전기 대손충당금 부인액) ₩1,000,000(△유보)
〈손금불산입〉 대손충당금 한도초과액 ₩8,000,000(유보)

[예제 11-4] 대손충당금의 세무조정

제조업을 영위하는 ㈜경성(중소기업)의 제10기(20x1. 1.1−12.31) 다음 자료에 의하여 대손충당금과 관련된 세무조정을 하시오.

1. 대손충당금 계정의 내역

대손충당금

당기상계	5,000,000	기초잔액	15,000,000
기말잔액	18,000,000	당기설정	8,000,000
	23,000,000		23,000,000

(1) 기초잔액 중 전기에 손금불산입된 금액 ₩1,000,000이 포함되어 있다.

(2) 당기에 대손충당금과 상계한 대손금 ₩5,000,000에는 다음의 금액이 포함되어 있다.

1) 상법상 소멸시효가 완성되지 않은 외상매출금 ₩2,000,000

2) 부도발생일부터 6개월 이상 지난 부도어음 ₩1,000,000

2. 당기말 현재 재무상태표상 채권의 내역

과 목	금 액	비 고
외상매출금	₩90,000,000	부가가치세 미수금 ₩10,000,000 포함
받을어음	60,000,000	소멸시효 완성된 어음 ₩3,000,000 포함
대여금	30,000,000	
가지급금	20,000,000	특수관계인에 대한 업무무관 가지급금임
계	₩200,000,000	

3. 전기말 현재 재무상태표상 대손충당금 설정대상채권은 ₩299,950,000이다.

해답 1. 전기 대손충당금 한도초과액에 대한 세무조정

〈익금불산입〉 전기 대손충당금 한도초과액 ₩1,000,000(△유보)

2. 당기 대손금에 대한 세무조정

(1) 소멸시효 완성되지 않은 외상매출금의 대손금 부인

〈손금불산입〉 외상매출금 대손금 부인액 ₩2,000,000(유보)

(2) 부도어음의 대손금 부인

〈손금불산입〉 부도어음 대손금부인액 ₩1,000(유보)

→ 부도발생일부터 6개월이 지난 채권은 ₩1,000을 공제한 잔액을 결산조정으로 손금산입할 수 있으므로, ₩1,000은 비망계정으로 남겨두어야 한다.

(3) 소멸시효 완성된 받을어음의 대손처리

〈손금산입〉 받을어음 소멸시효 완성분 ₩3,000,000(△유보)

→ 소멸시효 완성된 채권은 강제 대손사유로 신고조정으로 손금산입하여야 한다.

3. 당기 대손충당금의 한도초과액에 대한 세무조정

(1) 설정대상채권

= 재무상태표상 장부가액 − 설정대상 제외 채권가액 ± 채권관련 유보잔액

과 목	재무상태표상 장부가액	설정제외채권	대손금부인액 잔액	설정대상채권
외상매출금	90,000,000	−	2,000,000[1]	92,000,000
받을어음	60,000,000	−	1,000[2]	57,001,000
		−	△3,000,000[2]	
대여금	30,000,000	−	−	30,000,000
가지급금	20,000,000	△20,000,000[3]	−	−
계	200,000,000	△20,000,000	△999,000	179,001,000

1) 소멸시효 완성되지 않은 외상매출금은 대손처리를 인정하지 않으므로 장부가액에 가산하여야 한다.

2) ₩1,000은 비망기록으로 장부가액에 가산하여야 하고, 소멸시효 완성된 분(₩3,000,000)은 대손된 것이므로 장부가액에서 차감하여야 한다.

3) 특수관계인에 대한 업무무관 가지급금은 대손충당금 설정대상채권이 아니다.

(2) 대손충당금 한도초과액

1) 대손율 : ①과 ② 중 큰 비율 = 2%

① 1%

② 대손실적률 = $\frac{5{,}000{,}000 - 2{,}000{,}000 - 1{,}000 + 3{,}000{,}000}{299{,}950{,}000}$ = 2%

* 분자의 해당 사업연도의 대손금을 계산할 때 설정대상채권 금액 계산시 대손금 부인된 금액을 가감하여야 한다.

2) 한도액

= 설정대상채권 × 2% = 179,001,000 × 2% = 3,580,020

3) 한도초과액 = 대손충당금 기말잔액 − 대손충당금 한도액

= 18,000,000 − 3,580,020 = 14,419,980

(3) 세무조정

〈손금불산입〉 대손충당금 한도초과액 ₩14,419,980(유보)

한편, 대손충당금을 손금에 산입한 법인이 합병·분할한 경우 그 법인의 합병·분할등기일 현재의 해당 대손충당금 중 합병법인 등에 인계한 금액은 그 합병법인 등이 합병·분할등기일에 가지고 있는 대손충당금으로 본다. 따라서 피합병법인·분할법인 등의 대손충당금 승계액은 기초 대손충당금에 가산하며, 피합병법인·분할법인 등의 대손충당금 부인액 승계액은 전기이월부인액에 가산하여 익금불산입(△유보)으로 자동 추인한다.

11-3 일시상각충당금

1. 의의

일시상각충당금(비상각자산은 압축기장충당금) 제도는 법인세법상 익금에 해당하는 국고보조금, 공사부담금, 보험차익 등이 발생한 경우 조세정책적인 목적으로 익금에 산입한 금액 중 일정한 요건을 충족하는 금액을 법인의 선택에 따라 일시에 상각하여 손금에 산입할 수 있도록 하는 제도이다.

위의 항목들은 모두 법인세법상 익금에 산입되는 것이므로 이를 그대로 두면 위의 항목들이 발생한 사업연도의 익금으로 되어 그 사업연도의 법인세 부담이 증가하게 된다. 그러나 이 항목들을 익금에 산입하여 법인세를 과세하게 되면 국고

보조금, 공사부담금, 보험차익의 경우 이를 사용하여 자산을 취득하여야 할 자금에 과세되는 결과가 되어 이러한 자산의 취득이 어려워진다.

따라서 법인세법에서는 이와 같은 문제점을 해소하기 위하여 익금에 산입한 금액 중 일정한 요건을 충족하는 금액을 법인의 선택에 따라 일시에 상각하여 손금에 산입함으로써 세부담을 완화시키고자 설정하도록 한 것이 일시상각충당금(비상각자산은 압축기장충당금)인 것이다.

이는 익금이 발생한 사업연도에는 일시상각충당금 등의 설정을 통하여 손금에 산입할 수 있도록 하여 세부담을 경감시켜주고, 장래에 취득자산을 감가상각하거나 처분하는 사업연도에 일시상각충당금의 설정액에 해당하는 금액만큼 손금불산입(익금산입)하여 세금이 부과되는 과세이연제도의 일종이다.

2. 국고보조금 등, 공사부담금, 보험차익에 대한 일시상각충당금(비상각자산은 압축기장충당금)

1) 국고보조금 등

법인이 국고보조금 등(보조금 관리에 관한 법률, 지방재정법 등에 따른 보조금)을 지급받아 사업용자산(사업용 고정자산과 석유류)의 취득・개량에 사용한 경우(선수령・후취득) 또는 사업용자산을 취득・개량하고 국고보조금 등을 사후에 지급받은 경우(선취득・후수령)에는 다음의 금액을 일시상각충당금(비상각자산은 압축기장충당금)의 설정을 통하여 해당 사업연도의 손금에 산입할 수 있다.

손금산입범위액

① 선수령・후취득의 경우: 개별 사업용자산별로 해당 사업용자산의 가액 중 그 취득・개량에 사용된 국고보조금 등에 상당하는 금액

② 선취득・후수령의 경우: ①의 금액 − 지급일이 속하는 사업연도 이전 사업연도에 이미 손금에 산입한 감가상각비에 상당하는 금액

2) 공사부담금

전기사업・도시가스사업・액화석유가스충전사업・액화석유가스집단공급사업・액화석유가스판매사업・집단에너지공급사업・초고속정보통신기반 구축사업 또는 수도사업을 경영하는 법인이 그 사업에 필요한 시설을 하기 위하여 전기・가스・열 등의 수요자 또는 그 시설에 의하여 편익을 받는 자로부터 그 시설을 구성하는 토지 등의 고정자산을 제공받거나 공사부담금을 제공받아 해당 시설을 구성하는 고정자산의 취득에 사용하는 경우(선수령・후취득) 또는 고정자산을 취득하고 이에 대한 공사부담금을 사후에 제공받은 경우(선취득・후수령)에는 다음의 금액을 일시상각충당금(비상각자산은 압축기장충당금)의 설정을 통하여 해당 사업연도의 손금에 산입할 수 있다.

손금산입범위액

① 토지 등의 고정자산을 제공받은 경우: 개별 고정자산별로 해당 고정자산의 가액에 상당하는 금액
② 공사부담금을 제공받아 고정자산을 취득하는 경우: 그 취득에 사용된 공사부담금에 상당하는 금액
③ 선취득・후수령의 경우: ②의 금액 − 지급일이 속하는 사업연도 이전 사업연도에 이미 손금에 산입한 감가상각비에 상당하는 금액

3) 보험차익

법인이 고정자산의 멸실이나 손괴로 인하여 보험금을 지급받아 그 멸실한 고정자산에 대체하여 동일한 종류의 고정자산을 취득하거나 그 취득한 고정자산 또는 손괴된 고정자산을 개량하는 경우에는 다음의 금액을 일시상각충당금의 설정을 통하여 해당 사업연도의 손금에 산입할 수 있다.

손금산입범위액

: 개별 고정자산별로 해당 고정자산의 가액 중 그 취득·개량에 사용된 보험차익에 상당하는 금액

여기서 보험차익은 지급받은 보험금이 멸실된 고정자산의 장부가액을 초과하는 금액을 말하며, 보험금에 미달하게 고정자산을 취득 또는 개량한 경우에는 보험금 중 보험차익 이외의 금액을 먼저 사용한 것으로 보고 해당 미달액은 고정자산의 취득 또는 개량에 사용된 보험차익에서 제외한다.

이와 같은 보험차익에 의한 손금산입의 규정은 멸실된 고정자산과 동일한 종류의 고정자산의 취득 또는 개량에 사용된 경우에만 적용되므로, 건물에서 발생한 보험차익으로 기계장치 등을 취득한 경우에는 일시상각충당금을 설정할 수 없다. 또한 고정자산에서 발생한 보험차익만을 대상으로 하므로, 재고자산 등에서 발생한 보험차익에 대해서는 일시상각충당금을 설정할 수 없다.

이러한 국고보조금 등, 공사부담금, 보험차익은 이를 지급받은 날이 속하는 사업연도의 손금에 산입한다. 그러나 법인이 이를 지급받은 날이 속하는 사업연도에 고정자산을 취득 또는 개량하여야만 하는 것은 아니며, 손금에 산입한 사업연도의 다음 사업연도 개시일부터 1년(보험차익은 2년) 이내에 취득 또는 개량하려는 경우에도 그 사용하려는 금액을 지급받은 날이 속하는 사업연도의 손금에 산입할 수 있다. 다만, 이 경우에는 법인세 과세표준의 신고와 함께 국고보조금 등의 사용계획서를 납세지 관할 세무서장에게 제출하여야 한다.

여기서 이러한 국고보조금 등, 공사부담금, 보험차익의 손금산입은 감가상각자산에 대해서는 일시상각충당금을, 비상각자산에 대해서는 압축기장충당금을 설정하거나 고정자산의 취득가액과 상계(압축기장)하여 계상하여야 하는 결산조정이 원칙이다. 그러나 동 충당금 제도는 단순한 과세이연제도에 불과하므로 기업회계기준에서는 이의 비용계상을 인정하지 않고 있다. 따라서 이러한 기업회계기준과 법인세법과의 차이를 조정하고자 하는 의미에서 일시상각비를 신고조정(임의신고

조정사항)으로 손금산입할 수 있도록 예외적으로 인정하고 있는 것이다.

이와 같이 일시상각충당금 제도는 과세이연제도이므로 손금에 산입한 금액은 장래에 반드시 익금산입(손금불산입)되는 과정을 거치게 된다. 신고조정으로 손금에 산입한 일시상각충당금(비상각자산은 압축기장충당금)은 일반적인 경우 해당 고정자산의 감가상각 또는 처분시에 다음의 방법으로 계산한 금액을 익금산입(손금불산입)한다.

구 분	익금산입(손금불산입) 방법
일시상각충당금	① 해당 사업용자산의 감가상각비와 상계 • 상계할 금액 = 감가상각비 × $\frac{\text{일시상각충당금}}{\text{취득가액}}$ ② 해당 자산을 처분하는 경우에는 상계하고 남은 잔액을 그 처분한 날이 속하는 사업연도에 전액 익금에 산입한다.
압축기장충당금	해당 사업용자산을 처분하는 사업연도에 전액 익금에 산입한다.

한편, 국고보조금 등을 사업용자산의 취득 또는 개량을 위하여 일정한 기한(국고보조금 등과 공사부담금은 1년, 보험차익은 2년) 내에 사용하지 않거나, 이를 사용하기 전에 법인이 폐업 또는 해산하는 경우에는 그 미사용액을 해당 사유가 발생한 날이 속하는 사업연도의 익금에 산입한다. 다만, 합병·분할하는 경우로서 합병법인 등이 그 금액을 승계한 경우는 제외하며, 이 경우 그 금액은 합병법인 등이 일시상각충당금 등으로 손금에 산입한 것으로 본다.

이상과 같은 국고보조금 등, 공사부담금, 보험차익에 대한 일시상각충당금의 설정에 대한 내용을 요약하여 정리하면 다음과 같다.

구 분	국고보조금 등	공사부담금	보험차익
대 상	보조금 관리에 관한 법률, 지방재정법 등 관련 법률에 따른 국가·지방자치단체로부터 보조금을 받는 법인 → 법률의 제한	전기·가스·집단에너지공급사업 및 초고속정보통신기반 구축사업 등을 영위하는 법인 → 업종의 제한	보험차익이 발생하는 법인
손금산입시기	국고보조금 등, 공사부담금, 보험금을 지급받은 사업연도		
손금산입한도	국고보조금 등으로 취득·개량한 자산가액	공사부담금으로 취득한 자산가액	보험차익으로 취득·개량한 자산가액
손금산입요건 (사용의무)	지급받은 사업연도에 사용할 수 없는 경우에는 다음 사업연도 개시일부터 1년 이내에 취득 또는 개량하여야 함	좌동	보험금을 받은 사업연도에 사용할 수 없는 경우에는 다음 사업연도 개시일부터 2년 이내에 취득 또는 개량하여야 함
익금산입	① 감가상각 또는 처분과정을 거치면서 익금에 산입 ② 국고보조금 등과 공사부담금은 1년, 보험차익은 2년 이내에 고정자산을 취득하지 않거나 국고보조금 등으로 자산을 취득하기 전에 법인이 폐업 또는 해산한 경우에는 해당 사유가 발생한 날이 속하는 사업연도에 익금에 산입		

이에 대해 기업회계기준에서는 자산의 취득에 충당할 국고보조금 등·공사부담금으로 자산을 취득한 경우에는 이를 취득자산에서 차감하는 형식으로 표시하고 해당 자산의 내용연수에 걸쳐 상각금액과 상계하며, 해당 자산을 처분하는 경우에는 그 잔액을 해당 자산의 처분손익에 가감한다고 하고 있는데, 이는 지금까지 설명한 법인세법의 내용(결산조정에 해당)과 동일한 방법으로 처리하도록 하고 있다. 이에 비해 보험차익에 대해서는 영업외수익으로 계상하도록 하고 있어 이에 대해서는 법인세법의 내용과 달리 하고 있다.

따라서 국고보조금 등과 공사부담금을 기업회계기준에 따라 회계처리 하였을 경우에는 세무조정이 필요 없거나(실익이 없으므로 생략 가능) 다음과 같은 세무조정을 하면 된다.

구 분	기업회계기준에 따른 회계처리	세무조정
국고보조금 등 수령시	(차) 현금 (대) 국고보조금 등(자본조정)	〈익금산입〉 자본조정(기타) 〈손금산입〉 일시상각충당금(△유보)
자산의 취득시	(차) 고정자산 (대) 현금 • 국고보조금 등을 고정자산에서 차감표시	〈손금산입〉 자본조정(기타) 〈익금산입〉 국고보조금 등(유보)
감가상각시	(차) 감가상각비 (대) 감가상각누계액 (차) 국고보조금 등 (대) 감가상각비	〈손금불산입〉 일시상각충당금(유보) 〈익금불산입〉 국고보조금 등(△유보)
자산의 처분시	(차) 현금 국고보조금 등 감가상각누계액 (대) 고정자산 고정자산처분이익	〈손금불산입〉 일시상각충당금(유보) 〈익금불산입〉 국고보조금 등(△유보)

이에 비해 보험차익의 경우에는 다음과 같은 세무조정을 하여야 한다.

구 분	기업회계기준에 따른 회계처리	세무조정
보험금 수령시	(차) 현금 (대) 보험차익(영업외수익)	〈손금산입〉 일시상각충당금(△유보)
자산의 취득시	(차) 고정자산 (대) 현금	세무조정 없음
감가상각시	(차) 감가상각비 (대) 감가상각누계액	〈손금불산입〉 일시상각충당금(유보)
자산의 처분시	(차) 현금 감가상각누계액 (대) 고정자산 고정자산처분이익	〈손금불산입〉 일시상각충당금(유보)

[예제 11-5] 다음 자료를 기초로 제10기와 제11기에 필요한 세무조정을 하시오.

1. ㈜부산도시가스는 제10기에 공사부담금으로 도시가스 수요자들로부터 현금 ₩100,000,000과 토지 ₩200,000,000을 수령하고 기업회계기준에 따라 다음과 같이 회계처리하였다. 공사부담금으로 수령한 현금과 토지는 전부 가스공급설비의 시설에 사용할 계획이다.

(차) 현　금	100,000,000	(대) 공사부담금	300,000,000
토　지	200,000,000		

2. 제11기초에 공사부담금으로 받은 토지 위에 가스공급에 필요한 시설을 설치하고 기업회계기준에 따라 다음과 같이 회계처리하였다. 이 시설의 취득가액은 ₩500,000,000이며 신고내용연수는 10년으로 정액법으로 상각한다.

(차) 기계장치	500,000,000	(대) 현금	500,000,000
(차) 감가상각비	50,000,000	(대) 감가상각누계액	50,000,000
공사부담금	10,000,000*	감가상각비	10,000,000*

$$* \ 10,000,000 = 50,000,000 \times \frac{100,000,000}{500,000,000}$$

해답 기업회계기준에 따른 회계처리를 하였으므로 세무조정을 하지 않든지 다음의 세무조정을 하면 된다.

1. 제10기

(1) 현금으로 수령한 공사부담금은 자본조정 계정에 해당하므로 익금에 산입하고, 제10기에 아직 사용하지 않은 상태지만 사용계획서를 제출한 것으로 가정하여 전액을 일시상각충당금을 설정하여 손금에 산입한다.

〈익금산입〉 자본조정　₩100,000,000(기타)

〈손금산입〉 일시상각충당금　₩100,000,000(△유보)

(2) 토지로 수령한 공사부담금은 토지에서 차감 표시되므로 이를 익금에 산입하고 동시에 전액을 압축기장충당금을 설정하여 손금에 산입한다.

〈익금산입〉 공사부담금　₩200,000,000(유보)

〈손금산입〉 압축기장충당금　₩200,000,000(△유보)

2. 제11기

(1) 현금으로 수령한 공사부담금으로 시설을 설치하였으므로 이에 해당하는 공사부담금은 자산(기계장치)에서 차감하는 계정의 성격으로 된다. 따라서 전기의 세무조정에 대한 반대의 세무조정을 하여야 한다.

〈손금산입〉 자본조정 ₩100,000,000(기타)

〈익금산입〉 공사부담금 ₩100,000,000(유보)

(2) 일시상각충당금을 설정한 것으로 세무조정을 하였으므로, 공사부담금으로 취득한 고정자산의 감가상각비를 일시상각충당금의 범위 내에서 상계하는 세무조정을 하여야 한다.

〈손금불산입〉 일시상각충당금 ₩10,000,000(유보)

〈익금불산입〉 공사부담금 ₩10,000,000(△유보)

[예제 11-6] 다음 자료를 기초로 필요한 세무조정을 하시오.

1. ㈜경성은 제10기에 화재보험에 가입한 공장건물(취득가액 ₩100,000,000, 감가상각누계액 ₩50,000,000)이 화재로 전소되었으며, 즉시 보험금 ₩70,000,000을 받아 기업회계기준에 따라 다음과 같이 회계처리하였다.

(차) 현 금	70,000,000	(대) 건 물	100,000,000
감가상각누계액	50,000,000	보험차익(영업외수익)	20,000,000

2. 제11기초에 동일 종류의 공장건물을 ₩60,000,000에 취득하고 제11기～제15기까지 각각 감가상각비로 ₩6,000,000을 계상하였다(신고내용연수 10년, 정액법 상각).

(차) 건 물	60,000,000	(대) 현 금	60,000,000
감가상각비	6,000,000	감가상각누계액	6,000,000

3. 이 건물을 제16기초에 ₩40,000,000에 매각하고 다음과 같이 회계처리하였다.

(차) 현 금	40,000,000	(대) 건 물	60,000,000
감가상각누계액	30,000,000	고정자산처분이익	10,000,000

해답 1. 제10기 : 보험금 수령시 일시상각충당금 설정

〈손금산입〉 일시상각충당금 ₩20,000,000(△유보)

2.

(1) 제11기 : 수령한 보험금 전부가 아니고 일부만 사용하였으므로 미사용분은 보험차익에서 제외하여야 한다. 따라서 이미 손금에 산입한 금액 중 이에 해당하는 금액을 익금에 산입하여야 한다.

〈익금산입〉 일시상각충당금 ₩10,000,000(유보)

(2) 제11기～제15기 : 감가상각시 익금산입

〈익금산입〉 일시상각충당금 ₩1,000,000*(유보)

$$* 1,000,000 = 6,000,000 \times \frac{10,000,000}{60,000,000}$$

3. 제16기 : 자산처분시 보험차익의 잔액 전부 익금산입

〈익금산입〉 일시상각충당금 ₩5,000,000(유보)

11-4 구상채권상각충당금

구상채권상각충당금은 신용보증행위에 대한 대손예상액을 설정하는 것으로, 법률에 따라 신용보증사업을 경영하는 일정한 내국법인(신용보증기금, 기술신용보증기금 등)이 각 사업연도에 구상채권상각충당금을 손금으로 계상한 경우에는 다음 금액의 범위에서 이를 손금에 산입한다(결산조정사항).

손금산입한도액 = 해당 사업연도종료일 현재의 신용보증잔액

$$\times \text{Min}(1\%, \text{ 구상채권발생비율}(\frac{\text{당기 구상채권발생액}}{\text{전기말 신용보증잔액}}))$$

다만, K-IFRS를 적용하는 주택도시보증공사가 구상채권상각충당금을 세무조정계산서에 계상하고 그 금액을 해당 사업연도의 이익처분을 할 때 구상채권상각충당금의 적립금으로 적립한 경우 이를 손금으로 계상한 것으로 본다(잉여금처분에 의한 신고조정 허용).

위의 규정에 따라 구상채권상각충당금을 손금에 산입한 법인이 신용보증사업으로 인하여 발생한 구상채권 중 대손요건 등을 충족하는 대손금이 발생한 경우에는 그 대손금을 구상채권상각충당금과 먼저 상계할 수 있으며, 상계 후의 잔액은 손금에 산입한 다음 사업연도의 익금에 산입한다.

11-5 준비금

준비금이란 특정한 목적을 위하여 장래에 사용할 금액을 미리 적립하는 것을 말하는데, 세법에서는 이와 같은 준비금을 일정한 한도 내에서 미리 손금에 산입할 수 있도록 하고 있다. 이와 같이 일정한 한도 내에서 손금에 산입된 준비금은 이후 사업연도에 다시 환입하여 익금에 산입하여야 하는데, 이는 앞에서 설명한 일시상각충당금의 성격과 유사한 것으로 조세정책적인 목적에서 과세시점을 이연시킴으로써 법인에게 그 법인세에 대한 이자상당액만큼의 혜택을 주기 위한 과세이연제도의 하나이다.

원래 준비금이란 상법상의 용어로 장래의 특정한 목적을 위하여 배당 등으로 기업 외부에 유출되지 않고 기업 내부에 유보되어 있는 적립금을 의미한다. 기업회계에서도 이를 자본항목으로 하여 잉여금으로 처리하도록 하고 있다. 그러나 세법상의 준비금은 이와는 달리 과세이연제도의 하나로 충당금의 성격을 가지고 있으며, 법인세법과 조세특례제한법에 열거되어 있는 준비금에 대해서만 손금에 산입할 수 있도록 하고 있다.

1. 법인세법에 따른 준비금

법인세법에 따른 준비금에는 보험업법과 같이 관계법령에서 그 설정이 강제되는 준비금과 비영리법인이 임의적으로 설정할 수 있는 고유목적사업준비금이 있다.

보험사업을 경영하는 법인은 보험업법에 따라 장래에 지급할 보험금·환급금 및 계약자 배당금의 지급에 충당하거나 장래에 발생한 손실보전을 목적으로 책임준비금과 비상위험준비금을 결산조정에 의하여 손금에 산입한다.

다만, 국제회계기준에서는 비상위험준비금의 적립을 인정하지 않기 때문에 국제회계기준을 적용하는 법인은 보험종목별 적립기준금액의 90% 범위에서 잉여금처분에 의한 신고조정으로 손금에 산입한다.

한편, 비영리내국법인이 장래의 고유목적사업 등에 지출하기 위하여 설정한 고유목적사업준비금을 손금으로 계상한 경우에는 일정 금액의 범위에서 손금에 산입한다. 이의 손금산입도 원칙적으로 결산조정사항이나 기업회계에서 이의 비용계상을 인정하지 않으므로 예외적으로 잉여금처분에 의한 신고조정도 허용된다.

설정대상 법인	종 류	손금산입범위액	상계 및 환입
보험업을 경영하는 법인	책임준비금	①+②+③ ① 해당 사업연도 종료일 현재 모든 보험계약 해약시 지급하여야 할 환급액 ② 해당 사업연도 종료일 현재 보험사고가 발생하였으나 보험금이 미확정된 경우의 추정 보험금 상당액	손금에 산입한 사업연도의 다음 사업연도에 전액 환입(익금산입)
		③ 금융감독원장 등이 기획재정부장관과 협의하여 정한 손금산입기준에 따라 적립한 배당준비금	보험계약자에게 지급하는 배당금과 상계, 상계 후 잔액은 3년 거치 일시환입*1)
	비상위험 준비금	Min(①, ②) ① 단기손해보험에 의한 보유보험료 ×보험종목별 적립기준율 ② 단기손해보험에 의한 경과보험료 ×50%* − 세무상 비상위험준비금 이월잔액 * 자동차보험은 40%, 보증보험은 150%	금융감독위원회가 정하는 바에 의함
비영리 내국법인	고유목적 사업준비금	이자・배당소득금액+기타 수익사업 소득금액×50%*2)	① 상계: 고유목적사업 또는 지정기부금 지출액과 상계 ② 환입: 손금산입 후 5년이 되는 사업연도에 남은 잔액을 환입*3)

*1) 책임준비금을 3년 거치 일시환입하는 경우 그 법인세 상당액의 1일 3/10,000에 해당하는 이자 상당액을 법인세에 가산하여 납부하여야 함

*2) 고유목적사업 등에 대한 지출액 중 50% 이상의 금액을 장학금으로 지출하는 법인의 경우는 80%를 적용

*3) 고유목적사업준비금의 미사용잔액 및 5년 이내 익금에 산입하는 경우에는 그 법인세 상당액의 1일 3/10,000에 해당하는 이자 상당액을 법인세에 가산하여 납부하여야 함

2. 조세특례제한법에 따른 준비금

조세특례제한법에 따른 준비금은 미래에 발생하는 비용에 충당하기 위하여 준비금을 비용으로 계상하는 경우 이를 손금으로 인정하는 제도이다. 이도 결산조정이 원칙이나 기업회계에서 이의 비용계상을 인정하지 않으므로 예외적으로 잉여금의 처분에 의한 신고조정도 허용된다.

현재 조세특례제한법에서는 연구·인력개발준비금(2013. 12. 31. 이전에 끝나는 과세연도까지만 손금에 산입), 손실보전준비금만을 규정하고 있다. 이 가운데 연구·인력개발준비금이 널리 이용되었으나 2014년 이후에는 이의 추가적인 손금산입이 허용되지 않아 조세특례제한법에 따른 준비금은 거의 적용되지 않고 있다.

제 12 장 부당행위계산의 부인

12-1 의의

지금까지의 익금과 손금에 관한 사항들은 거래당사자의 계약에 의한 거래금액을 존중하여 그 거래금액을 각 사업연도 소득금액의 계산기초로 하고 있다. 그러나 특수관계인과의 거래에 대하여는 법인의 행위 또는 소득금액의 계산에도 불구하고 정부가 그 각 사업연도의 소득금액을 조정하여 계산할 수 있도록 하는 것이 부당행위계산의 부인이다.

즉 부당행위계산의 부인이란 법인의 행위 또는 소득금액의 계산이 특수관계인과의 거래로 인하여 그 법인의 소득에 대한 조세의 부담을 부당히 감소시킨 것으로 인정되는 경우에는 그 법인의 행위 또는 소득금액의 계산에 관계없이 정부가 인정하는 바에 따라 그 법인의 각 사업연도의 소득금액을 다시 계산하는 것을 말한다.

이는 법인의 거래 자체를 부인하는 것은 아니므로 성립된 거래의 효력은 유지되며, 단지 그 거래를 통하여 발생한 소득만을 세법의 규정에 따라 재계산한다는 것이다.

12-2 부당행위계산부인의 적용요건

부당행위계산의 부인은 다음의 두 가지 요건을 충족하는 거래에 대하여 적용한다.

(1) 특수관계인과의 거래

(2) 조세부담의 부당한 감소

1. 특수관계인의 범위

특수관계인이란 해당 법인과 다음 중 어느 하나의 관계에 있는 자를 말한다. 이 경우 해당 법인도 그 특수관계인의 특수관계인으로 본다(쌍방관계).

① 임원의 임면권의 행사, 사업방침의 결정 등 해당 법인의 경영에 대하여 사실상 영향력을 행사하고 있다고 인정되는 자(상법에 의하여 이사로 보는 업무집행지시자 포함)와 그 친족

② 주주 등(주주·사원 또는 출자자, 단 소액주주*1)는 제외)과 그 친족

③ 법인의 임원·사용인 또는 주주 등의 사용인(주주 등이 영리법인인 경우에는 그 임원을, 비영리법인인 경우에는 그 이사 및 설립자를 말함)이나 사용인 외의 자로서 법인 또는 주주 등의 금전 기타 자산에 의하여 생계를 유지하는 자와 이들과 생계를 함께 하는 친족

④ 해당 법인이 직접 또는 그와 ①~③까지의 관계에 있는 자를 통하여 어느 법인의 경영에 대하여 지배적인 영향력*2)을 행사하고 있는 경우 그 법인(1차 지배관계 법인)

⑤ 해당 법인이 직접 또는 그와 ①~④까지의 관계에 있는 자를 통하여 어느 법인의 경영에 대하여 지배적인 영향력*2)을 행사하고 있는 경우 그 법인(2차 지배관계 법인)

⑥ 해당 법인에 30% 이상을 출자하고 있는 법인에 30% 이상을 출자하고 있는 법인이나 개인

⑦ 해당 법인이 독점규제 및 공정거래에 관한 법률에 의한 기업집단에 속하는 법인인 경우 그 기업집단에 소속된 다른 계열회사 및 그 계열회사의 임원

*1) 소액주주란 발행주식총수의 1%에 미달하는 주식을 소유한 주주를 말한다. 다만, 해당 법인의 지배주주와 특수관계에 있는 주주는 소액주주로 보지 않는다. 여기서 지배주주란 법인의 발행주식총수의 1% 이상의 주식을 소유한 주주(국가·지방자치단체는 제외)로서 그와 특수관계에 있는 자와의 소유주식 합계가 해당 법인의 주주 중 가장 많은 경우의 주주를 말한다.

*2) 다음의 구분에 따른 요건에 해당하는 경우 해당 법인의 경영에 대하여 지배적인 영향력을 행사하고 있는 것으로 본다.

① 영리법인인 경우

• 법인의 발행주식총수의 30% 이상을 출자한 경우
• 임원의 임면권의 행사, 사업방침의 결정 등 법인의 경영에 대하여 사실상 영향력을 행사하고 있다고 인정되는 경우

② 비영리법인의 경우

• 법인의 이사의 과반수를 차지하는 경우
• 법인의 출연재산(설립을 위한 출연재산만 해당)의 30% 이상을 출연하고 그 중 1인이 설립자인 경우

2. 조세부담의 부당한 감소의 예

조세의 부담을 부당히 감소시킨 것으로 인정되는 경우란 다음 중 어느 하나에 해당하는 경우를 말한다.

1) 자산의 고가매입 및 저가양도

① 자산을 시가보다 높은 가액으로 매입 또는 현물출자 받았거나 그 자산을 과대상각한 경우(고가매입)

② 자산을 무상 또는 시가보다 낮은 가액으로 양도 또는 현물출자한 경우(저가양도). 다만, 법정의 주식매수선택권 등의 행사 또는 지급에 따라 주식을 양도하는 경우는 제외한다.

2) 금전 등의 저리대여 · 고리차용

① 금전 그 밖의 자산 또는 용역을 무상 또는 시가보다 낮은 이율 · 요율이나 임대료로 대부하거나 제공한 경우(가지급금 지급, 사택제공 등). 다만, 다음에 해당하는 경우는 제외한다.

• 주식매수선택권 등의 행사 또는 지급에 따라 금전을 제공하는 경우
• 주주 등이나 출연자가 아닌 임원(소액주주임원 포함) 및 사용인에게 사택(임차사택 포함)을 제공하는 경우

② 금전 그 밖의 자산 또는 용역을 시가보다 높은 이율 · 요율이나 임차료로 차용

하거나 제공받은 경우

3) 불공정자본거래

① 불공정자본거래(불공정합병, 불균등증자, 불균등감자)로 인하여 주주 등인 법인이 특수관계인인 다른 주주 등에게 이익을 분여한 경우
② ① 외의 경우로서 증자・감자, 합병(분할합병 포함)・분할, 전환사채 등에 따른 주식의 전환・인수・교환 등 법인의 자본(출자액 포함)을 증가시키거나 감소시키는 거래를 통하여 법인의 이익을 분여하였다고 인정되는 경우

4) 기타

① 무수익자산을 매입 또는 현물출자 받았거나 그 자산에 대한 비용을 부담한 경우
② 불량자산을 차환하거나 불량채권을 양수한 경우
③ 출연금을 대신 부담한 경우
④ 파생상품에 근거한 권리를 행사하지 않거나 그 행사기간을 조정하는 등의 방법으로 이익을 분여하는 경우
⑤ 특수관계인인 법인 간 합병(분할합병 포함)・분할을 할 때 불공정한 비율로 합병・분할하여 합병・분할에 따른 양도손익을 감소시킨 경우. 다만, 자본시장과 금융투자업에 관한 법률에 따라 합병(분할합병 포함)・분할하는 경우는 제외한다.
⑥ 그 밖에 위에 준하는 행위 또는 계산 및 그 외에 법인의 이익을 분여하였다고 인정되는 경우(예시규정)

위의 유형 중 (1)의 ①, ② 및 (2)의 ①, ②에 해당하는 거래는 현저한 이익의 분여가 있는 경우로서 시가와 거래가액의 차액이 시가의 5%에 상당하는 금액 이상이거나 3억원 이상인 경우에만 부당행위계산의 부인규정을 적용한다.

현저한 이익의 분여 판단 기준:
(시가 − 거래가액) ≥ (시가×5% 또는 3억원)

이러한 현저한 이익의 분여요건은 주권상장법인이 발행한 주식을 한국거래소에서 거래한 경우에는 적용하지 않는다. 한편, 불공정자본거래도 현저한 이익을 분여한 경우에만 부당행위계산의 부인규정을 적용하는데, 그 요건에 관해서는 후술하기로 한다.

12-3 부당행위계산부인의 판단기준(시가)

부당행위계산의 부인규정을 적용할 때는 시가를 기준으로 한다. 여기서 시가란 건전한 사회통념 및 상거래관행과 특수관계인이 아닌 자 간의 정상적인 거래에서 적용되거나 적용될 것으로 판단되는 가격(요율・이자율・임대료 및 교환비율과 그 밖에 이에 준하는 것을 포함)을 말한다.

이때 해당 거래와 유사한 상황에서 해당 법인이 특수관계인 외의 불특정다수인과 계속적으로 거래한 가격 또는 특수관계인이 아닌 제3자 간에 일반적으로 거래된 가격이 있는 경우에는 그 가격(한국거래소에서 거래한 상장주식의 시가는 그 거래일의 최종시세가액)을 시가로 한다. 다만, 시가가 불분명한 경우에는 다음을 차례로 적용하여 계산한 금액을 시가로 한다.

① 감정평가업자(감정평가법인과 감정평가사)의 감정가액이 있는 경우에는 그 감정가액(감정한 가액이 둘 이상인 경우에는 그 감정한 가액의 평균액). 다만, 주식 및 출자지분은 제외하며, 감정평가사의 감정은 감정한 가액이 5억원 이하인 경우로 한정한다.

② 상속세 및 증여세법의 규정을 준용하여 평가한 가액

한편, 금전 이외의 자산 또는 용역을 제공하거나 제공받는 경우(부당행위계산의 유형 중 (2)의 ①, ②)로서 위의 방법에 의한 시가를 결정할 수 없는 경우에는 다음과 같이 계산한 금액을 시가로 한다.

구 분	시 가
유형·무형의 자산을 제공하거나 제공받는 경우	(해당 자산의 시가×50% − 전세금·보증금) ×정기예금이자율
건설 기타 용역을 제공하거나 제공받는 경우	용역제공원가(간접비 포함) ×(1+유사거래의 수익률*)

* 해당 사업연도 중 특수관계인 외의 자에게 제공한 유사한 용역제공 거래에 있어서의 수익률로, $\frac{\text{기업회계기준에 따라 계산한 매출액} - \text{원가}}{\text{원가}}$ 를 말한다.

그러나 금전의 대여 또는 차용(부당행위계산의 유형 중 (2)의 ①, ②)의 경우에는 위의 규정에도 불구하고 가중평균차입이자율을 시가로 한다. 다만, 가중평균차입이자율의 적용이 불가능하거나 과세표준을 신고할 때 당좌대출이자율을 시가로 선택하는 경우에는 당좌대출이자율을 시가로 한다. 이에 대해서는 가지급금 인정이자 부분에서 후술하기로 한다.

12-4 부당행위계산의 부인과 관련된 세무조정

1. 자산의 고가매입 및 저가양도

특수관계인으로부터 자산을 시가보다 높은 가액으로 매입 또는 현물출자 받았을 경우에는 시가초과액만큼 자산이 과대계상되었으므로 이를 손금산입하고 △유보로 소득처분함과 동시에, 동 금액만큼 부당행위계산의 부인이 되므로 익금산입하고 특수관계인에 대한 사외유출(그 귀속자에 따라 배당·상여·기타소득·기타사외유출)로 소득처분한다. 이후 회사에서 시가초과액에 대한 감가상각비를 계상하거나 처분하는 시점에 동 금액만큼 손금불산입하고 유보로 소득처분하여 추인한다.

자산을 특수관계인에게 무상 또는 시가보다 낮은 가액으로 양도 또는 현물출자 한 경우에는 시가와 양도가액과의 차액을 익금산입하고 특수관계인에 대한 사외유출(그 귀속자에 따라 배당·상여·기타소득·기타사외유출)로 소득처분한다.

여기서 특수관계인과의 거래에 있어서 고가매입·저가양도는 부당행위계산의 부인이 되지만, 특수관계가 없는 자와의 거래에 있어서 고가매입·저가양도는 부당행위계산의 부인이 아니라 기부금으로 본다. 이 경우의 부당행위계산부인액 및 기부금가액은 다음과 같이 계산한다.

구 분	특수관계인과의 거래	특수관계 없는 자와의 거래
고가매입	부당행위계산부인액 = 매입가액 − 시가	기부금 = 매입가액 − 정상가액 * 정상가액 = 시가×130%
저가양도	부당행위계산부인액 = 시가 − 양도가액	기부금 = 정상가액 − 양도가액 * 정상가액 = 시가×70%

[예제 12-1] ㈜경성은 시가 ₩100,000,000의 기계장치(내용연수 10년)를 출자자로부터 20x1년 1월 1일에 ₩200,000,000에 매입하였다. ㈜경성은 동 기계장치를 정액법으로 상각하고 있으며, 20x3년 1월 1일에 ₩60,000,000에 매각하였다. ㈜경성과 출자자가 특수관계가 있는 경우와 특수관계가 없는 경우로 나누어 20x1년부터 20x3년까지의 세무조정을 하시오. 단, 사업연도는 1월 1일부터 12월 31일까지이다.

해답 1. 특수관계가 있는 경우

(1) 20x1년 기계장치 매입시

① 기계장치의 과대계상액 ₩100,000,000을 손금산입하고 △유보로 소득처분한다.

② 부당행위계산의 부인액 ₩100,000,000을 익금산입하고 배당으로 소득처분한다.

(2) 20x1년 감가상각비 계상시

: 회사에서 감가상각비를 ₩20,000,000 계상하게 되는데, 세무상으로는 ₩10,000,000이 되므로 과대상각액 ₩10,000,000을 손금불산입하고 유보로

소득처분한다.

(3) 20x2년 감가상각비 계상시

: 회사에서 감가상각비를 ₩20,000,000 계상하게 되는데, 세무상으로는 ₩10,000,000이 되므로 과대상각액 ₩10,000,000을 손금불산입하고 유보로 소득처분한다.

(3) 20x3년 기계장치의 매각시

① 장부상 회계처리

(차)	감가상각누계액	40,000,000	(대) 기계장치	200,000,000
	현 금	60,000,000		
	유형자산처분손실	100,000,000		

② 세무상 회계처리

(차)	감가상각누계액	20,000,000	(대) 기계장치	100,000,000
	현 금	60,000,000		
	유형자산처분손실	20,000,000		

③ 세무조정 : 과대계상된 유형자산처분손실 ₩80,000,000을 손금불산입하고 유보로 소득처분한다. → 유보 잔액(△₩80,000,000의 추인)

2. 특수관계가 없는 경우

(1) 20x1년 기계장치 매입시

① 기계장치의 과대계상액 ₩70,000,000(= 200,000,000 − 100,000,000 × 130%)을 손금산입하고 △유보로 소득처분한다.

② ₩70,000,000을 기부금으로 보아 비지정기부금으로 전액 손금불산입하고 기타사외유출로 소득처분한다.

(2) 20x1년 감가상각비 계상시

: 회사에서 감가상각비를 ₩20,000,000 계상하게 되는데, 세무상으로는 ₩13,000,000이 되므로 과대상각액 ₩7,000,000을 손금불산입하고 유보로 소득처분한다.

(3) 20x2년 감가상각비 계상시

: 회사에서 감가상각비를 ₩20,000,000 계상하게 되는데, 세무상으로는 ₩13,000,000이 되므로 과대상각액 ₩7,000,000을 손금불산입하고 유보로 소득처분한다.

(3) 20x3년 기계장치의 매각시

① 장부상 회계처리

(차) 감가상각누계액 40,000,000 (대) 기계장치 200,000,000
현 금 60,000,000
유형자산처분손실 100,000,000

② 세무상 회계처리

(차) 감가상각누계액 26,000,000 (대) 기계장치 130,000,000
현 금 60,000,000
유형자산처분손실 44,000,000

③ 세무조정 : 과대계상된 유형자산처분손실 ₩56,000,000을 손금불산입하고 유보로 소득처분한다. → 유보 잔액(△₩56,000,000의 추인)

[예제 12-2] ㈜경성은 20x1년 1월 1일에 시가 ₩200,000,000의 건물을 출자자에게 ₩100,000,000에 양도하였다. 출자자가 ㈜경성과 특수관계가 있는 경우와 없는 경우로 나누어 세무조정을 하시오.

해답 1. 특수관계가 있는 경우 : 부당행위계산의 부인액 ₩100,000,000을 익금산입하고 배당으로 소득처분한다.

2. 특수관계가 없는 경우 : 기부금 의제액 ₩40,000,000(= 200,000,000 × 70% − 100,000,000)을 비지정기부금으로 하여 손금불산입하고 기타사외유출로 소득처분한다.

2. 사택의 제공

법인이 특수관계인에게 금전 그 밖의 자산 또는 용역을 시가보다 낮은 이율·요율이나 임대료로 대부하거나 제공한 때에는 익금을 부당하게 감소한 것으로 보아 정상적인 이율·요율에 미달하는 금액을 익금에 산입한다. 다만, 사택을 비출자임원(소액주주임원 포함) 및 사용인에게 제공하는 경우에는 부당행위계산의 부인으로 보지 않는다. 따라서 출자임원 및 그 친족에게 사택을 적정임대료에 미달하게 제공하는 경우에는 부당행위계산의 부인으로 보아 적정임대료와의 차액을 익금산입하고 그 귀속자에 따른 사외유출로 소득처분한다. 이 경우 적정임대료의 계산은 앞에서 설명한 바와 같다.

[예제 12-3] 다음은 ㈜경성의 사택제공과 관련된 자료이다. 이에 따라 출자임원에게 임대한 경우와 비출자임원에게 임대한 경우로 나누어 세무조정을 하시오.

1. 사업연도: 20x1. 1.1－12.31
2. 사택임대 내역
   ① 사택의 시가: ₩160,000,000
   ② 임대보증금: ₩30,000,000
   ③ 월 임대료: ₩300,000
   ④ 사택의 유지관리비용: ₩1,000,000
3. 사택의 임대기간: 20x1. 1.1－12.31
4. 1년 만기 정기예금이자율: 10%

해답 1. 출자임원에게 임대한 경우

(1) 적정임대료 = (사택의 시가 × 50% － 전세금 · 임대보증금) × 정기예금이자율
= (160,000,000 × 50% － 30,000,000) × 10% = ₩5,000,000

(2) 회사의 실제임대료 = 300,000 × 12 = ₩3,600,000

(3) 세무조정

① 적정임대료에 미달하게 계상한 ₩1,400,000을 부당행위계산의 부인으로 보아 익금산입하고 상여로 소득처분한다($\frac{5,000,000 - 3,600,000}{5,000,000}$ = 28% > 5%).

② 사택유지관리비용 ₩1,000,000을 손금불산입하고 상여로 소득처분한다.

2. 비출자임원에게 임대한 경우

: 비출자임원(소액주주임원 포함) 및 사용인에게 사택을 임대한 경우에는 부당행위계산의 부인을 적용하지 않고 사택의 유지관리비용도 손금으로 인정하므로 별도의 세무조정이 필요 없다.

3. 가지급금 인정이자

법인이 특수관계인에게 금전을 무상 또는 시가보다 낮은 이율로 대부한 경우에는 시가와 실제로 수령한 이자의 이자율과의 차이에 해당하는 금액을 익금에 산입한다. 이 경우 시가에 해당하는 이자수익을 가지급금 인정이자라 하며, 가지급금

인정이자와 실제 수령한 이자수익과의 차이를 익금에 산입하고 귀속자에 따라 배당·상여 등으로 소득처분한다.

이와 같은 인정이자의 계산대상이 되는 가지급금의 범위 및 동일인에 대한 가지급금과 가수금의 상계에 관한 내용은 업무무관 자산 등에 대한 지급이자의 손금불산입에서 설명한 바와 같다. 이미 설명한 바와 같이 이러한 특수관계인에 대한 업무무관 가지급금에 대해서는 수입이자에 해당하는 부분을 익금산입함(적정이자를 수령하지 않은 경우에는 부당행위계산부인의 규정에 의하여 익금산입함)과 동시에 관련 지급이자를 손금불산입하여 사실상 이중과세가 되고 있는데, 이는 조세정책의 목적에서 업무무관 가지급금에 대한 강력한 규제가 필요하기 때문이다.

특수관계인에 대한 가지급금의 인정이자는 다음과 같이 계산한다.

가지급금 인정이자 = 가지급금적수 × 인정이자율 × 1/365(윤년은 1/366)

여기서 인정이자율은 일반적인 시가산정기준에 불구하고 가중평균차입이자율로 한다. 가중평균차입이자율이란 자금을 대여한 법인의 대여시점 현재 각각의 차입금 잔액(특수관계인으로부터의 차입금 제외)에 차입 당시의 각각의 이자율을 곱한 금액의 합계액을 해당 차입금 잔액의 총액으로 나눈 이자율을 말한다.

이 경우 산출된 이자율 또는 대여금리가 대여시점 현재 자금을 차입한 법인의 가중평균차입이자율보다 높은 때에는 해당 사업연도의 가중평균차입이자율이 없는 것으로 본다.

한편, 변동금리로 차입한 경우에는 차입 당시의 이자율로 차입금을 상환하고 변동된 이자율로 그 금액을 다시 차입한 것으로 보며, 차입금이 채권자가 불분명한 사채 또는 매입자가 불분명한 채권·증권의 발행으로 조달된 차입금에 해당하는 경우에는 해당 차입금의 잔액은 가중평균차입이자율 계산을 위한 잔액에 포함하지 않는다.

다만, 다음에 해당하는 경우에는 그 구분에 따라 당좌대출이자율을 시가로 한다.

① 가중평균차입이자율의 적용이 불가능한 다음 중 어느 하나에 해당하는 사유가 있는 경우: 해당 대여금(또는 차입금)에 한정하여 당좌대출이자율을 시가로 한다.

㉠ 특수관계인이 아닌 자로부터 차입한 금액이 없는 경우

㉡ 차입금 전액이 채권자가 불분명한 사채 또는 매입자가 불분명한 채권·증권의 발행으로 조달된 경우

㉢ 대여한 법인의 가중평균차입이자율 또는 대여금리가 해당 대여시점 현재 자금을 차입한 법인의 가중평균차입이자율보다 높아 가중평균차입이자율이 없는 것으로 보는 경우

② 대여한 날(계약을 갱신한 경우에는 그 갱신일)부터 해당 사업연도 종료일까지의 기간이 5년을 초과하는 대여금이 있는 경우: 해당 대여금(또는 차입금)에 한정하여 당좌대출이자율을 시가로 한다.

③ 해당 법인이 과세표준신고를 할 때 당좌대출이자율을 시가로 선택하는 경우: 당좌대출이자율을 시가로 하여 선택한 사업연도와 2개 사업연도는 당좌대출이자율을 시가로 한다.

한편, 법인이 특수관계인 간의 금전거래에 있어서 상환기간 및 이자율 등에 대한 약정이 없는 대여금 및 가지급금 등에 대하여 결산상 미수이자를 계상한 경우에도 동 미수이자는 익금불산입(△유보)하고 인정이자 상당액을 익금에 산입하여 그 귀속자에 따라 소득처분한다.

[예제 12-4] ㈜경성의 다음 자료에 의하여 필요한 세무조정을 하시오.

1. 사업연도 : 20x1. 1.1 − 12. 31(365일)
2. 가지급금의 내역

대 상	가지급금	발생일자	내 역
대표이사	30,000,000	1. 1	일시 대여금으로 약정에 따른 이자 수령
상무이사	10,000,000	1. 8	주택 취득자금 대여액
사용인	5,000,000	3. 1	우리사주조합원의 주식취득자금 대여액
소액주주	5,000,000	4. 1	일시 대여금
A법인	20,000,000	5. 1	사업자금 대여액
계	70,000,000		

3. 지급이자의 내역(전부 1월 1일 차입한 것으로 가정)

차입금 종류	차입금	이자율	이자비용
채권자가 불분명한 私債이자	12,000,000	25%	3,000,000
건설자금이자(당기말 현재 미완공상태)	25,000,000	20%	5,000,000
회사채	20,000,000	15%	3,000,000
은행차입금	60,000,000	10%	6,000,000
계	117,000,000		17,000,000

4. 기획재정부령으로 정하는 당좌대출이자율은 연 12%로 가정하며, 세부담의 최소화를 위해 과세표준의 신고를 할 때 당좌대출이자율이 가중평균차입이자율보다 낮은 경우에만 당좌대출이자율을 시가(인정이자율)로 선택하여 신고한다.
5. 대표이사에 대한 가지급금의 수령이자는 ₩1,000,000으로 이자수익으로 계상하였다.

해답 1. 업무무관 가지급금의 적수

가지급금 잔액	일 수	적 수
30,000,000	365(1.1 − 12.31)	10,950,000,000
10,000,000	358(1.8 − 12.31)	3,580,000,000
5,000,000	275(4.1 − 12.31)	1,375,000,000
20,000,000	245(5.1 − 12.31)	4,900,000,000
계		20,805,000,000

- 일시대여금으로 약정에 따른 이자를 수령하였더라도 법인이나 개인사업자가 아니면 인정이자 계산의 대상이 됨

• 사용인에 대한 우리사주조합원의 주식취득자금 대여액은 업무무관 가지급금으로 보지 아니함

2. 지급이자 손금불산입

(1) 채권자가 불분명한 私債이자 ₩3,000,000와 건설자금이자 ₩5,000,000은 별도로 손금불산입한다.

(2) 업무무관 가지급금에 대한 지급이자의 손금불산입

$$= 지급이자 \times \frac{업무무관\ 가지급금\ 적수}{차입금\ 적수}$$

$$= (3,000,000+6,000,000) \times \frac{20,805,000,000}{(20,000,000+60,000,000) \times 365}$$

= ₩6,412,500

3. 인정이자율

(1) 가중평균차입이자율

$$= \frac{5,000,000+3,000,000+6,000,000}{25,000,000+20,000,000+60,000,000} = \frac{14,000,000}{105,000,000} \fallingdotseq 13.33\%$$

(2) 인정이자율 : 당좌대출이자율(12%) < 가중평균차입이자율(13.33%)

→ 당좌대출이자율 12%

4. 가지급금 인정이자의 계산 = 20,805,000,000 × 12% × 1/365 = 6,840,000

5. 5% 이상 차이 나는지 여부

$$\frac{인정이자 - 수령한\ 이자}{인정이자} = \frac{6,840,000-1,000,000}{6,840,000} \fallingdotseq 85.4\% > 5\%$$

6. 세무조정

〈익금산입 · 손금불산입〉

① 채권자가 불분명한 私債이자	₩3,000,000(상여, 원천징수분은 기타사외유출)
② 건설자금이자	₩5,000,000(유보)
③ 업무무관 자산 등에 대한 지급이자	₩6,412,500(기타사외유출)
④ 가지급금 인정이자*	₩2,600,000(대표자 상여)
	₩1,176,986(상무이사 상여)
	₩452,055(배당)
	₩1,610,959(기타사외유출)

* 인정이자의 귀속자별 배분

귀속자	가지급금 적수	비율	인정이자	회사계상 이자수익	익금산입되는 인정이자
대표이사	10,950,000,000	52.6%	3,600,000	1,000,000	2,600,000
상무이사	3,580,000,000	17.2%	1,176,986		1,176,986
소액주주	1,375,000,000	6.6%	452,055		452,055
A법인	4,900,000,000	23.6%	1,610,959		1,610,959
계	20,805,000,000	100%	6,840,000	1,000,000	5,840,000

4. 불공정자본거래로 인한 이익분여

불공정합병 · 불공정증자 · 불공정감자와 같은 부당한 자본거래를 통하여 주주 등인 법인이 특수관계인인 다른 주주 등에게 이익을 분여한 경우 익금에 산입할 금액은 그 유형에 따라 상속세 및 증여세법의 규정을 준용하여 계산한다.

이때 불공정자본거래로 인하여 법인주주가 특수관계인인 다른 법인주주로부터 이익을 분여받은 경우에는 그 이익을 익금에 산입하고 이는 주식의 취득과정에서 발생된 것이므로 주식의 취득가액에 포함하기 위하여 유보로 소득처분한다.

그러나 불공정자본거래로 인하여 주주 등인 법인이 특수관계인인 다른 주주 등에게 이익을 분여한 경우에는 부당행위계산의 부인으로 보아 익금에 산입하고 이익의 귀속자에 따라 다음과 같이 소득처분한다.

① 개인주주인 경우 : 그 개인주주에게 증여세가 과세되면 별도의 소득세를 과세할 필요가 없으므로 기타사외유출로 처분한다. 그러나 증여세가 과세되지 않으면 귀속자에 따라 배당 · 상여 · 기타소득으로 처분한다.

② 법인주주인 경우 : 귀속자가 법인이므로 기타사외유출로 처분한다.

이익을 분여한 주주	이익을 분여받은 주주
개인주주 : 과세문제 없음	개인주주 : 분여받은 이익 → 증여세과세(상속세및증여세법)
법인주주 : 부당행위계산부인(법인세법) → 익금산입(기타사외유출)	법인주주 : 익금항목(법인세법) → 익금산입(유보)

제 13 장 합병 및 분할 등에 대한 특례

13-1 합병에 대한 특례

1. 합병의 의의와 과세체계

합병이란 상법규정에 따라 둘 이상의 회사가 하나로 되는 법률행위를 말한다. 이 경우 합병으로 인하여 소멸하는 회사를 피합병법인이라 하고, 합병 후 존속하는 회사(흡수합병) 또는 합병으로 신설된 회사(신설합병)를 합병법인이라 한다. 합병이 있게 되면 피합병법인은 모든 순자산을 합병법인에게 양도하고 합병법인의 주식 등 대가를 받아 즉시 주주에게 교부하고 그 법적 실체는 소멸하게 된다.

이 경우 피합병법인의 그 동안 축적된 미실현이익이 합병을 통해 실현되었다고 보아 합병으로 인한 이익(합병매수차손익, 양도손익, 의제배당소득)에 대해 합병 시점에 과세하는 것이다. 이때 합병과 관련된 각 주체별 과세문제는 다음과 같이 요약할 수 있다.

구 분	내 용
합병법인	합병매수차손익에 대한 법인세 과세
피합병법인	양도손익에 대한 법인세 과세
피합병법인의 주주	의제배당소득에 대한 법인세 또는 소득세 과세

이와 같이 합병에 대한 과세는 피합병법인에게 축적된 미실현이익이 합병을 계기로 실현되었다는 생각에 기초를 두고 있다. 그러나 형식적 조직개편에 지나지

않는 적격합병의 경우에는 합병으로 인한 이익이 실현되었다고 보기 어렵기 때문에 합병으로 인한 이익의 과세를 합병시점 이후로 이연하는 과세이연 규정을 두고 있다.

이러한 적격합병의 요건은 다음과 같다.

① 사업목적성 : 합병등기일 현재 1년 이상 사업을 계속하던 내국법인 간의 합병일 것

② 지분의 영속성 : ㉠ 피합병법인의 주주가 합병으로 인하여 받은 합병대가의 총합계액 중 합병법인의 주식가액이 80% 이상인 경우로서 피합병법인의 일정한 지배주주 등에 대한 주식의 배정기준에 따라 배정하여야 하고, ㉡ 피합병법인의 일정한 지배주주 등이 합병등기일이 속하는 사업연도의 종료일까지 합병으로 교부받은 전체 주식의 50% 이상을 처분하지 않을 것

③ 사업의 계속성 : 합병등기일이 속하는 사업연도의 종료일까지 피합병법인으로부터 승계받은 사업을 계속할 것

④ 고용의 연속성 : ㉠ 합병등기일 1개월 전 당시 피합병법인에 종사하는 일반근로자 중 합병법인이 승계한 근로자의 비율이 80% 이상이고(고용승계), ㉡ 합병등기일이 속하는 사업연도의 종료일까지 그 비율을 유지할 것(고용유지)

2. 합병법인에 대한 과세(합병매수차손익에 대한 법인세)

1) 비적격합병의 경우

합병법인이 합병으로 피합병법인의 자산을 승계한 경우에는 그 자산을 피합병법인으로부터 합병등기일 현재의 시가로 양도받은 것으로 본다.

이 경우 합병법인은 다음과 같은 합병차액이 발생한다.

합병차액 = 피합병법인으로부터 승계한 순자산시가* − 피합병법인에 지급한 양도가액

* 승계한 순자산시가 = 승계한 자산시가 − 승계한 부채시가

이때 승계한 순자산시가와 지급한 양도가액이 일치하지 않는 경우 합병차익 또는 합병차손이 발생하며 합병법인은 그 차액을 다음과 같이 처리한다.

구 분	세무처리
승계한 순자산시가 > 지급한 양도가액 (합병매수차익)	합병등기일부터 5년간 균등하게 익금산입 (합병매수차익을 수익으로 계상한 경우에는 익금불산입(△유보)하고, 이후 5년간 균등분할하여 익금산입(유보)한다)
승계한 순자산시가 < 지급한 양도가액 (합병매수차손)	① 발생원인이 영업권*인 경우: 합병등기일부터 5년간 균등하게 손금산입(합병매수차손을 비용으로 계상한 경우에는 손금불산입(유보)하고, 이후 5년간 균등분할하여 손금산입(△유보)한다) ② 발생원인이 영업권이 아닌 경우: 손금불산입(합병매수차손을 비용으로 계상한 경우 손금불산입(유보))

• 합병법인이 피합병법인의 상호·거래관계, 그 밖에 영업상의 비밀 등에 대하여 사업상 가치가 있다고 보아 대가를 지급한 경우를 말함

합병매수차익은 합병법인이 피합병법인의 순자산을 시가보다 저렴한 대가로 취득하였기 때문에 발생한 것인데, 기업회계에서는 이를 염가매수차익으로 하여 당기수익으로 인식한다. 법인세법에서는 합병매수차익을 합병시점에 일시에 과세하면 합병법인의 세부담이 무겁기 때문에 법인세 부담을 이연시키기 위하여 이러한 합병매수차익을 세무조정계산서에 계상하고 합병등기일로부터 5년이 되는 날이 속하는 사업연도까지 다음의 금액을 익금에 산입한다.

$$\text{익금산입액} = \text{합병매수차익} \times \frac{\text{해당 사업연도의 월수}^{*}}{60\text{월}}$$

* 월수는 역에 따라 계산하되 1월 미만의 일수는 1월로 하고, 이에 따라 합병등기일이 속한 월을 1월로 계산한 경우에는 합병등기일부터 5년이 되는 날이 속한 월은 해당 사업연도의 월수에서 제외한다.

합병매수차손은 영업권인 경우에만 손금으로 인정하여 5년간 분할하여 손금에

산입한다. 기업회계에서는 영업권은 상각하지 않고 매년 또는 손상을 시사하는 징후가 있을 때마다 손상검사를 하여 손상차손으로 당기비용으로 인식한다. 법인세법에서는 영업권을 세무조정계산서에 계상하고 합병등기일부터 5년이 되는 날이 속하는 사업연도까지 다음의 금액을 손금에 산입한다.

$$\text{손금산입액} = \text{합병매수차손} \times \frac{\text{해당 사업연도의 월수}}{\text{60월}}$$

그러나 합병매수차손의 발생원인이 영업권이 아닌 경우에는 자산가치가 없는 것에 대해 대가를 지급하여 발생한 것이므로 조세회피의 방지를 위하여 손금으로 인정하지 않는다(비용이나 자산으로 계상할 수 없다).

2) 적격합병의 경우

적격합병의 경우 합병으로 발생하는 양도손익을 계산할 때 양도가액을 피합병법인의 합병등기일 현재 순자산의 장부가액으로 보아 양도손익이 없는 것으로 한 경우 합병법인은 피합병법인의 자산을 장부가액으로 양도받은 것으로 한다.

이 경우 양도받은 자산 및 부채의 가액을 합병등기일 현재의 시가로 계상하되, 시가에서 피합병법인의 장부가액을 뺀 금액은 자산조정계정으로 계상하여야 한다. 자산조정계정은 세무상 자산·부채별 차가감평가계정에 해당하므로 합병법인의 취득가액은 피합병법인의 장부가액이 되는 셈이다.

3. 피합병법인에 대한 과세(양도손익에 대한 법인세)

1) 비적격합병의 경우

피합병법인이 합병으로 해산하는 경우에는 그 법인의 자산을 합병법인에 양도한 것으로 본다. 이 경우 그 양도에 따라 발생하는 양도손익은 피합병법인이 합병등기일이 속하는 사업연도의 소득금액을 계산할 때 익금 또는 손금에 산입한다.

양도손익 = 합병법인으로부터 받은 양도가액 – 순자산 장부가액

(1) 양도가액

양도가액 = 합병대가 + 합병법인이 납부하는 피합병법인의 법인세 등

합병대가란 합병으로 인하여 피합병법인의 주주가 지급받는 합병법인의 주식의 가액 및 금전이나 그 밖의 재산가액의 합계액을 말한다. 다만, 합병법인이 합병등기일 전 취득한 피합병법인의 주식을 합병포합주식이라 하는데, 이러한 합병포합주식이 있는 경우에는 그 합병포합주식에 대하여 합병교부주식을 교부하지 않았더라도 그 지분비율에 따라 합병교부주식을 교부한 것으로 보아 합병교부주식가액을 계산한다.

(2) 순자산 장부가액

순자산 장부가액 = (자산의 장부가액 총액 – 부채의 장부가액 총액) + 환급법인세액

2) 적격합병의 경우

적격합병의 경우 합병으로 발생하는 양도손익을 계산할 때 양도가액을 피합병법인의 합병등기일 현재 순자산의 장부가액으로 보아 양도손익이 없는 것으로 할 수 있다. 따라서 피합병법인이 비적격합병시 받은 양도가액이 순자산 장부가액을 초과하면 양도차익이 발생하지만, 적격합병의 경우에는 순자산 장부가액을 양도가액으로 보아 양도차익을 영(₩0)으로 할 수 있다.

양도손익 = 양도가액(= 순자산 장부가액) − 순자산 장부가액 = ₩0(과세되지 않음)

또한 다음 중 어느 하나에 해당하는 경우에도 적격합병의 요건 충족 여부와 관계없이 양도손익이 없는 것으로 할 수 있다.

① 내국법인(완전모법인)이 발행주식총수를 소유하고 있는 다른 법인(완전자법인)을 합병하거나 그 다른 법인에 합병되는 경우

② 동일한 내국법인(완전모법인)이 발행주식총수를 소유하고 있는 서로 다른 법인(완전자법인) 간에 합병하는 경우

적격합병은 피합병법인의 순자산 장부가액이 합병법인에게 그대로 승계되어 사업활동이 계속되는 것으로 보아 합병등기일 현재 순자산에 남아 있는 미실현이익을 과세소득으로 인식하지 않는 것이다. 이처럼 피합병법인에게 과세되지 않은 양도차익은 합병법인에게 이월되어 과세된다.

4. 피합병법인의 주주에 대한 과세(의제배당소득에 대한 법인세 또는 소득세)

피합병법인의 주주는 다음과 같은 의제배당소득에 대한 법인세(주주가 개인인 경우에는 소득세)의 납세의무를 진다.

의제배당금액 = 합병대가* − 소멸한 피합병법인 주식의 장부가액

* 합병대가 = 합병교부주식가액 + 합병교부금(금전이나 그 밖의 재산가액)

이 경우 합병대가는 시가로 평가하는 것이 원칙이지만, 적격합병의 요건을 모두 갖춘 경우 합병대가는 다음과 같이 평가한다.

① 합병대가를 주식으로만 받은 경우 : 종전 주식의 장부가액

② 금전으로 받은 경우 : Min(취득한 주식의 시가, 종전 주식의 장부가액)

5. 합병시 이월결손금의 승계

1) 적격합병시 이월결손금의 승계

피합병법인의 합병등기일 현재 세무상 결손금은 합병법인에 승계되지 않고 소멸한다. 반면에 적격합병에 해당되어 피합병법인의 자산을 장부가액으로 양도받은 경우 합병법인은 피합병법인의 합병등기일 현재 세무상 결손금을 승계한다. 이처럼 합병법인이 승계한 피합병법인의 결손금은 피합병법인으로부터 승계받은 사업에서 발생한 소득금액의 범위에서 합병법인의 각 사업연도의 과세표준을 계산할 때 공제한다.

2) 공제받은 결손금의 익금산입

피합병법인의 결손금을 공제한 합병법인은 합병등기일이 속하는 사업연도의 다음 사업연도의 개시일부터 2년(아래 ③의 경우에는 3년) 이내에 다음의 사유가 발생한 경우에는 승계받은 결손금 중 공제한 금액을 그 사유가 발생한 날이 속하는 사업연도의 소득금액을 계산할 때 익금에 산입한다(법정의 부득이한 사유가 있는 경우는 제외).

① 합병법인이 피합병법인으로부터 승계받은 사업을 폐지하는 경우(사업의 계속성 중단)

② 피합병법인의 일정한 지배주주 등이 합병법인으로부터 받은 전체 주식의 50% 이상을 처분하는 경우(지분의 연속성 중단)

③ 각 사업연도 종료일 현재 합병법인에 종사하는 근로자 수가 합병등기일 1개월 전 당시 피합병법인과 합병법인에 각각 종사하는 근로자 수의 합의 80% 미만으로 하락하는 경우(고용의 연속성 중단)

3) 합병법인의 이월결손금 공제제한

합병법인의 합병등기일 현재 세무상 결손금은 합병법인의 각 사업연도의 과세표준을 계산할 때 피합병법인으로부터 승계받은 사업에서 발생한 소득금액의 범위에서는 공제하지 않는다. 따라서 합병법인의 합병등기일 현재 세무상 결손금은 합병등기일 전부터 경영하던 기존사업에서 소득금액이 발생할 경우에만 그 소득금액을 한도로 공제한다.

13-2 분할에 대한 특례

1. 분할의 개념과 유형

분할이란 합병과 반대로 상법의 규정에 따라 하나의 회사가 둘 이상의 회사로 분리되는 것을 말한다. 그 결과 분할되는 회사(양도회사)의 분할된 사업부문이 양수회사에 포괄승계되며 양수회사는 분할대가(분할교부주식 및 분할교부금)를 교부한다.

분할은 분할되는 부문의 독립성 여부에 따라 다음의 몇 가지 유형으로 구분된다.

1) 단순분할과 분할합병

단순한 분할일 경우에는 분할되는 법인이 존속하는 존속분할과 법인이 소멸되는 소멸분할로 구분된다. 또한 법인은 분할에 의하여 1개 또는 수개의 존립 중인 법인과 합병할 수 있으며, 이를 분할합병이라 한다. 분할합병에 있어서도 분할법인의 존속 여부에 따라 존속분할합병과 소멸분할합병으로 구분되며, 존립 중인 회사의 존속 여부에 따라 흡수분할합병과 신설분할합병으로 구분된다.

흡수분할합병이란 존립 중인 회사가 분할합병 후에도 존속하는 경우를 말하며, 이때 존속하는 법인을 「분할합병의 상대방법인」이라 한다. 신설분할합병이란 존립 중인 회사가 분할합병으로 인하여 소멸하는 경우를 말하며, 이 때 소멸하는 법인을 「소멸한 분할합병의 상대방법인」이라 한다. 이를 그림으로 설명하면 다음과 같다.

〈흡수분할합병〉

[분할법인 A] + [B 법인] → [B 법인] : A법인을 분할하여 존립 중인 B법인과 합병한 뒤, B법인이 존속하는 경우

(이 경우 B법인을 분할합병의 상대방법인이라 한다.)

〈신설분할합병〉

[분할법인 A] + [B 법인] → [C 법인] : A법인을 분할하여 존립 중인 B법인과 합병한 뒤, C법인을 신설하는 경우

(이 경우 B법인을 소멸한 분할합병의 상대방법인이라 하고 C법인을 분할신설법인이라 한다.)

2) 인적분할과 물적분할

분할 및 분할합병으로 인하여 설립되는 법인의 주식을 누가 취득하는가에 따라 인적분할과 물적분할로 구분된다. 인적분할이란 분할신설법인의 주식을 분할법인의 주주가 취득하는 것을 말하며, 물적분할이란 분할신설법인의 주식을 분할법인 자신이 취득하는 것을 말한다. 인적분할이 일반적인 유형이지만, 현행 상법에서는 물적분할도 인정하고 있다.

이와 같은 물적분할은 분할법인이 자신의 재산을 분할신설법인에 출자하여 분할신설법인의 주식을 분할법인이 취득한다는 점에서 현물출자에 의한 법인설립과 그 성격이 유사하다. 따라서 이 경우에는 분할차익을 별도로 인식하지 않고, 승계받은 순자산가액이 분할대가를 초과하는 경우에는 이를 주식발행초과금으로 계상한다.

2. 인적분할에 대한 과세체계

인적분할의 경우에는 분할법인(소멸한 분할합병의 상대방법인 포함)과 분할신설법인(분할합병의 상대방법인 포함) 및 그 주주들에게 여러 가지 과세문제가 문제가 발생하게 되는데, 이를 분할당사자별로 요약하면 다음과 같다.

구 분	내 용
분할법인(또는 소멸한 분할합병의 상대방 법인)	양도손익에 대한 법인세 과세
분할신설법인(또는 분할합병의 상대방법인)	분할매수차손익에 대한 법인세 과세
분할법인의 주주	의제배당소득에 대한 법인세 또는 소득세 과세

분할에 대한 과세체계도 합병의 경우와 마찬가지로 분할법인에게 축척된 미실현이익이 분할을 계기로 실현되었다는 생각에 기초를 두고 있다. 그러나 형식적 조직개편에 지나지 않는 적격분할의 경우에는 분할로 인한 이익이 실현되었다고 보기 어렵기 때문에 분할로 인한 이익의 과세를 분할시점 이후로 이연하는 과세이연 규정을 두고 있다.

이러한 적격분할의 요건은 다음과 같다.

① 사업목적성 : 분할등기일 현재 5년 이상 사업을 계속하던 내국법인이 다음의 요건을 모두 갖추어 분할하는 경우일 것(분할합병의 경우에는 소멸한 분할합병의 상대방법인 및 분할합병의 상대방법인이 분할등기일 현재 1년 이상 사업을 계속하던 내국법인일 것)

㉠ 분리하여 사업이 가능한 독립된 사업부문을 분할하는 것일 것

㉡ 분할하는 사업부문의 자산 및 부채가 포괄적으로 승계될 것

㉢ 분할법인만의 출자에 의하여 분할하는 것일 것

② 지분의 영속성 : ㉠ 피분할법인의 주주가 분할신설법인으로부터 받은 분할대가의 전액(분할합병의 경우에는 80% 이상)이 주식으로서 그 주식이 분할법인의 주주가 소유하던 주식의 비율에 따라 배정되고, ㉡ 분할법인의 일정한

지배주주 등이 분할등기일이 속하는 사업연도의 종료일까지 받은 전체 주식의 50% 이상을 처분하지 않을 것

③ 사업의 계속성 : 분할신설법인이 분할등기일이 속하는 사업연도의 종료일까지 분할법인으로부터 승계받은 사업을 계속할 것

④ 고용의 연속성 : ㉠ 분할등기일 1개월 전 당시 분할하는 사업부문에서 종사하는 일반근로자 중 분할신설법인이 승계한 근로자의 비율이 80% 이상이고(고용승계), ㉡ 분할등기일이 속하는 사업연도의 종료일까지 그 비율을 유지할 것(고용유지)

3. 분할법인에 대한 과세(양도손익에 대한 법인세)

1) 비적격분할의 경우

내국법인이 분할로 해산(소멸분할)하는 경우 그 법인의 자산을 분할신설법인에 양도한 것으로 본다. 또한 내국법인이 분할 한 후 존속(존속분할)하는 경우에도 분할한 사업부문의 자산을 분할신설법인에 양도한 것으로 본다. 이에 따라 분할법인은 다음과 같은 양도손익을 분할등기일이 속하는 사업연도의 소득금액을 계산할 때 익금 또는 손금에 산입한다. 그 취지는 피합병법인의 경우와 같이 분할법인의 미실현손익이 소멸분할(또는 존속분할)을 계기로 실현되었다는 데 있다.

소멸분할로 발생하는 양도손익 = 양도가액 − 순자산 장부가액
존속분할로 발생하는 양도손익 = 양도가액 − 분할한 사업부문의 순자산 장부가액

(1) 양도가액

양도가액 = 분할대가 + 분할신설법인이 납부하는 분할법인의 법인세 등

분할대가란 분할신설법인이 분할로 인하여 분할법인의 주주에게 지급한 분할신설법인의 주식의 가액 및 금전이나 그 밖의 재산가액의 합계액을 말한다. 다만, 분할합병의 경우 분할합병의 상대방법인이 분할등기일 전 취득한 분할법인의 주식을 분할합병포합주식이라 하는데, 이러한 분할합병포합주식이 있는 경우에는 그 주식에 대하여 분할신설법인의 주식을 교부하지 않았더라도 그 지분비율에 따라 분할합병교부주식을 교부한 것으로 보아 분할합병의 상대방법인의 주식의 가액을 계산한다.

(2) 순자산 장부가액

순자산 장부가액 = (자산의 장부가액 총액 − 부채의 장부가액 총액) + 환급법인세액

2) 적격분할의 경우

적격분할의 경우 분할법인의 분할로 발생하는 양도손익을 계산할 때 양도가액을 분할법인의 분할등기일 현재 순자산의 장부가액으로 보아 양도손익이 없는 것으로 할 수 있다. 따라서 받은 양도가액이 순자산 장부가액을 초과하는 경우에도 그 양도차익을 영(₩0)으로 할 수 있다.

양도손익 = 양도가액(= 순자산 장부가액) − 순자산 장부가액 = ₩0(과세이연)

적격분할은 분할법인의 순자산 장부가액이 분할신설법인에게 그대로 승계되어 사업활동이 계속되는 것으로 보아 분할등기일 현재 남아 있는 미실현이익을 과세소득으로 인식하지 않는 것이다. 이처럼 분할법인에게 과세되지 않은 양도차익은 분할신설법인에게 이월되어 분할신설법인이 해당 자산을 처분하거나 감가상각을 할 때 과세된다.

한편 부득이한 사유가 있는 경우에는 지분의 연속성요건, 사업의 계속성요건

및 고용의 연속성요건을 갖추지 못한 경우에도 분할로 발생하는 양도손익이 없는 것으로 할 수 있는데, 그 부득이한 사유는 적격합병에서 설명한 바와 같다.

4. 분할신설법인에 대한 과세(분할매수차손익에 대한 법인세)

1) 비적격분할

분할신설법인이 분할로 분할법인의 자산을 승계한 경우에는 그 자산을 분할법인으로부터 분할등기일 현재의 시가로 양도받은 것으로 본다.

이 경우 분할신설법인은 다음과 같은 분할매수차액이 발생한다.

분할매수차액 = 분할법인으로부터 승계한 순자산시가* − 분할법인에 지급한 양도가액

* 승계한 순자산시가 = 승계한 자산시가 − 승계한 부채시가

이때 승계한 순자산시가와 지급한 양도가액이 일치하지 않는 경우 분할매수차익 또는 분할매수차손이 발생하며 분할신설법인은 그 차액을 다음과 같이 처리한다.

구 분	세무처리
승계한 순자산시가 > 지급한 양도가액 (분할매수차익)	분할등기일부터 5년간 균등하게 익금산입 (분할매수차익을 수익으로 계상한 경우에는 익금불산입(△유보)하고, 이후 5년간 균등분할하여 익금산입(유보)한다)
승계한 순자산시가 < 지급한 양도가액 (분할매수차손)	① 발생원인이 영업권*인 경우 : 분할등기일부터 5년간 균등하게 손금산입(분할매수차손을 비용으로 계상한 경우에는 손금불산입(유보)하고, 이후 5년간 균등분할하여 손금산입(△유보)한다) ② 발생원인이 영업권이 아닌 경우 : 손금불산입(분할매수차손을 비용으로 계상한 경우 손금불산입(유보))

* 분할신설법인이 분할법인의 상호·거래관계, 그 밖에 영업상의 비밀 등에 대하여 사업상 가치가 있다고 보아 대가를 지급한 경우를 말함

분할매수차익은 분할신설법인이 분할법인의 순자산을 시가보다 저렴한 대가로 취득하였기 때문에 발생한 것인데, 기업회계에서는 이를 분할매수차익으로 하여 당기수익으로 인식한다. 법인세법에서는 분할매수차익을 분할시점에 일시에 과세하면 분할신설법인의 세부담이 무겁기 때문에 법인세 부담을 이연시키기 위하여 이러한 분할매수차익을 세무조정계산서에 계상하고 분할등기일로부터 5년이 되는 날이 속하는 사업연도까지 다음의 금액을 익금에 산입한다.

$$\text{익금산입액} = \text{분할매수차익} \times \frac{\text{해당 사업연도의 월수}^{*}}{60\text{월}}$$

* 월수는 역에 따라 계산하되 1월 미만의 일수는 1월로 하고, 이에 따라 분할등기일이 속한 월을 1월로 계산한 경우에는 분할등기일부터 5년이 되는 날이 속한 월은 해당 사업연도의 월수에서 제외한다.

분할매수차손은 영업권인 경우에만 손금으로 인정하여 5년간 분할하여 손금에 산입한다. 기업회계에서는 영업권은 상각하지 않고 매년 또는 손상을 시사하는 징후가 있을 때마다 손상검사를 하여 손상차손으로 당기비용으로 인식한다. 법인세법에서는 영업권을 세무조정계산서에 계상하고 분할등기일부터 5년이 되는 날이 속하는 사업연도까지 다음의 금액을 손금에 산입한다.

$$\text{손금산입액} = \text{분할매수차손} \times \frac{\text{해당 사업연도의 월수}}{60\text{월}}$$

그러나 분할매수차손의 발생원인이 영업권이 아닌 경우에는 자산가치가 없는 것에 대해 대가를 지급하여 발생한 것이므로 조세회피의 방지를 위하여 손금으로 인정하지 않는다(비용이나 자산으로 계상할 수 없다).

2) 적격분할의 경우

적격분할의 경우 분할로 발생하는 양도손익을 계산할 때 양도가액을 분할법인의 분할등기일 현재 순자산의 장부가액으로 보아 양도손익이 없는 것으로 한 경우 분할신설법인은 분할법인의 자산을 장부가액으로 양도받은 것으로 한다.

이 경우 양도받은 자산 및 부채의 가액을 분할등기일 현재의 시가로 계상하되, 시가에서 분할법인의 장부가액을 뺀 금액은 자산조정계정으로 계상하여야 한다. 이 경우 계상한 자산조정계정은 자산·부채별 차가감평가계정에 해당한다. 자산조정계정은 해당 자산을 처분하거나 감가상각을 할 때 익금(또는 손금)에 산입한다.

또한 분할등기일이 속하는 사업연도의 다음 사업연도의 개시일부터 2년(아래 ③의 경우는 3년) 이내에 다음 중 어느 하나에 해당하는 과세이연 중단사유가 발생한 경우 자산조정계정 잔액의 총합계액을 익금에 산입한다(법정의 부득이한 사유가 있는 경우는 제외).

① 분할신설법인이 분할법인으로부터 승계받은 사업을 폐지하는 경우(사업의 계속성 중단)

② 분할법인의 일정한 지배주주 등이 분할신설법인으로부터 받은 전체 주식의 50% 이상을 처분하는 경우(지분의 연속성 중단)

③ 각 사업연도 종료일 현재 분할신설법인에 종사하는 근로자 수가 분할등기일 1개월 전 당시 분할하는 사업부문에 종사하는 근로자 수의 80% 미만으로 하락하는 경우(고용의 연속성 중단)

5. 분할법인의 주주에 대한 과세(의제배당소득에 대한 법인세 또는 소득세)

분할법인의 주주는 다음과 같은 의제배당소득에 대한 법인세(주주가 개인인 경우에는 소득세)의 납세의무를 진다.

의제배당금액 = 분할대가* − 소멸한 주식의 장부가액

* 분할대가 = 분할교부주식가액 + 분할교부금(금전이나 그 밖의 재산가액)

이 경우 분할교부주식가액은 시가로 평가하는 것이 원칙이지만, 적격분할의 요건을 모두 갖춘 경우에는 종전 주식의 장부가액(개인주주는 취득가액)으로 평가한다(다만, 분할교부금을 받은 경우에는 Min(시가, 종전의 장부가액)으로 평가한다).

6. 분할시 이월결손금의 승계

1) 적격분할시 이월결손금의 승계

존속분할의 경우 분할신설법인은 분할법인의 결손금을 승계할 수 없다. 반면에 적격분할에 해당되어 소멸한 분할법인의 자산을 장부가액으로 양도받은 경우 분할신설법인은 분할법인의 분할등기일 현재 세무상 결손금 중 승계받은 사업에 속하는 결손금을 승계한다. 이처럼 분할신설법인이 승계한 결손금은 분할법인으로부터 승계받은 사업에서 발생한 소득금액의 범위에서 분할신설법인의 각 사업연도의 과세표준을 계산할 때 공제한다.

2) 공제받은 결손금의 익금산입

승계받은 결손금을 공제한 분할신설법인은 분할등기일이 속하는 사업연도의 다음 사업연도의 개시일부터 2년(아래 ③의 경우에는 3년) 이내에 다음의 사유가 발생한 경우에는 승계받은 결손금 중 공제한 금액을 그 사유가 발생한 날이 속하는 사업연도의 소득금액을 계산할 때 익금에 산입한다(법정의 부득이한 사유가 있는 경우는 제외).

① 분할신설법인이 분할법인으로부터 승계받은 사업을 폐지하는 경우(사업의 계속성 중단)

② 분할법인의 일정한 지배주주 등이 분할신설법인으로부터 받은 전체 주식의 50% 이상을 처분하는 경우(지분의 연속성 중단)

③ 각 사업연도 종료일 현재 분할신설법인에 종사하는 근로자 수가 분할등기일 1개월 전 당시 분할하는 사업부문에 종사하는 근로자 수의 80% 미만으로 하락하는 경우(고용의 연속성 중단)

3) 분할합병의 상대방법인의 이월결손금 공제제한

분할합병의 상대방법인의 분할등기일 현재 세무상 결손금은 분할합병의 상대방법인의 각 사업연도의 과세표준을 계산할 때 분할법인으로부터 승계받은 사업에서 발생한 소득금액의 범위에서는 공제하지 않는다.

13-3 물적분할 및 현물출자에 대한 특례

1. 물적분할에 대한 과세이연

1) 물적분할에 대한 과세체계

물적분할은 분할법인이 분할신설법인의 주식총수를 취득하므로 다음과 같은 점에서 인적분할과 다른 특징을 갖게 된다.

① 인적분할의 경우에는 분할법인이 사업부문 순자산을 양도한 것으로 간주하여 분할로 발생하는 양도손익을 계산하지만, 물적분할은 분할법인 자신이 분할대가를 취득하므로 일반적인 자산처분손익과 동일하게 사업부문 처분손익을 계산한다.

② 분할신설법인의 입장에서는 현물출자를 받고 설립된 경우와 유사하므로 분할매수차손익에 대한 과세문제는 발생하지 않는다.

③ 분할법인의 주주들의 입장에서는 분할대가를 지급받지 않고 보유주식도 소멸

하지 않으므로 의제배당소득에 대한 과세문제도 발생하지 않는다.

이처럼 물적분할의 경우에는 분할법인의 사업부문의 처분이익에 대한 과세문제만 발생하는데 이를 분할당사자별로 요약하면 다음과 같다.

구 분	내 용
분할법인	양도손익에 대한 법인세 과세
분할신설법인	과세문제 없음(자산・부채의 승계가 현물출자 성격임)
분할법인의 주주	과세문제 없음

2) 물적분할로 인한 자산양도차익의 과세이연

(1) 분할법인의 양도차익 손금산입

분할법인이 물적분할에 의하여 분할신설법인의 주식을 취득한 경우로서 적격물적분할에 해당하는 경우 그 분할신설법인의 주식의 가액 중 물적분할로 인하여 발생한 자산의 양도차익에 상당하는 금액은 분할등기일이 속하는 사업연도의 소득금액을 계산할 때 손금에 산입할 수 있다. 이처럼 손금산입하는 양도차익은 분할신설법인 주식의 압축기장충당금으로 계상하여야 한다.

(2) 양도차익의 익금산입

분할법인이 이처럼 손금에 산입한 양도차익에 상당하는 금액은 ① 분할법인이 분할신설법인으로부터 받은 주식을 처분하거나, ② 분할신설법인이 분할법인으로부터 승계받은 자산 중 감가상각자산(유휴설비 포함), 토지 및 주식・출자지분을 처분하는 경우에는 그 사유가 발생하는 사업연도에 다음의 금액을 익금에 산입한다.

> 익금산입액 = 직전 사업연도 종료일 현재 분할신설법인 주식의 압축기장충당금 잔액×[(① + ②) − (①×②)]의 비율

① 분할법인의 당기주식처분비율

$$= \frac{\text{분할법인이 당기에 처분한 분할신설법인 주식의 장부가액}}{\text{분할법인이 전기말 현재 보유하고있는 분할신설법인 주식의 장부가액}}$$

② 분할신설법인의 당기자산처분비율

$$= \frac{\text{분할신설법인이 당기에 처분한 승계자산의 양도차익}}{\text{분할신설법인이 전기말 현재 보유하고 있는 승계자산의 양도차익}}$$

* 승계자산의 양도차익

= 분할등기일 현재 승계자산의 시가 − 분할등기일 전날 승계자산의 장부가액

(3) 과세이연의 중단

양도차익 상당액을 손금에 산입한 분할법인은 분할등기일이 속하는 사업연도의 다음 사업연도 개시일부터 2년(아래 ③의 경우에는 3년) 이내에 다음 중 어느 하나에 해당하는 사유가 발생하는 경우에는 당초 손금에 산입한 금액 중 위의 2)에 따라 익금에 산입하고 남은 금액을 그 사유가 발생한 날이 속하는 사업연도의 소득금액을 계산할 때 익금에 산입한다(법정의 부득이한 사유가 있는 경우는 제외).

① 분할신설법인이 분할법인으로부터 승계받은 사업을 폐지하는 경우(사업의 계속성 중단)

② 분할법인의 일정한 지배주주 등이 분할신설법인으로부터 받은 전체 주식의 50% 이상을 처분하는 경우(지분의 연속성 중단)

③ 각 사업연도 종료일 현재 분할신설법인에 종사하는 근로자 수가 분할등기일 1개월 전 당시 분할하는 사업부문에 종사하는 근로자 수의 80% 미만으로 하락하는 경우(고용의 연속성 중단)

2. 현물출자에 대한 과세이연

1) 개요

물적분할은 분할법인이 어느 사업부문에 속하는 자산·부채를 분할신설법인에

포괄적으로 양도하고 그 대가로 주식총수를 취득한다. 이는 법인이 개별 자산을 다른 법인에게 현물출자하고 주식을 취득하는 것과 유사하다. 따라서 현물출자의 경우에도 현물출자한 법인의 개별적인 자산의 양도차익에 대한 과세문제만 발생한다.

이러한 현물출자에 따른 양도차익은 출자한 자산의 미실현이익이 현물출자를 통하여 실현된 것이므로 당연히 과세되어야 할 것이다. 그러나 이러한 자산양도차익을 일시에 과세하면 현물출자로 인한 세부담이 급격하게 증가하므로 이를 고려하여 법인세법에서는 다음의 요건을 모두 갖춘 적격현물출자에 대해서는 출자법인의 자산양도차익에 대한 과세를 이연하는 특례규정을 두고 있다.

① 사업목적성 : 출자법인이 현물출자일 현재 5년 이상 사업을 계속한 법인일 것

② 지분의 영속성 : ㉠ 출자법인이 현물출자일 다음 날 현재 피출자법인의 발행주식총수의 80% 이상의 주식을 보유하고, ㉡ 출자법인이 현물출자일이 속하는 사업연도의 종료일까지 피출자법인으로부터 받은 주식의 50% 이상을 처분하지 않을 것

③ 사업의 계속성 : 피출자법인이 그 현물출자일이 속하는 사업연도의 종료일까지 출자법인이 현물출자한 자산으로 영위하던 사업을 계속할 것

④ 공동출자시 추가요건 : 다른 내국인 또는 외국인과 공동으로 출자하는 경우 공동으로 출자한 자가 출자법인의 특수관계인이 아닐 것

2) 현물출자로 인한 자산양도차익에 대한 과세이연

(1) 출자법인의 양도차익 손금산입

출자법인이 적격현물출자에 해당하는 경우 피출자법인으로부터 취득한 주식가액 중 현물출자로 발생한 자산의 양도차익에 상당하는 금액은 현물출자일이 속하는 사업연도의 소득금액을 계산할 때 손금에 산입할 수 있다. 이처럼 손금산입하는 금액은 피출자법인 주식의 압축기장충당금으로 계상하여야 한다.

(2) 양도차익의 익금산입

출자법인이 이처럼 손금에 산입한 양도차익에 상당하는 금액은 ① 출자법인이 피출자법인으로부터 받은 주식을 처분하거나, ② 피출자법인이 출자법인으로부터 승계받은 자산 중 감가상각자산(유휴설비 포함), 토지 및 주식·출자지분을 처분하는 경우에는 그 사유가 발생하는 사업연도에 다음의 금액을 익금에 산입한다.

> 익금산입액 = 직전 사업연도 종료일 현재 피출자법인 주식의 압축기장충당금 잔액 ×[(① + ②) − (①×②)]의 비율

① 출자법인의 당기주식처분비율

$$= \frac{\text{출자법인이 당기에 처분한 피출자법인 주식의 장부가액}}{\text{출자법인이 전기말 현재 보유하고 있는 피출자법인 주식의 장부가액}}$$

② 피출자법인의 당기자산처분비율

$$= \frac{\text{피출자법인이 당기에 처분한 승계자산의 양도차익}}{\text{피출자법인이 전기말 현재 보유하고 있는 승계자산의 양도차익}}$$

* 승계자산의 양도차익

= 현물출자일 현재 승계자산의 시가 − 현물출자일 전날 승계자산의 장부가액

(3) 과세이연의 중단

양도차익 상당액을 손금에 산입한 출자법인은 현물출자일이 속하는 사업연도의 다음 사업연도 개시일부터 2년 이내에 다음 중 어느 하나에 해당하는 사유가 발생하는 경우에는 당초 손금에 산입한 금액 중 위의 2)에 따라 익금에 산입하고 남은 금액을 그 사유가 발생한 날이 속하는 사업연도의 소득금액을 계산할 때 익금에 산입한다(법정의 부득이한 사유가 있는 경우는 제외).

① 피출자법인이 출자법인으로부터 현물출자받은 자산으로 영위하던 사업을 폐지하는 경우(사업의 계속성 중단)

② 출자법인이 피출자법인의 발행주식총수의 50% 미만으로 주식을 보유하게 되는 경우(지분의 연속성 중단)

13-4 기타 합병 및 분할 관련 특례

1. 세무조정사항의 승계

내국법인이 합병 또는 분할(분할합병 포함)하는 경우 법인세법 또는 다른 법률에 다른 규정이 있는 경우(예컨대 대손충당금 등의 승계) 외에는 피합병법인 또는 분할법인(소멸한 분할합병의 상대방법인 포함)의 각 사업연도 소득금액 및 과세표준을 계산할 때 익금 또는 손금에 산입하거나 산입하지 않는 금액(세무조정사항)의 승계는 다음의 구분에 따른다.

구 분	세무조정사항의 승계여부
(1) 적격합병 또는 적격분할의 경우	세무조정사항은 모두 합병법인 또는 분할신설법인(분할합병의 상대방법인 포함)에 승계
(2) 위 (1) 외의 경우	대손충당금을 합병법인 또는 분할신설법인(분할합병의 상대방법인 포함)이 승계한 경우에는 그와 관련된 세무조정사항을 승계하고, 그 밖의 세무조정사항은 모두 합병법인 또는 분할신설법인(분할합병의 상대방법인 포함)에 미승계

2. 합병 및 분할에 따른 양도손익 등에 대한 납세의무

법인이 합병 또는 분할로 인하여 소멸한 경우 합병법인 또는 분할신설법인은 피합병법인 또는 분할법인이 납부하지 않은 각 사업연도 소득에 대한 법인세(합병 또는 분할에 따른 양도손익에 대한 법인세 포함)를 납부할 책임을 진다.

3. 합병 및 분할로 인한 감면 · 세액공제의 승계

1) 적격합병 및 적격분할(인적분할에 한함)의 경우

적격합병(완전자법인 합병 포함) · 적격분할(인적분할에 한함)에 해당하여 자산을 장부가액으로 양도받은 경우 합병법인·분할신설법인은 피합병법인·분할법인이 적용받던 감면 또는 세액공제는 승계하여 다음과 같이 감면 또는 세액공제를 적용받을 수 있다. 이 경우 법인세법 또는 다른 법률에 해당 감면 또는 세액공제의 요건 등에 관한 규정이 있는 경우에는 합병법인·분할신설법인이 그 요건 등을 갖춘 경우에만 적용한다.

구 분	내 용
세액감면(일정기간 감면에 한정)의 경우	합병법인·분할신설법인이 승계받은 사업에서 발생한 소득에 대하여 합병 또는 분할 당시의 잔존감면기간 내에 종료하는 각 사업연도분까지 그 감면을 적용
이월공제가 인정되는 세액공제(외국납부세액공제 포함)로서 이월된 미공제액의 경우	합병법인·분할신설법인이 다음의 구분에 따라 이월공제잔여기간 내에 종료하는 각 사업연도분까지 공제 ① 이월된 외국납부세액공제 미공제액: 다음 금액의 범위에서 공제 해당 사업연도의 세액 $\times \dfrac{\text{승계받은 사업에서 발생한 외원천소득}}{\text{해당 사업연도의 과세표준}}$ ② 법인세 최저한세액에 미달하여 공제받지 못한 금액으로서 이월된 미공제액: 승계받은 사업부문에 대하여 계산한 법인세 최저한세액의 범위에서 공제(이 경우 공제하는 금액은 합병법인의 최저한세액을 초과할 수 없음) ③ 위 ①·② 외에 납부할 세액이 없어 공제받지 못한 금액으로서 이월된 미공제액: 승계받은 사업부문에 대하여 계산한 산출세액의 범위에서 공제

2) 적격물적분할의 경우

분할신설법인은 분할법인이 적격물적분할에 해당되어 물적분할로 발생한 자산양도차익을 압축기장충당금으로 계상한 경우 분할법인이 분할 전에 적용받던 감면 또는 세액공제를 승계하여 감면 또는 세액공제의 적용을 받을 수 있다. 이 경우 법인세법 또는 다른 법률에 해당 감면 또는 세액공제의 요건 등에 관한 규정이 있는 경우에는 분할신설법인이 그 요건 등을 갖춘 경우에만 이를 적용하며, 분할신설법인은 다음의 구분에 따라 승계받은 사업에 속하는 감면 또는 세액공제에 한정하여 적용받을 수 있다.

구 분	내 용
(1) 이월된 감면·세액공제가 특정사업·자산과 관련된 경우	세무조정사항은 모두 합병법인 또는 분할신설법인(분할합병의 상대방법인 포함)에 승계
(2) 위 (1) 외의 이월된 감면·세액공제의 경우	분할법인의 사업용 고정자산가액 중 분할신설법인이 각각 승계한 사업용 고정자산가액 비율로 안분하여 분할신설법인이 각각 공제

4. 자산교환에 대한 과세이연

1) 개요

내국법인이 사업용 고정자산(토지·건물 및 업종별 고정자산)을 교환하는 경우 그 교환으로 발생하는 양도차익은 익금에 해당한다. 그러나 내국법인이 다음의 과세이연 요건을 모두 충족하는 경우에는 그 교환취득자산의 가액 중 교환으로 발생한 사업용 고정자산의 양도차익에 상당하는 금액은 일시상각충당금 등을 설정하여 손금에 산입할 수 있다.

① 부동산임대업·부동산중개업·부동산매매업 및 소비성서비스업을 제외한 사업을 영위하는 내국법인이 2년 이상 그 사업에 직접 사용하던 사업용 고정자산을 교환을 위하여 양도할 것

② 특수관계인 외의 다른 내국법인이 2년 이상 그 사업에 사용하던 동일한 종류의 사업용 고정자산을 교환(여러 법인 간의 교환 포함)에 따라 취득할 것

③ 내국법인이 교환취득자산을 교환일이 속하는 사업연도의 종료일까지 해당 내국법인의 사업에 사용할 것

이 제도는 사업부문의 맞교환(Big Deal) 등을 통해 종전 사업부문(또는 종전자산)의 미실현이익이 실현될 때 해당 사업의 계속성이 유지되는 경우 그에 대한 법인세 과세를 이연함으로써 원활한 구조조정을 가능하게 하기 위해 도입된 것이다.

2) 손금산입액

다음의 금액을 일시상각충당금 또는 압축기장충당금으로 손금산입할 수 있다.

> 일시상각충당금 · 압축기장충당금 설정범위액 = Min(①, ②)
> ① 양도자산의 처분이익 = 교환취득자산가액 − (양도자산의 장부가액 + 현금지급액)
> ② 양도자산의 평가이익 = 양도자산의 시가 − 양도자산의 장부가액

이러한 일시상각충당금 등의 처리방법은 일반적인 일시상각충당금 등의 처리방법과 동일하다.

제 14 장 과세표준과 세액의 계산

14-1 과세표준의 계산

1. 과세표준의 계산구조

법인세의 과세표준은 각 사업연도 소득금액에서 이월결손금, 비과세소득, 소득공제액을 차례로 공제한 금액으로 한다. 이 경우 이월결손금 중 그 공제한도(각 사업연도 소득금액×60%(중소기업과 회생계획을 이행 중인 기업 등은 100%))를 초과하는 금액은 차기로 이월하여 공제받을 수 있다. 그러나 과세표준을 계산할 때 공제받지 못한 비과세소득 및 소득공제액은 다음 사업연도에 이월하여 공제할 수 없다.

법인세 과세표준의 계산구조

	결산서상 당기순이익	
(+)	익금산입·손금불산입	
(−)	손금산입·익금불산입	
(=)	차가감소득금액	
(+)	기부금 한도초과액	
(−)	기부금한도초과이월액의 손금산입	
(=)	각 사업연도 소득금액	
(−)	이월결손금	┐
(−)	비과세소득	┼ 순차적으로 공제
(−)	소득공제	┘
(=)	법인세 과세표준	

2. 이월결손금

세무상 결손금이란 각 사업연도에 속하는 손금의 총액이 그 사업연도에 속하는 익금의 총액을 초과하는 경우 그 초과하는 금액을 말한다. 이러한 결손금이 차기로 이월된 경우 이를 이월결손금이라 한다. 각 사업연도에 이러한 결손금이 발생하는 경우 법인세법에서는 이를 다음과 같이 처리하도록 하고 있다.

① 결손금의 이월공제 : 10년(2008년 이전 발생분은 5년)간 이월하여 과세표준을 계산할 때 이월결손금으로 공제하는 것을 원칙으로 하고 있다.

② 결손금의 소급공제 : 중소기업의 경우에는 신청하는 경우에 한하여 직전 사업연도의 과세표준에서 소급하여 공제할 수 있다.

1) 결손금의 이월공제

각 사업연도 개시일 전 10년(2008년 이전 발생 결손금은 5년) 이내에 개시한 사업연도에서 발생한 세무상 결손금으로서 그 후의 각 사업연도의 과세표준을 계산할 때 공제되지 않은 금액은 각 사업연도 소득금액의 60%(중소기업과 회생계획을 이행 중인 기업은 100%) 범위에서 공제한다. 이 경우 공제할 이월결손금이 누적되어 있는 경우에는 먼저 발생한 사업연도의 결손금부터 순차로 공제한다.

이월결손금은 과세표준을 계산할 때 각 사업연도의 소득금액에서 가장 먼저 공제하며, 10년 이내에 임의로 선택하여 공제받을 수 없다. 따라서 해당 사업연도로 이월된 공제 가능한 이월결손금이 있는 경우에는 반드시 이를 해당 사업연도에서 공제하여야 하며, 기업의 선택에 따라 해당 사업연도에 공제받지 않고 다음 사업연도에 공제받을 수는 없는 것이다.

이월결손금은 결손금 발생 후 각 사업연도의 과세표준을 계산할 때 공제되지 않은 금액만 공제한다고 하였는데, 자산수증이익 및 채무면제이익으로 충당된 세무상 이월결손금도 각 사업연도의 과세표준을 계산할 때 이미 공제된 것으로 본다. 따라서 다음의 금액은 각 사업연도의 과세표준을 계산할 때 이미 공제된 것으로 보므로 해당 사업연도의 과세표준에서 다시 공제할 수 없다.

① 당기 전에 과세표준을 계산할 때 이월결손금으로 이미 공제된 금액
② 자산수증이익 및 채무면제이익으로 충당된 이월결손금
③ 채무의 출자전환으로 인한 채무면제이익을 그 이후로 이월하여 결손금의 보전에 충당한 금액
④ 중소기업의 경우 결손금 소급공제를 받은 금액

한편, 추계결정 또는 추계경정에 의하여 법인세의 과세표준과 세액을 계산하는 경우에는 이월결손금을 공제하지 않는다. 다만, 천재·지변 등으로 장부나 그 밖의 증빙서류가 멸실되어 과세표준을 추계결정 또는 추계경정하는 경우에는 그렇지 않다. 이와 같이 추계결정 또는 추계경정하는 경우에는 해당 사업연도에는 이월결손금을 공제하지 못하지만, 이후 사업연도의 과세표준을 계산할 때에는 10년 이내의 이월결손금에 해당하면 당연히 공제할 수 있다.

2) 결손금의 소급공제

중소기업은 법인의 선택에 따라 각 사업연도에 세무상 결손금이 발생한 경우 그 결손금에 대하여 직전 사업연도의 소득에 대하여 과세된 법인세액을 한도로 소급공제하여 법인세액을 환급받을 수 있다.

이러한 결손금 소급공제를 받기 위해서는 다음의 요건을 모두 충족하여야 한다.
① 중소기업에 해당하여야 한다.
② 직전 사업연도에 과세된 법인세액이 있어야 한다.
③ 결손금이 발생한 사업연도와 직전 사업연도의 소득에 대한 법인세 과세표준 및 세액을 각각 법인세 과세표준의 신고기한 내에 신고한 경우에 한한다.
④ 법인세 과세표준의 신고기한 내에 결손금 소급공제에 의한 법인세액 환급신청서를 납세지 관할 세무서장에게 제출하여야 한다.

결손금 소급공제에 의한 환급세액은 다음과 같이 계산한다.

> 환급세액 = Min(①, ②)
> ① 환급대상액 = 직전 사업연도 법인세 산출세액 − (직전 사업연도 과세표준 − 소급공제할 결손금액) × 직전 사업연도 법인세율
> ② 환급한도액 = 직전 사업연도 법인세 산출세액* − 직전 사업연도 감면·공제세액

* 토지 등 양도소득에 대한 법인세를 제외한 금액으로 한다.

이때 법인세액을 환급받으려는 법인은 과세표준 신고기한까지 납세지 관할세무서장에게 신청하여야 하며, 이러한 신청을 받은 납세지 관할세무서장은 지체없이 환급세액을 결정하여 국세기본법에 따라 환급하여야 한다. 이와 같이 소급공제를 받은 결손금은 소멸되며, 소급공제되지 않은 결손금은 이월되어 공제된다.

결손금 소급공제에 의하여 환급세액을 환급한 후 결손금이 발생한 사업연도에 대한 법인세의 과세표준과 세액을 경정함으로써 결손금이 감소된 경우에는 다음의 감소된 결손금에 상당하는 환급세액에 이자상당액을 가산한 금액을 해당 결손금이 발생한 사업연도의 법인세로서 징수한다.

$$\text{환급취소세액} = \text{당초환급세액} \times \frac{\text{감소된 결손금} - \text{소급공제받지 않은 결손금}^*}{\text{소급공제 결손금}}$$

* 결손금 중 일부의 금액만을 소급공제받은 경우에는 소급공제받지 않은 결손금이 먼저 감소된 것으로 본다.

이 경우 가산하는 이자상당액은 다음과 같이 계산한다.

> 이자상당액 = 환급취소세액 × 기간* × 이자율

* 당초 환급세액 통지일의 다음 날부터 추징세액의 고지일까지의 일수

여기서 이자율은 1일 3/10,000(연 10.95%)로 하되, 납세자가 법인세액을 과다하게 환급받은데 정당한 사유가 있는 때에는 국세환급가산금 이자율을 적용한다.

한편, 납세지 관할세무서장은 당초 환급세액을 결정한 후 해당 환급세액의 계산 기초가 된 직전 사업연도의 법인세액 또는 과세표준금액이 달라진 경우에는 즉시 당초 환급세액을 재결정하여 추가로 환급하거나 과다환급한 세액 상당액을 징수하여야 한다. 이처럼 당초 환급세액을 재결정할 때 소급공제 결손금액이 직전 사업연도의 과세표준금액을 초과하는 경우 그 초과하는 결손금액은 소급공제 결손금액으로 보지 않는다.

3. 비과세소득

비과세소득이란 조세정책적인 목적에서 국가가 과세권을 포기한 소득을 말한다. 이는 국가가 과세권을 포기하였기 때문에 비과세 신청을 할 필요가 없으며 당연히 과세되지 않는다. 이러한 비과세소득은 익금불산입항목과는 그 성격이 다르다. 즉 익금불산입항목은 각 사업연도 소득금액에 포함되지 않으나, 비과세소득은 일단 익금항목으로 각 사업연도 소득금액에 포함된 후 과세표준을 계산할 때 이를 공제하게 된다. 또한 당기의 비과세소득이 각 사업연도 소득금액에서 이월결손금을 공제한 잔액을 초과하는 경우에는 그 금액은 소멸되며, 차기 이후로 이월하여 공제할 수 없다.

이러한 비과세소득은 법인세법과 조세특례제한법에서 규정하고 있는데 그 종류는 다음과 같다.

① 공익신탁의 신탁재산에서 생기는 소득(법인세법)

② 중소기업창업투자회사 등의 주식양도차익과 배당소득(조세특례제한법)

4. 소득공제

소득공제는 조세정책적인 목적에서 법인세 과세표준을 계산할 때 각 사업연도 소득금액에서 일정액을 공제하여 주는 제도로 이도 법인세법과 조세특례제한법에서 규정하고 있다.

1) 법인세법상 소득공제

유동화전문회사 등 명목회사(paper company)가 배당가능이익의 90% 이상을 배당한 경우 해당 사업연도의 소득금액을 계산할 때 그 배당한 금액 전액을 공제한다. 이 경우 소득공제액이 해당 사업연도의 소득금액을 초과하는 경우에는 해당 초과금액은 이를 없는 것으로 한다.

유동화전문회사 등 명목회사는 투자자로부터 자금을 모집하여 특정자산이나 사업에 투자하고, 여기서 발생한 이익을 투자자에 배분하는 도관(pass through)의 기능을 수행하는 회사인 점을 고려하여 주주에게 배당한 금액을 소득공제하는 것이다. 이처럼 유동화전문회사 등이 주주에게 배당한 금액은 법인단계에서 소득공제되어 법인세가 과세되지 않으므로 주주단계에서는 배당소득에 대한 이중과세의 조정을 하지 않는다.

2) 조세특례제한법상 소득공제

① 고용유지중소기업에 대한 소득공제

② 자기관리 부동산투자회사에 대한 임대소득공제

14-2 산출세액의 계산

1. 세액계산의 구조

각 사업연도 소득에 대한 법인세액의 계산구조는 다음과 같다.

법인세액의 계산구조

법인세 과세표준	
(×) 세율	→ 2억원까지는 10%, 2억원 초과분은 20%, 200억원 초과분은 22%, 3천억원 초과분은 25%
(=) 법인세 산출세액	→ 토지 등 양도소득에 대한 법인세와 기업의 미환류소득에 대한 법인세 가산
(−) 세액감면	
(−) 세액공제	
(+) 가산세	
(+) 감면분추가납부세액	
(=) 총부담세액	
(−) 기납부세액	→ 중간예납세액, 원천징수세액, 수시부과세액
(=) 차감납부할세액	
(−) 사실과 다른 회계처리 경정세액공제	
(−) 분납할 세액	
(=) 차감납부세액	

2. 과세표준에 대한 법인세 산출세액

법인세 산출세액은 과세표준에 다음의 세율을 적용하여 계산한 금액으로 한다.

과세표준	세 율
2억원 이하	과세표준×10%
2억원 초과 200억원 이하	2천만원 + (과세표준 − 2억원)×20%
200억원 초과 3천억원 이하	39억8천만원 + (과세표준 − 200억원)×22%
3천억원 초과	655억8천만원 + (과세표준 − 3천억원)×25%

한편, 사업연도가 1년 미만인 법인의 각 사업연도 소득에 대한 법인세 산출세액은 다음과 같이 계산한다.

$$\text{법인세 산출세액} = (\text{과세표준} \times \frac{12}{\text{사업연도월수}^*}) \times \text{세율} \times \frac{\text{사업연도월수}^*}{12}$$

* 사업연도 월수는 역(曆)에 따라 계산하되, 1월 미만의 일수는 1월로 한다.

3. 토지 등 양도소득에 대한 법인세

1) 개요

법인이 일정한 부동산을 양도한 경우에는 토지 등 양도소득에 대한 법인세를 각 사업연도 소득에 대한 법인세에 추가하여 납부하여야 한다. 이는 부동산 시장이 과열되었을 때 투기를 방지하기 위해 도입된 중과제도이다.

다만, 2009. 3.16부터 2012. 12.31까지 취득한 자산을 양도함으로써 발생하는 소득에 대해서는 토지 등 양도소득에 대한 법인세를 과세하지 않는다.

2) 과세대상

(1) 과세대상 부동산

다음 중 어느 하나에 해당하는 부동산을 양도한 경우에는 토지 등 양도소득에 대한 법인세를 과세한다(세율 10%, 미등기토지 등은 40%).

① 국내에 소재하는 주택(부수토지 포함) 및 별장(주거용 건축물로서 상시 주거용으로 사용하지 않고 휴양·피서·위락 등의 용도로 사용하는 건축물)

② 비사업용토지

(2) 비과세대상

다음 중 어느 하나에 해당하는 토지 등 양도소득에 대해서는 토지 등 양도소득에 대한 법인세를 과세하지 않는다. 다만, 미등기토지 등에 대한 토지 등 양도소득에 대해서는 그렇지 않다.

① 파산선고에 의한 토지 등의 처분으로 인하여 발생하는 소득
② 법인이 직접 경작하던 농지로서 농지의 교환·분할·통합으로 인하여 발생하는 소득
③ 도시개발법 등에 의한 환지처분으로 지목·지번이 변경되거나 체비지로 충당됨으로써 발생하는 소득
④ 토지 이용상 불합리한 지상 경계를 합리적으로 바꾸기 위하여 측량·수로조사 및 지적에 관한 법률 등에 따라 토지를 분할(분할된 토지의 전체 면적이 분할 전 토지의 전체 면적의 20%를 초과하지 않을 것)하여 교환함으로써 발생하는 소득
⑤ 적격합병·적격분할·적격현물출자·조직변경 및 과세이연요건을 갖춘 교환으로 인하여 발생하는 소득
⑥ 한국토지공사가 토지개발사업으로 조성한 토지 중 주택건설용지로 양도함으로써 발생하는 소득
⑦ 주택을 신축하여 판매하는 법인이 주택과 부수토지를 양도함으로써 발생하는 소득
⑧ 민간임대주택에 관한 특별법에 따른 기업형 임대사업자에게 토지를 양도하여 발생하는 소득
⑨ 그 밖에 공공목적을 위한 양도 등 기획재정부령으로 정하는 사유로 인하여 발생하는 소득

미등기토지 등이란 토지 등을 취득한 법인이 그 취득에 관한 등기를 하지 않고 양도하는 토지 등을 말한다. 다만, 다음의 토지 등은 제외한다.

① 장기할부조건으로 취득한 토지 등으로서 그 계약조건에 따라 양도 당시 그 토지 등의 취득에 관한 등기가 불가능한 토지 등
② 법률의 규정 또는 법원의 처분에 따라 양도당시 취득에 관한 등기가 불가능한 토지
③ 비과세대상이 되는 교환 또는 분합하는 농지

3) 토지 등 양도소득에 대한 법인세 계산

	양도가액	
(−)	장부가액	→ 양도당시 세무상 장부가액(양도비용을 차감하지 않음)
	양도소득	→ 과세표준
(×)	세　　율	→ 10%(미등기토지 등은 40%)
	산출세액	→ 각 사업연도 소득에 대한 법인세에 추가하여 납부

법인이 각 사업연도에 과세대상이 되는 둘 이상의 토지 등을 양도하는 때에는 양도한 자산별로 계산한 금액을 합산한 금액으로 한다. 이 경우 양도한 자산 중 양도차손이 있는 토지 등이 있는 경우에는 그 양도차손을 다음 자산의 양도소득에서 순차로 차감하여 토지 등 양도소득을 계산한다.

① 양도차손이 발생한 자산과 같은 세율을 적용받는 자산의 양도소득

② 양도차손이 발생한 자산과 다른 세율을 적용받는 자산의 양도소득

4) 토지 등 양도소득의 귀속사업연도

토지 등 양도소득의 귀속사업연도(양도시기와 취득시기 포함)는 원칙적으로 그 대금을 청산한 날이 속하는 사업연도로 하되, 대금청산 전에 소유권 이전등기·등록을 하거나 해당 자산을 인도하는 경우 또는 해당 자산을 사용수익하는 경우에는 그 이전등기·등록일, 인도일, 사용수익일 중 빠른 날이 속하는 사업연도로 한다.

한편, 장기할부조건에 의한 토지 등의 양도의 경우에는 회사가 회수기일도래기준을 적용하여 회계처리한 경우에도 이를 인정하지 않고 위의 대금청산기준을 적용한다.

14-3 세액감면

1. 개요

세액감면이란 조세정책적 목적에서 특정한 소득에 대한 법인세를 전부 면제하여 주거나 일정한 비율만큼 경감하여 주는 것을 말한다. 감면되는 세액은 별도의 규정이 있는 경우를 제외하고는 다음과 같이 계산한다.

$$\text{감면세액} = \text{법인세 산출세액}^{1)} \times \frac{\text{감면대상 소득금액} - \text{공제액 등}^{2)}}{\text{과세표준}}^{3)} \times \text{감면비율}^{4)}$$

1) 토지 등 양도소득에 대한 법인세와 미환류소득에 대한 법인세는 제외한다.
2) 공제액 등이라 함은 해당 소득금액에서 다음의 이월결손금 · 비과세소득 · 소득공제액을 공제한 금액으로 한다.
   ① 공제액 등이 감면사업에서 발생한 경우에는 그 전액
   ② 공제액 등이 감면사업에서 발생한 지의 여부가 불분명한 경우에는 소득금액에 비례하여 안분계산한 금액
3) 감면대상 소득금액에서 공제액 등을 공제한 금액이 과세표준에서 차지하는 비율이 100%를 초과하는 경우에는 100%로 한다.
4) 감면비율의 적용에 있어서 면제소득의 경우는 100%로 한다.

법인세법에는 세액감면이 없으나 조세특례제한법은 여러 가지 세액감면을 규정하고 있는데, 크게 감면기간에 제한을 두지 않는 세액감면과 제한을 두는 세액감면으로 대별된다.

2. 감면기간의 제한이 없는 세액감면

1) 중소기업에 대한 특별세액감면

중소기업에 대한 특별세액감면은 제조업 · 건설업 · 도매 및 소매업 · 창작 및 예술관련 서비스업 · 사회복지서비스업 등 열거된 사업을 영위하는 중소기업에 대해

적용한다.

2) 기타의 세액감면

① 중소기업 및 중견기업의 특허권 등 기술이전소득에 대한 세액감면
② 중소기업의 특허권 대여소득에 대한 세액감면
③ 공공차관도입에 따른 과세특례
④ 국제금융거래에 따른 이자소득 등에 대한 세액면제
⑤ 영농조합법인 및 영어조합법인에 대한 세액면제
⑥ 농업회사법인에 대한 세액면제
⑦ 소형주택 임대사업자에 대한 세액감면
⑧ 산림개발소득에 대한 세액감면

3. 감면기간의 제한이 있는 세액감면

① 창업중소기업 등에 대한 세액감면
② 연구개발특구에 입주하는 첨단기술기업 등에 대한 세액감면
③ 사업전환 중소기업과 무역조정지원기업에 대한 세액감면
④ 수도권 과밀억제권역 밖 지역이전 중소기업에 대한 세액감면
⑤ 공장·본사를 수도권 밖으로 이전하는 경우 세액감면
⑥ 농공단지 입주기업 등에 대한 세액감면
⑦ 농업회사법인에 대한 세액감면
⑧ 사회적 기업에 대한 세액감면
⑨ 장애인 표준사업장에 대한 세액감면
⑩ 해외진출기업의 국내복귀에 대한 세액감면
⑪ 제주첨단과학기술단지 입주기업에 대한 세액감면
⑫ 제주투자진흥기구 등 입주기업에 대한 세액감면

⑬ 기업도시개발구역 등의 창업기업 등에 대한 세액감면

⑭ 아시아문화중심도시 입주기업 등에 대한 세액감면

⑮ 금융중심지 창업기업 등에 대한 세액감면

⑯ 첨단의료복합단지 입주기업에 대한 세액감면

한편, 세액감면은 동일한 사업장에 대하여 동일한 과세연도에 감면기간의 제한이 있는 세액감면과 법인의 공장 및 본사를 수도권 밖으로 이전하는 경우 법인세 감면 및 외국인투자기업에 대한 감면규정 중 둘 이상의 규정이 적용될 수 있는 경우에는 그 중 하나만을 선택하여 적용받을 수 있다.

14-4 세액공제

1. 개요

세액공제란 조세정책적 목적에서 특정 지출액의 일정비율에 상당하는 금액을 산출세액에서 공제하여 주는 것을 말한다. 이는 현재 법인세법과 조세특례제한법에서 규정하고 있는데, 그 종류와 성격은 다음과 같다.

구 분	종 류	이월공제기간	최저한세
법인세법	① 외국납부세액공제	5년	적용대상 아님
	② 재해손실세액공제 ③ 사실과 다른 회계처리로 인한 경정에 따른 세액공제	이월공제 안됨	
조세특례제한법	① 연구 및 인력개발비세액공제	5년	대부분 적용대상
	② 각종 투자세액공제 ③ 그 밖의 세액공제	대부분 5년	

2. 외국납부세액공제

1) 개요

내국법인의 경우 외국법인과는 달리 국내원천소득뿐만 아니라 국외원천소득에 대하여도 법인세가 과세된다. 그런데 국외원천소득에 대해서는 해당 소득이 발생하는 국가에서 법인세가 부과될 것이므로 동일한 소득에 대하여 국제적인 이중과세의 문제가 발생한다. 이와 같은 국제적인 이중과세의 문제를 조정하기 위하여 내국법인의 각 사업연도의 과세표준에 국외원천소득이 포함되어 있는 경우 그 국외원천소득에 대하여 이미 그 소득이 발생한 외국에서 법인세를 납부하였거나 납부할 것이 있는 때에는 다음의 두 가지 방법 중 하나를 선택하여 적용받을 수 있도록 하고 있다.

① 외국법인세액을 세액공제로 산출세액에서 공제하는 방법(외국납부세액공제)

② 외국법인세액을 손금산입하는 방법

여기서 외국납부세액공제 또는 손금산입의 대상이 외국법인세액이란 다음의 금액을 말한다.

외국법인세액 = 직접외국납부세액 + 의제외국납부세액 + 간접외국납부세액

2) 외국납부세액의 범위

(1) 직접외국납부세액

직접외국납부세액이란 내국법인의 국외원천소득에 대하여 실제로 납부하였거나 납부할 것으로 확정된 법인세액(가산세와 가산금 제외)으로 외국정부(지방자치단체 포함)에 의하여 과세된 다음의 금액을 말한다.

① 초과이윤세 및 그 밖에 법인의 소득 등을 과세표준으로 하여 과세된 세액

② 법인의 소득 등을 과세표준으로 하여 과세된 세액의 부가세액

③ 법인의 소득 등을 과세표준으로 하여 과세된 세액과 동일한 세목에 해당하는 것으로 소득 외의 수입금액 또는 그 밖에 이에 준하는 것을 과세표준으로 하여 과세된 세액

(2) 의제외국납부세액

국외원천소득이 있는 내국법인이 조세조약의 상대국에서 해당 국외원천소득에 대하여 법인세를 감면받은 세액 상당액은 조세조약으로 정하는 범위에서 외국납부세액공제 또는 손금산입되는 외국법인세액으로 본다. 이는 외국에서의 법인세 감면 효과를 국내 법인세 과세에서도 그대로 유지시키기 위하여 외국에서의 법인세 감면액을 외국납부세액으로 간주하는 것이다.

(3) 간접외국납부세액

내국법인의 각 사업연도의 소득금액에 외국자회사로부터 받는 수입배당금이 포함되어 있는 경우 다음의 금액은 외국납부세액공제 또는 손금산입되는 외국법인세액으로 본다.

$$\text{간접외국납부세액} = \begin{matrix}\text{외국자회사의 해당}\\ \text{사업연도의 법인세액}\end{matrix} \times \frac{\text{수입배당금액}}{\begin{matrix}\text{외국자회사의 해당}\\ \text{사업연도의 소득금액}\end{matrix} - \begin{matrix}\text{외국자회사의 해당}\\ \text{사업연도의 법인세액}\end{matrix}}$$

여기서 외국자회사란 내국법인이 직접 의결권 있는 발행주식총수 또는 출자총액의 25%(해외자원개발사업을 경영하는 외국법인은 5%) 이상을 출자하고 있는 외국법인으로서 배당확정일 현재 6개월 이상 계속하여 보유하고 있는 법인을 말한다.

한편, 위와 같이 계산한 간접외국납부세액을 세액공제하는 경우에는 각 사업연도 소득금액을 계산할 때 이를 익금산입하고 기타사외유출로 소득처분한다. 이는 내국법인이 외국자회사로부터 받는 수입배당금은 이미 해당 외국에서 법인세가 과세된 후의 금액이므로 이를 법인세를 납부하기 전의 소득으로 환산하기 위해서이다.

즉 내국법인이 외국자회사로부터 받은 수입배당금은 익금항목이므로 내국법인의 각 사업연도 소득을 구성하는데, 그 수입배당금은 외국에서 이미 법인세가 과세된 후의 금액이므로 이를 조정하지 않으면 국제적인 이중과세의 문제가 발생한다. 이를 조정하기 위하여 수입배당금에 대하여 외국에서 과세된 세액을 일종의 원천징수액으로 보아 익금에 산입하여 법인세를 계산한 후 그 외국에서 과세된 세액을 다시 세액공제하는 것이다.

3) 외국납부세액공제액의 한도

외국납부세액공제액은 다음의 ①과 ② 중 적은 금액으로 한다.

외국납부세액공제액 = Min(①, ②)

① 외국법인세액 = 직접외국납부세액 + 의제외국납부세액 + 간접외국납부세액

② 공제한도액 = 법인세 산출세액*1) × $\dfrac{\text{국외원천소득*2) 중 과세표준에 산입된 금액}}{\text{해당 사업연도의 과세표준}}$

*1) 토지 등 양도소득에 대한 법인세와 미환류소득에 대한 법인세는 제외한다.

*2) 국외원천소득이란 각 사업연도 소득금액에 포함된 국외원천소득에서 그와 관련된 이월결손금·비과세소득·소득공제액을 차감한 금액을 말한다. 이 경우 이월결손금 등이 국외에서 발생한 때에는 전액을 차감하나, 국외에서 발생했는지의 여부가 불분명한 때에는 각 사업연도 소득금액에 비례하여 안분계산한 금액을 차감한다. 또한 조세특례제한법과 그 밖의 법률에 의하여 세액감면(또는 세액면제)을 적용받는 경우에는 국외원천소득에 감면비율을 곱하여 산출한 금액을 제외한 잔액을 기준으로 공제한도액을 계산한다.

이러한 외국납부세액공제액의 한도를 계산할 때 국외사업장이 둘 이상의 국가

에 있는 경우에는 국가별로 구분하여 이를 계산한다. 이 방법을 국별한도제라 하며, 국가별로 구분하지 않고 한도를 계산하는 일괄한도제는 인정되지 않는다.

한편, 외국납부세액이 공제한도를 초과하는 경우 그 초과하는 금액은 해당 사업연도의 다음 사업연도 개시일부터 5년 이내에 끝나는 각 사업연도에 이월하여 그 이월된 사업연도의 공제한도 범위에서 공제받을 수 있다.

4) 외국납부세액의 손금산입

외국납부세액을 각 사업연도의 소득금액을 계산할 때 손금에 산입하는 방법을 말한다. 일반적으로 손금산입방법보다는 세액공제방법이 해당 법인에게 유리하다. 그러나 세액공제방법은 공제한도가 있기 때문에 장기간 결손이 발생한 경우에는 해당 법인에게 불리하게 작용할 수도 있다. 이 점을 고려하여 손금산입방법도 선택할 수 있도록 한 것이다. → 세부담 최소화의 가정이 제시되는 경우에는 세액공제방법을 선택하고, 소득금액 최소화 가정이 제시되는 경우에는 손금산입방법을 선택한다.

5) 세액공제의 시기 및 서류제출

외국납부세액은 해당 국외원천소득이 과세표준에 산입되어 있는 사업연도의 산출세액에서 공제하거나 손금에 산입한다. 이를 적용받으려는 법인은 과세표준의 신고와 함께 외국납부세액공제세액계산서를 납세지 관할세무서장에게 제출하여야 한다.

법인세의 과세표준을 추계결정·경정하는 경우에는 외국납부세액공제 또는 외국납부세액의 손금산입규정을 적용하지 않는다. 다만, 천재지변 등으로 장부나 그 밖에 증명서류가 멸실되어 추계하는 경우에는 그렇지 않다.

3. 재해손실세액공제

법인이 각 사업연도 중에 천재지변, 그 밖의 재해로 인하여 사업용 자산총액의 20% 이상을 상실하여 납세가 곤란하다고 인정되는 경우에는 다음의 금액을 법인세 산출세액에서 공제한다.

재해손실세액공제액 = Min(①, ②)
① 공제세액 = 공제대상 법인세액 × 재해상실비율
② 한도액 = 상실된 자산가액

1) 재해상실비율

$$\text{재해상실비율} = \frac{\text{상실된 자산가액}}{\text{상실 전의 사업용 자산총액(토지는 제외)}}$$

자산총액이란 사업용 자산가액(토지 제외)을 말하나, 타인 소유의 자산으로서 그 상실로 인한 변상책임이 해당 법인에게 있는 것은 이를 합산한다. 이러한 재해상실비율은 재해발생일 현재 그 법인의 장부가액에 따라 계산하되, 장부가 소실 또는 분실되어 장부가액을 알 수 없는 경우에는 납세지 관할세무서장이 조사하여 확인한 재해발생일 현재의 가액에 따라 계산한다.

한편, 법인이 재해로 인하여 수탁받은 자산을 상실하고 그 자산가액의 상당액을 보상하여 주는 경우에도 이를 재해로 인하여 상실된 자산의 가액 및 상실 전의 자산총액에 포함하되, 예금 · 받을어음 · 외상매출금 등은 해당 채권추심에 관한 증서가 멸실된 경우에도 이를 상실된 자산의 가액에 포함하지 않는다. 이 경우 그 재해자산이 보험에 가입되어 있어 보험금을 수령한 때에도 재해로 상실된 자산가액은 동 보험금을 차감하지 않는다.

2) 재해손실세액공제액의 계산

재해손실세액공제액은 다음과 같이 계산한다.

재해손실세액공제액 = 공제대상 법인세액 × 재해상실비율

위의 산식에서 공제대상 법인세액이란 다음의 세액을 합계한 금액을 말한다.

① 재해발생일 현재 미납된 법인세와 납부하여야 할 법인세(가산세와 가산금 포함)

② 재해발생일이 속하는 사업연도의 소득에 대한 법인세(산출세액과 가산세액의 합계액에서 법인세법 이외의 다른 법률에 따른 공제·감면세액을 감액한 금액)

4. 사실과 다른 회계처리로 인한 경정에 따른 세액공제

1) 개요

분식회계(accounting fraud)란 일반적인 탈세와는 반대로 기업의 영업실적을 좋게 보이기 위하여 장부를 조작하여 매출액이나 이익을 크게 부풀리는 것을 말한다.

그런데 기업이 이러한 분식회계를 통하여 부당한 혜택을 누리고 난 후 당초에 과다하게 신고납부한 법인세액의 경정청구를 통해서 과다납부세액을 환급받음으로써 사회와 경제정의의 측면에서 바람직하지 못한 상황이 발생될 수 있다.

이에 법인세법에서는 일반적인 경정청구의 경우에는 그 용인된 세액을 즉시 환급하지만, 분식회계로 인하여 시정조치를 받은 법인이 과다하게 납부한 법인세액의 환급을 경정청구하는 경우에는 이를 즉시 환급하지 않고 경정일이 속하는 사업연도부터 각 사업연도의 법인세액에서 매년 과다납부한 법인세액의 20%를 한도로 세액공제한다. 이 제도를 사실과 다른 회계처리로 인한 경정에 따른 세액공제라 한다.

2) 구체적인 내용

환급제한 대상법인에 대해서는 사실과 다른 회계처리로 과다납부한 세액을 환급하지 않고 그 경정일이 속하는 사업연도부터 각 사업연도의 법인세액에서 과다납부한 세액을 공제한다. 이 경우 각 사업연도별로 공제하는 금액은 과다납부한 세액의 20%를 한도로 하고, 공제 후 남아 있는 과다납부한 세액은 이후 사업연도에 이월하여 공제한다.

이때 내국법인이 해당 사실과 다른 회계처리와 관련하여 그 경정일이 속하는 사업연도 이전의 사업연도에 국세기본법에 따른 수정신고를 하여 납부할 세액이 있는 경우에는 그 납부할 세액에서 분식회계로 인한 과다납부한 세액을 과다납부한 세액의 20%를 한도로 먼저 공제하여야 한다.

한편, 동일한 사업연도에 사실과 다른 회계처리로 인한 경정청구의 사유 외에 다른 경정청구의 사유가 있는 경우에는 다음의 금액을 그 공제세액으로 한다.

사실과 다른 회계처리로 인한 경정에 따른 세액공제 대상 과다납부세액

$$= \text{과다납부세액} \times \frac{\text{사실과 다른 회계처리로 인하여 과다계상한 과세표준}}{\text{과다계상한 과세표준의 합계액}}$$

세액감면 및 다른 세액공제 규정이 동시에 적용되는 경우 사실과 다른 회계처리로 인한 경정에 따른 세액공제는 각 사업연도 법인세 산출세액에서 세액감면 및 다른 세액공제를 한 후의 법인세액(차감납부할세액)에서 공제한다. 이 경우 해당 사업연도의 사실과 다른 회계처리로 인한 경정에 따른 세액공제액과 이월된 미공제액이 함께 있을 때에는 이월된 미공제액을 먼저 공제한다. 따라서 사실과 다른 회계처리로 인한 경정에 따른 세액공제는 차감납부할세액에서 공제하는데, 이는 납부할 세액에 충당하는 것과 같은 효과가 있다.

위 규정에 따라 과다납부한 세액을 공제받은 내국법인으로서 과다납부한 세액이 남아 있는 내국법인이 해산하는 경우에는 다음과 같이 처리한다.

① 합병 또는 분할에 따라 해산하는 경우: 합병법인 또는 분할신설법인(분할합병의 상대방법인 포함)이 남아 있는 과다납부한 세액을 승계하여 위 본문에 따라 세액공제한다.

② ① 외의 방법에 따라 해산하는 경우: 납세지 관할세무서장 또는 관할지방국세청장은 남아 있는 과다납부한 세액에서 청산소득에 대한 법인세 납부세액을 빼고 남은 금액을 즉시 환급하여야 한다.

5. 조세특례제한법에 따른 세액공제

1) 연구 및 인력개발비 세액공제

내국인이 각 과세연도에 연구 및 인력개발비가 있는 경우에는 다음의 금액을 법인세에서 공제한다.

• 세액공제액 = ① + ②

① 해당 과세연도에 발생한 신성장동력·원천기술연구개발비 × 다음의 공제율

구 분	공제율
중소기업	30%+Min(해당 과세연도의 $\frac{\text{신성장동력·원천기술연구개발비}}{\text{수입금액}}$×3, 10%)
코스닥상장 중견기업	25%+Min(해당 과세연도의 $\frac{\text{신성장동력·원천기술연구개발비}}{\text{수입금액}}$×3, 15%)
일반기업	20%+Min(해당 과세연도의 $\frac{\text{신성장동력·원천기술연구개발비}}{\text{수입금액}}$×3, 10%)

② 일반연구·인력개발비의 경우: Max(㉠, ㉡)

㉠ (당기 발생한 일반연구·인력개발비 − 직전기 발생한 일반연구·인력개발비) × 공제율(중소기업은 50%, 중견기업은 40%, 일반기업은 25%)

㉡ 당기 발생한 일반연구·인력개발비 × 다음의 공제율

구 분	공제율
(1) 중소기업	25%
(2) 중소기업 유예기간 종료 후 5년 이내 기업	① 최초로 중소기업에 해당하지 않게 된 과세연도의 개시일부터 3년 이내에 끝나는 과세연도까지 : 15% ② 그 이후부터 2년 이내에 끝나는 과세연도까지 : 10%
(3) 중견기업이 위 (2)에 해당하지 않는 경우	8%
(4) 위 (1)~(3)에 해당하지 않는 기업	Min(해당 과세연도의 $\frac{\text{신성장동력·원천기술연구개발비}}{\text{수입금액}} \times 50\%$, 3%)

2) 투자세액공제

투자세액공제란 법인이 사업용자산을 새로 취득하여 투자한 경우에 해당 투자금액의 일정률에 상당하는 금액을 법인세 산출세액에서 공제하는 제도를 말한다. 다만, 중고품 및 금융리스 외의 리스에 의한 투자는 투자세액공제가 적용되지 않는다.

종 류	적 용 대 상	공제율
중소기업 등 투자세액공제	중소기업 및 중견기업이 사업용자산 · 판매시점정보관리시스템설비 및 정보보호시스템설비에 투자한 금액	3%
연구 · 인력개발설비 투자세액공제	연구 및 인력개발을 위한 시설 투자한 금액	1% (중견기업은 3%, 중소기업은 7%)
생산성향상시설 투자세액공제	공정개선 · 자동화시설, 첨단기술설비, 공급망관리시스템설비, 고객관계관리시스템설비, 물류관리정보시스템설비 등에 투자한 금액	1% (중견기업은 3%, 중소기업은 7%)
	중소기업이 타인이 보유한 공급망관리시스템설비 및 고객관계관리시스템설비를 인터넷을 통하여 이용하는 경우	이용비용 × 7%
안전설비 투자세액공제	유통사업시설, 위탁기업체가 수탁기업체에 설치하는 시설, 산업재해예방시설 · 광산보안시설, 비상대비업무 보강 · 확장시설, 위해요소방지시설, 기술유	1% (중견기업은 3%, 중소기업은 10%)

종 류	적 용 대 상	공제율
	출방지설비, 해외자원개발설비, 내진보강설비에 투자한 금액	
에너지절약시설 투자세액공제	에너지절약시설에 투자한 금액	1% (중견기업은 3%, 중소기업은 7%)
환경보전시설 투자세액공제	환경보전시설에 투자한 금액	1% (중견기업은 3%, 중소기업은 10%)
의약품품질관리 개선시설 투자세액공제	의약품 품질관리 개선시설에 투자한 금액	1% (중견기업은 3%, 중소기업은 6%)
신성장기술사업화 시설투자세액공제	신성장기술 사업화를 위한 시설에 투자한 금액	5% (중견기업은 7%, 중소기업은 10%)
근로자복지증진 시설 투자세액공제	종업원의 주거안정 등 복지증진을 위하여 취득한 다음 설비의 취득가액 ① 무주택종업원 임대용 국민주택 ② 종업원용 기숙사 ③ 직장어린이집 ④ 장애인·노인·임산부 등의 편의증진시설, 종업원용 휴게실, 체력단련실, 샤워시설, 목욕시설, 종업원의 건강관리를 위해 개설한 부속의료기관	1% (중견기업은 3%, 중소기업은 10%)

이러한 투자세액공제에 있어 동일한 자산에 대하여 여러 가지 투자세액공제가 동시에 적용되는 경우에는 그 중 하나만을 선택하여 적용하여야 하며, 기간제한의 세액감면을 받은 경우에는 투자세액공제를 받을 수 없다.

3) 조세특례제한법에 따른 그 밖의 세액공제

조세특례제한법에 따른 그 밖의 세액공제로는 다음과 같은 것이 있다.

① 상생결제 지급금액에 대한 세액공제

② 상생협력을 위한 기금출연시 세액공제

③ 기술취득에 대한 세액공제

④ 내국법인의 벤처기업 등에의 출자에 대한 세액공제

⑤ 영상콘텐츠 제작비용에 대한 세액공제

⑥ 산업수요맞춤형 고등학교 등 졸업자를 병역 이행 후 복직시킨 기업에 대한 세액공제

⑦ 경력단절 여성 재고용기업에 대한 세액공제

⑧ 근로소득을 증대시킨 기업에 대한 세액공제

⑨ 고용을 증대시킨 기업에 대한 세액공제

⑩ 정규직 근로자로의 전환에 따른 세액공제

⑪ 중소기업 고용증가 인원에 대한 사회보험료 세액공제

⑫ 전자신고에 대한 세액공제

⑬ 대학 맞춤형 교육비용 등에 대한 세액공제

⑭ 기업의 운동경기부 설치·운영에 대한 세액공제

⑮ 석유제품 전자상거래에 대한 세액공제

6. 세액감면과 세액공제의 적용순위

이러한 세액감면과 세액공제가 동시에 적용되는 경우에는 별도의 규정이 있는 경우를 제외하고는 다음의 순서에 따른다.

① 세액감면

② 이월공제가 인정되지 않는 세액공제

③ 이월공제가 인정되는 세액공제. 이 경우 해당 사업연도 중에 발생한 세액공제액과 이월된 미공제액이 함께 있는 때에는 이월된 미공제액을 먼저 공제한다.

④ 사실과 다른 회계처리로 인한 경정에 따른 세액공제. 이 경우 해당 사업연도 중에 발생한 세액공제액과 이월된 미공제액이 함께 있는 때에는 이월된 미공제액을 먼저 공제한다.

14-5 최저한세

1. 개요

최저한세(Alternative Minimum Tax)란 기업이 아무리 많은 조세감면을 적용받더라도 납부해야 할 최소한의 세금을 말한다. 이는 과도한 조세감면을 일정수준으로 제한함으로써, 조세부담의 형평성을 제고하기 위한 제도적 장치이다.

조세감면을 받은 후의 세액이 최저한세에 미달하는 경우에는 그 미달액에 상당하는 부분에 대하여는 조세감면을 배제하게 된다.

2. 최저한세 적용대상

최저한세는 조세특례제한법상 모든 조세특례 및 감면, 즉 조세특례제한법에 따른 손금산입·익금불산입, 비과세, 소득공제, 세액감면, 세액공제가 최저한세의 적용대상이 된다. 따라서 법인세법 등 조세특례제한법이 아닌 다른 법률에 의한 조세특례 및 감면은 최저한세의 적용대상이 아니다.

그러나 조세특례제한법 중 다음의 조세감면은 최저한세의 적용대상이 아니다.

(1) 손금산입·익금불산입

- 사업전환 무역조정지원기업 양도차익의 익금불산입
- 내국법인의 금융채무 상환을 위한 자산매각에 따른 양도차익의 익금불산입
- 내국법인의 외국자회사 주식의 현물출자로 인한 주식양도차익의 익금불산입
- 재무구조개선계획 등에 따른 채무면제이익의 익금불산입
- 합병중복자산 양도차익의 익금불산입
- 공익사업을 위한 수용 등에 따른 공장이전시 공장양도차익의 익금불산입

- 임대주택 부동산투자회사의 현물출자자에 대한 과세특례
- 공무부동산투자회사의 현물출자에 대한 과세특례

(2) 비과세

- 공익기부집합투자기구에서 발생하는 배당소득의 비과세
- 어업협정에 따른 어업인 등이 받는 지원금의 비과세

(3) 소득공제

- 고용유지중소기업에 대한 소득공제

(4) 세액감면

- 창업중소기업 등에 대한 세액감면 중 고용증대에 따른 추가 세액감면
- 공공차관도입에 따른 과세특례
- 해외자원개발투자 배당소득에 대한 세액면제
- 수도권 밖으로 이전하는 중소기업에 대한 세액감면
- 법인의 공장 및 본사를 수도권 밖으로 이전하는 경우 세액감면
- 영농조합법인 · 영어조합법인에 대한 세액면제
- 농업회사법인에 대한 세액감면(작물재배업에서 발생한 소득만 해당)
- 사회적 기업 및 장애인 표준사업장에 대한 세액감면
- 해외진출기업의 국내 복귀에 대한 세액감면
- 제주첨단과학기술단지 입주기업에 대한 세액감면
- 제주투자진흥기구 등 입주기업에 대한 세액감면
- 아시아문화중심도시 투자진흥기구 입주기업 등에 대한 세액감면
- 금융중심지 창업기업 등에 대한 세액감면

(5) 세액공제

• 중소기업의 연구 및 인력개발비에 대한 세액공제

3. 최저한세 적용방법

각 사업연도의 소득에 대한 법인세를 계산할 때 최저한세 적용대상 조세감면 등을 적용받은 후의 세액(감면 후 세액)이 다음 산식에 따라 계산한 최저한세액에 미달하는 경우 그 미달하는 세액에 상당하는 부분에 대해서는 감면 등을 하지 않는다.

> 최저한세액 = 조세감면 전 과세표준* × 최저한세율

* 최저한세 적용대상인 비과세·손금산입·익금불산입·준비금손금산입·소득공제를 적용하지 않은 경우의 과세표준

〈최저한세율〉

구 분		최저한세율
중소기업		7%*
일반기업	(조세감면 전 과세표준) 100억원 이하분	10%
	100억원 초과 1,000억원 이하분	12%
	1,000억원 초과분	17%

* 중소기업이 최초로 중소기업에 해당하지 않게 된 경우에는 그 최초로 중소기업에 해당하지 않게 된 과세연도의 개시일부터 3년 이내에 끝나는 과세연도에는 8%, 그 다음 2년 이내에 끝나는 과세연도에는 9%로 함

여기서 감면 후 세액을 계산할 때 주의하여야 할 점은 다음과 같다.

① 토지 등 양도소득에 대한 법인세와 미환류소득에 대한 법인세, 지점세, 가산세 및 추징세액을 가산하지 않고 계산한다.

② 최저한세 적용대상이 아닌 세액공제 및 세액감면을 차감하지 않고 계산한다.

한편, 조세특례제한법을 적용할 때 최저한세 적용대상으로 열거된 조세감면과 적용대상이 아닌 조세감면이 동시에 적용되는 경우 최저한세 적용대상으로 열거된 감면 등을 먼저 적용한다.

이와 같이 계산한 결과, 감면 후 세액이 최저한세액에 미달하는 경우에는 감면 후 세액이 최저한세액 이상이 되도록 최저한세 적용대상 조세감면 중 일부를 배제하여야 한다. 이때 납세의무자가 신고 또는 수정신고하는 경우에는 납세의무자가 임의로 선택하여 배제할 수 있지만, 정부가 경정하는 경우에는 다음의 순서(동일 항목 내에서는 법조문의 순서에 따름)로 적용을 배제하여 추징세액을 계산한다.

① 조세특례제한법에 따른 준비금의 손금산입

② 세액공제(조문의 순서에 의하되, 동일한 조문의 것은 나중에 발생한 것부터 배제)

③ 세액감면

④ 소득공제 및 비과세

4. 농어촌특별세

농어촌특별세는 농어업의 경쟁력 강화와 농어촌 산업기반시설의 확충 및 농어촌지역 개발사업을 위하여 필요한 재원을 확보하기 위하여 과세하는 목적세로, 소득세 · 법인세 · 관세 · 취득세 · 등록세의 감면을 받는 자 등을 납세의무자로 하여 과세한다. 이 중 조세특례제한법상 법인세 감면을 받는 법인은 다음의 금액을 농어촌특별세로 납부하여야 한다.

농어촌특별세 = 조세특례제한법에 의한 법인세 감면세액 × 20%

이때의 감면세액이란 조세특례제한법에 의하여 특례의 적용을 받은 비과세, 소득공제, 세액감면, 세액공제 등의 금액을 말하며, 앞에서 설명한 최저한세의 적용으로 감면이 배제되는 세액은 제외한 금액을 말한다. 따라서 조세특례제한법에

따른 준비금 손금산입 · 익금불산입 · 손금산입은 농어촌특별세의 과세대상이 되지 않는다.

그러나 다음의 감면세액에 대하여는 농어촌특별세를 과세하지 않는다.

① 창업중소기업 등에 대한 세액감면, 중소기업에 대한 특별세액감면

② 연구 · 인력개발비 세액공제, 연구 · 인력개발 설비투자세액공제, 전자신고에 대한 세액공제, 중소기업창업투자회사 등의 주식양도차익에 대한 비과세

③ 공장 및 본사를 수도권 밖으로 이전하는 경우 세액감면

④ 수도권과밀억제권역 밖으로 이전하는 중소기업에 대한 세액감면

⑤ 농공단지 입주기업 등에 대한 세액감면, 농업회사법인에 대한 세액감면

⑥ 산림개발소득에 대한 세액감면, 영농조합법인 · 영어조합법인에 대한 세액면제 등

이러한 농어촌특별세는 본세와 같은 방법으로 회계처리한다. 즉 본세가 손금항목인 경우에는 농어촌특별세도 손금항목이 되며, 본세가 손금불산입항목인 경우 농어촌특별세도 손금불산입항목이 된다. 따라서 법인세 감면에 대한 농어촌특별세는 본세인 법인세에 따라, 취득세에 대한 농어촌특별세는 취득세에 따라 처리한다.

14-6 가산세

가산세란 세법에 규정하는 의무의 성실한 이행을 확보하기 위하여 그 세법에 따라 산출한 세액에 가산하여 징수하는 금액을 말하며, 그 종류와 내용은 다음과 같다.

1. 신고불성실 · 무기장가산세

1) 무신고가산세

법인이 법정신고기한까지 법인세의 과세표준신고를 하지 않은 경우에는 다음의 금액을 납부할 세액에 가산하거나 환급받을 세액에서 공제한다.

구 분	무신고가산세
부정행위로 인한 무신고	Max(무신고납부세액 × 40%*, 수입금액 × $\frac{14}{10,000}$) * 국제거래에서 발생한 부정행위인 경우에는 60%
일반적인 무신고	Max(무신고납부세액 × 20%, 수입금액 × $\frac{7}{10,000}$)

여기서 무신고납부세액이란 법인이 법인세의 과세표준신고로 납부하여야 할 세액(가산세와 이자상당 가산액이 있는 경우 그 금액은 제외)을 말한다.

과세표준신고로 납부하여야 할 세액
= (산출세액 − 세액감면 · 세액공제) − 기납부세액

한편, 법인세 과세표준신고를 할 때 필수적 첨부서류를 첨부하지 않으면 무신고로 본다.

2) 과소신고가산세

법인이 법정신고기한까지 법인세의 과세표준신고를 한 경우로서 납부할 세액을 신고하여야 할 세액보다 적게 신고(과소신고)한 경우에는 다음의 금액을 납부할 세액에 가산하거나 환급받을 세액에서 공제한다.

과소신고가산세 = (1) + (2)

(1) 부정과소신고가산세

$$= \text{Max}(\text{부정과소신고납부세액} \times 40\%^{*},\ \text{부정과소신고수입금액} \times \frac{14}{10,000})$$

(2) 일반과소신고가산세 = 일반과소신고납부세액 × 10%

* 국제거래에서 발생한 부정행위인 경우에는 60%

여기서 과소신고납부세액과 부정과소신고납부세액 등은 다음과 같이 계산한다.

구 분		계산내용
과소신고납부세액		과소신고한 납부세액* = (신고하여야 할 세액 − 신고한 세액) * 가산세와 이자상당 가산액은 제외한다.
과소신고분 납부세액	부정과소신고납부세액	부정행위로 인한 과소신고납부세액
	일반과소신고납부세액	과소신고납부세액 − 부정과소신고납부세액
부정과소신고수입금액		부정행위로 인하여 과소신고된 과세표준 관련 수입금액

위의 표에서 과소신고납부세액 중 부정과소신고납부세액과 일반과소신고납부세액을 구분하기 곤란한 경우 부정과소신고납부세액은 다음과 같이 계산한 금액으로 한다.

$$\text{부정과소신고납부세액} = \text{과소신고납부세액} \times \frac{\text{부정행위로인하여 과소신고한 과세표준}}{\text{과소신고한 과세표준}}$$

3) 무기장가산세

법인이 장부의 비치 · 기장의무를 이행하지 않은 경우에는 다음의 가산세를 법인세로서 징수한다. 다만, 비영리내국법인에 대해서는 그렇지 않다.

$$\text{무기장가산세} = \text{Max}(\text{결정산출세액}^{*} \times 20\%,\ \text{수입금액} \times \frac{7}{10{,}000})$$

* 토지 등 양도소득에 대한 법인세와 미환류소득에 대한 법인세는 제외한다.

4) 신고불성실가산세와 무기장가산세가 중복될 경우

신고불성실가산세(무신고가산세 · 과소신고가산세를 말함)와 무기장가산세가 동시에 적용되는 경우에는 그 중 가산세액이 큰 가산세만 적용하고, 가산세액이 같은 경우에는 신고불성실가산세만 적용한다.

2. 납부불성실 · 환급불성실가산세

1) 개요

법인이 납부기한까지 법인세의 납부를 하지 않거나 납부하여야 할 세액보다 적게 납부(과소납부)한 경우에는 다음의 금액을 납부할 세액에 가산하거나 환급받을 세액에서 공제한다.

$$\text{납부불성실가산세} = \text{미납세액 또는 과소납부분 세액}^{*} \times \text{기간}^{**} \times \frac{3}{10{,}000}$$

* 세법에 따라 가산하여 납부하여야 할 이자상당 가산액을 더한 금액
** 납부기한의 다음 날부터 자진납부일 또는 납세고지일까지의 기간

이 경우 법인세 중간예납과 청산소득에 대한 법인세 중간신고납부를 하지 않거나 과소납부한 경우에도 납부불성실가산세를 적용한다.

한편, 법인이 환급받아야 할 세액보다 많이 환급(초과환급)받은 경우에는 다음의 금액을 납부할 세액에 가산하거나 환급받을 세액에서 공제한다.

$$환급불성실가산세 = 초과환급받은\ 세액^{*} \times 기간^{**} \times \frac{3}{10,000}$$

* 세법에 따라 가산하여 납부하여야 할 이자상당 가산액을 더한 금액
** 환급받은 날의 다음 날부터 자진납부일 또는 납세고지일까지의 기간

2) 가산세 적용배제

① 원천징수납부 불성실가산세가 부과되는 부분에 대해서는 법인세의 납부와 관련하여 납부불성실 · 환급불성실가산세를 부과하지 않는다.

② 중간예납, 중간신고납부와 관련하여 납부불성실 · 환급불성실가산세가 부과되는 부분에 대해서는 확정신고납부와 관련하여 납부불성실 · 환급불성실가산세를 부과하지 않는다.

3) 사업연도를 잘못 적용하여 신고납부한 경우

법인세의 사업연도를 잘못 적용하여 신고납부한 경우에는 납부불성실 · 환급불성실가산세를 적용할 때 실제 신고납부한 날에 실제 신고납부한 금액의 범위에서 당초 신고납부하였어야 할 과세기간에 대한 법인세를 자진납부한 것으로 본다. 다만, 해당 법인세의 신고가 부정행위로 무신고 · 과소신고한 경우에는 그렇지 않다.

3. 그 밖의 가산세

1) 원천징수납부 불성실가산세

법인세 원천징수의무자가 원천징수하여야 할 세액을 납부기한까지 납부하지 않거나 과소납부한 경우에는 다음의 금액을 납부할 세액에 가산하여 납부하여야 한다. 다만, 원천징수의무자가 국가 또는 지방자치단체인 경우에는 이 가산세를 적용하지 않는다.

원천징수납부 불성실가산세 = Min(①, ②)

① 미납세액・과소납부분 세액×3% + 미납세액・과소납부분 세액×기간* × $\frac{3}{10,000}$

② 미납세액・과소납부분 세액×10%

* 납부기한의 다음 날부터 자진납부일 또는 납세고지일까지의 기간

2) 적격증명서류 불성실가산세

법인이 사업과 관련하여 일정한 법인 또는 개인사업자로부터 재화 또는 용역을 공급받고 신용카드매출전표・현금영수증・세금계산서 또는 계산서를 받지 않거나 사실과 다른 증명서류를 받은 경우에는 다음의 금액을 가산한 금액을 법인세로서 징수한다. 이 경우 산출세액이 없는 때에도 가산세는 징수한다.

적격증명서류 불성실가산세 = 적격증명서류 미수취・불명분 금액×2%

다만, 건당 3만원 이하인 경우 등 영수증을 수취하여도 무방한 경우에는 이러한 가산세를 적용하지 않으며, 적격증명서류 미수취분(건당 1만원 초과, 경조금은 건당 20만원 초과)으로서 손금불산입되는 접대비에 대해서도 이러한 가산세를 적용하지 않는다. 그리고 국가・지방자치단체 및 비영리법인(수익사업과 관련된 부분은 제외)에 대해서도 이러한 가산세를 적용하지 않는다.

3) 주주등명세서 제출불성실가산세

납세지 관할세무서장은 주주등명세서를 제출하여야 하는 내국법인이 주주등명세서를 제출하지 않거나 명세의 전부 또는 일부를 누락하여 제출한 경우와 제출한 주주등명세서가 불분명한 경우에는 다음의 금액을 설립일이 속하는 사업연도의 법인세에 가산하여 징수하여야 한다. 이 경우 산출세액이 없는 때에도 가산세는 징수한다.

주주등명세서 제출불성실가산세
= 미제출·누락제출·불분명 주식 등의 액면금액×0.5%

4) 주식등변동상황명세서 제출불성실가산세

사업연도 중에 주식 등 변동사항이 있을 때 주식등변동상황명세서를 제출하여야 할 내국법인이 변동상황명세서를 제출하지 않거나 변동상황을 누락하여 제출한 경우와 제출한 변동상황명세서가 불분명한 경우에는 다음의 금액을 가산한 금액을 법인세로서 징수한다. 이 경우 산출세액이 없는 때에도 가산세는 징수한다.

주식등변동상황명세서 제출불성실가산세
= 미제출·누락제출·불분명 주식 등의 액면금액×1%

5) 지급명세서 불성실가산세

지급명세서를 제출하여야 할 내국법인이 다음 중 어느 하나에 해당하는 경우에는 다음의 구분에 따른 가산세를 가산한 금액을 법인세로서 징수하여야 한다. 이 경우 산출세액이 없는 때에도 가산세는 징수한다.

구 분	사 유	가산세
미제출	해당 지급명세서를 그 기한까지 제출하지 않은 경우	미제출분 지급금액×1%* * 제출기한이 지난 후 3개월 이내에 제출하는 경우에는 0.5%
불명	제출된 지급명세서가 불분명한 경우에 해당하거나 제출된 지급명세서에 기재된 지급금액이 사실과 다른 경우	불명분·사실과 다른 분 지급금액×1%

6) 계산서 불성실가산세

법인이 다음 중 어느 하나에 해당하는 경우에는 해당 가산세를 가산한 금액을 법인세로서 징수하여야 한다. 이 경우 산출세액이 없는 때에도 가산세는 징수하되, 적격증명서류 불성실가산세 또는 부가가치세법에 따라 세금계산서 불성실가산세가 부과되는 부분은 제외한다. 다만, 국가・지방자치단체 및 비영리법인(수익사업과 관련된 부분은 제외)에 대해서는 이러한 가산세를 적용하지 않는다.

구 분	사 유	가산세
① 불명	계산서의 필요적 기재사항 부실기재시 (②의 적용분 제외)	공급가액×1%
② 미제출・불명	매출・매입처별계산서합계표 미제출・부실기재시 (③, ④의 적용분 제외) 매입처별계산서합계표 미제출・부실기재시 (③, ④의 적용분 제외)	공급가액×0.5%
③ 미발급	발급시기에 발급하지 않은 경우	공급가액×2%
	전자계산서를 발급하지 않았으나 전자계산서 외의 계산서를 발급한 경우	공급가액×1%
④ 지연발급	발급시기가 지난 후 해당 재화・용역의 공급시기가 속하는 사업연도말의 다음 달 25일까지 발급한 경우	공급가액×1%
⑤ 가공・허위수수	재화・용역을 공급하지 않고 발급한 경우 재화・용역을 공급받지 않고 발급받은 경우 재화・용역을 공급하고 실제 공급한 법인이 아닌 법인의 명의로 발급한 경우 재화・용역을 공급받고 실제 공급하는 자가 아닌 자의 명의로 발급받은 경우	공급가액×2%
⑥ 지연전송・미전송	전자계산서 전송기한이 지난 후 재화・용역의 공급시기가 속하는 사업연도말의 다음 달 11일까지 국세청장에게 발급명세를 전송하는 경우(③, ④의 적용분 제외)	공급가액×0.5%
	전자계산서 전송기한이 지난 후 재화・용역의 공급시기가 속하는 사업연도말의 다음 달 11일까지 국세청장에게 발급명세를 전송하지 않은 경우(③, ④의 적용분 제외)	공급가액×1%

7) 기부금영수증 불성실가산세

기부금영수증을 발급하는 법인이 기부금영수증을 사실과 다르게 적어 발급하거나 기부자별 발급명세를 작성·보관하지 않은 경우에는 다음의 구분에 따른 금액을 산출세액 또는 결정세액에 가산하여 징수하여야 한다. 이 경우 산출세액 또는 결정세액이 없는 때에도 가산세를 징수한다.

구 분	기부금영수증 불성실가산세	
기부금영수증의 경우	① 기부금액을 사실과 다르게 적어 발급한 경우	사실과 다르게 발급된 금액 ×2%
	② ① 외의 경우	영수증에 적힌 금액×2%
기부자별 발급명세의 경우	작성·보관하지 않은 금액×0.2%	

8) 신용카드 불성실가산세

신용카드가맹점이 신용카드에 따른 거래를 거부하거나 신용카드매출전표를 사실과 다르게 발급한 경우에는 다음의 가산세를 법인세로서 징수한다. 이 경우 산출세액이 없는 때에도 가산세를 징수한다.

신용카드 불성실가산세 = Max(건별 거부금액·불분명금액×5%, 건별 5천원)

9) 현금영수증 미발급가산세

현금영수증가맹점으로 가입하여야 할 법인이 가입하지 않거나, 현금영수증가맹점이 건당 5천원 이상의 거래금액에 대하여 현금영수증의 발급을 거부하거나 사실과 다르게 발급한 경우에는 다음 중 어느 하나에 해당하는 가산세를 법인세로서 징수한다. 이 경우 산출세액이 없는 때에도 가산세를 징수한다.

구 분	현금영수증 미발급가산세
현금영수증가맹점으로 가입하지 않은 경우	미가입기간의 수입금액×1%
현금영수증 발급을 거부하거나 사실과 다르게 발급한 경우	Max(건별 발급거부금액·불분명금액×5%, 건별 5천원)

10) 유보소득계산명세서 제출불성실가산세

국제조세조정에 관한 법률에 따라 특정외국법인의 유보소득계산명세서를 제출하여야 하는 내국법인이 그 제출기한까지 제출하지 않거나 제출된 명세서가 불분명한 경우에는 다음의 가산세를 법인세로서 징수하여야 한다. 이 경우 산출세액이 없는 때에도 가산세는 징수한다.

> 유보소득계산명세서 제출불성실가산세
> = 해당 특정외국법인의 배당가능 유보소득금액×0.5%

14-7 기납부세액

각 사업연도의 소득에 대한 법인세는 각 사업연도종료일이 속하는 달의 말일부터 3개월 이내에 신고·납부하는 것이 원칙이다. 그러나 세수의 조기확보 및 세원관리를 위하여 사업연도 중에 미리 법인세를 징수 또는 납부할 수 있도록 하고 있는데, 이러한 제도로 중간예납·원천징수·수시부과의 제도가 있다. 이와 같이 사업연도 중에 미리 징수 또는 납부한 세액은 사업연도 종료 후 정규 법인세 신고 시 이를 기납부세액으로 차감하여 정산하게 된다.

1. 중간예납세액

각 사업연도의 기간이 6개월을 초과하는 법인은 해당 사업연도 개시일부터 6개월 간을 중간예납기간으로 하여 그 기간에 대한 법인세를 중간예납기간이 지난 날부터 2개월 이내에 납부하여야 한다.

1) 중간예납의무자

사업연도가 6개월을 초과하는 법인은 중간예납의 의무가 있는데, 다음에 해당하는 법인은 중간예납의 의무가 없다.

① 사립학교를 경영하는 학교법인, 산학협력단, 서울대학교, 인천대학교

② 신설법인의 설립 후 최초 사업연도(합병이나 분할에 의한 신설법인 제외)

③ 휴업법인(중간예납 기간 중 사업수입금액이 없는 것으로 확인되는 경우에 한함)

④ 청산법인과 국내사업장이 없는 외국법인

2) 중간예납세액의 계산방법

중간예납세액의 계산방법은 직전 사업연도의 실적을 기준으로 계산하는 방법과 해당 사업연도 중간예납기간의 실적을 기준으로 계산하는 가결산방법의 두 가지가 있다. 법인은 이 중 한 가지 방법을 선택하여 적용할 수 있는데, 다만 다음의 하나에 해당하는 경우에는 후자의 방법, 즉 가결산방법에 의해야 한다.

① 직전 사업연도의 확정된 산출세액이 없는 경우(유동화전문회사 등 제외)

② 직전 사업연도의 법인세액이 중간예납기간 만료일까지 확정되지 않은 경우

③ 분할신설법인 및 분할합병의 상대방법인의 분할 후 최초 사업연도의 경우

한편, 위 ①, ②의 경우를 제외하고 중간예납세액의 납부기한이 지난 때에는 가결산방법을 선택할 수 없다.

(1) 직전 사업연도의 실적을 기준으로 계산하는 방법

$$\text{중간예납세액} = (\text{직전 사업연도의 법인세로서 확정된 산출세액} - \text{직전 사업연도의 감면·공제세액·원천징수세액·수시부과세액}) \times \frac{6}{\text{직전 사업연도 월수}}$$

여기서 직전 사업연도의 법인세로서 확정된 산출세액에는 가산세는 포함하고 토지 등 양도소득에 대한 법인세와 미환류소득에 대한 법인세는 제외한다. 이는 중간예납기간 종료일까지 신고(수정신고 포함) 또는 결정·경정에 의하여 확정된 세액을 말한다. 다만, 중간예납세액의 납부기한까지 직전 사업연도의 법인세가 경정된 경우에는 그 경정으로 인하여 감소된 세액을 차감하여 계산한다.

(2) 가결산방법

이는 해당 중간예납기간을 1 사업연도로 보아 중간예납세액을 계산하는 방법으로 다음과 같이 계산한다.

$$\text{중간예납세액} = (\text{중간예납기간의 과세표준} \times \frac{12}{6}) \times \text{법인세율} \times \frac{6}{12} - \text{중간예납기간의 감면·공제세액·원천징수세액·수시부과세액}$$

3) 중간예납세액의 납부 및 징수

중간예납세액은 그 중간예납기간이 지난 날부터 2개월 이내에 납세지 관할세무서장 등에 납부하여야 한다. 이 경우에 중간예납세액이 1천만원을 초과하는 경우에는 정규의 법인세와 마찬가지로 분납할 수 있다.

납세지 관할세무서장은 법인이 중간예납세액의 전부 또는 일부를 납부하지 않으면 그 미납된 중간예납세액을 국세징수법에 따라 징수하여야 한다. 다만, 중간예납세액을 납부하지 않은 법인이 반드시 가결산방법에 의해 중간예납세액을 납부하여야 하는 경우에는 중간예납세액을 결정하여 국세징수법에 따라 징수하여야 한다.

이처럼 미납한 중간예납세액에 대해서는 정규의 법인세와 같이 납부불성실가산세를 징수한다.

2. 원천징수세액

원천징수란 정부의 징수편의를 위하여 특정소득을 지급하는 자가 해당 소득을 지급할 때 그 소득을 지급받는 자로부터 세금을 대신 징수하여 관할세무서에 납부하는 제도를 말한다. 이와 같은 원천징수에는 법인세법상 원천징수와 소득세법상 원천징수가 있는데, 지급받는 자가 법인이면 법인세법의 규정을, 개인이면 소득세법의 규정을 적용받게 된다.

다음의 소득금액을 법인에게 지급하는 자(원천징수의무자)가 그 금액을 지급하는 경우에는 그 지급하는 금액에 다음의 세율을 적용하여 계산한 법인세를 원천징수하여 그 징수일이 속하는 달의 다음 달 10일까지 납세지 관할세무서 등에 납부하여야 한다.

원천징수대상소득	원천징수세율
이자소득금액	14%(비영업대금의 이익은 25%)
집합투자기구로부터의 이익 중 투자신탁의 이익	14%

이러한 원천징수대상소득이라 하더라도 다음의 소득에 대하여는 원천징수하지 않는다.

① 법인세가 비과세되거나 면제되는 소득

② 투자신탁재산에 귀속되는 소득.

③ 신고한 과세표준에 이미 산입된 미지급소득

법인세의 원천징수의무자는 원천징수한 법인세를 원칙적으로 그 징수일이 속하는 달의 다음 달 10일까지 납부하여야 한다. 다만, 직전연도(신규로 사업을 개시한 사업자의 경우 신청일이 속하는 반기)의 상시 고용인원이 20명 이하인 원천징수의무자(금융보험업을 영위하는 법인 제외)는 원천징수 관할세무서장의 승인을 얻어 그 징수일이 속하는 반기의 마지막 달의 다음 달 10일까지 납부할 수 있다.

납세지 관할세무서장은 원천징수의무자가 그 징수하여야 할 세액을 징수하지 않았거나 징수한 세액을 기한까지 납부하지 않으면, 지체없이 원천징수의무자로부터 그 원천징수하여 납부하여야 할 세액상당액에 원천징수납부불성실가산세를 더한 금액을 법인세로서 징수하여야 한다. 다만, 원천징수의무자가 원천징수를 하지 않은 경우로서 납세의무자가 그 법인세액을 이미 납부한 경우에는 원천징수의무자에게 원천징수불성실가산세만 징수한다.

한편, 원천징수세액이 1천원 미만인 경우에는 해당 법인세를 징수하지 않는다(소액부징수).

3. 수시부과세액

수시부과란 법인의 사업연도 중에 다음과 같은 사유가 있는 경우에 사업연도 개시일부터 그 사유가 발생한 날까지를 수시부과기간으로 하여 수시로 정부가 그 법인에 대한 법인세를 부과하는 것을 말한다.

① 신고를 하지 않고 본점 등을 이전한 경우

② 사업부진 기타 사유로 인하여 휴업 또는 폐업상태에 있는 경우

③ 기타 조세를 포탈할 우려가 있다고 인정되는 상당한 이유가 있는 경우

이처럼 수시부과를 한 경우에도 각 사업연도에 대한 정기분 과세표준신고는 하여야 한다.

수시부과를 하는 경우에는 그 사업연도 개시일부터 수시부과사유가 발생한 날까지를 수시부과기간으로 하여 정기분 과세표준의 결정의 경우를 준용하여 그 과세표준을 결정하여 다음과 같이 세액을 계산하되, 가산세는 적용하지 않는다.

$$\text{수시부과세액} = (\text{과세표준} \times \frac{12}{\text{수시부과기간의 월수}} \times \text{세율}) \times \frac{\text{수시부과기간의 월수}}{12}$$

제 15 장 법인세의 납세절차

15-1 법인세의 신고

법인세의 납세의무가 있는 내국법인은 각 사업연도 종료일이 속하는 달의 말일부터 3개월 이내에 해당 사업연도의 소득에 대한 법인세의 과세표준과 세액을 납세지 관할세무서장에게 신고하여야 한다. 납세의무가 있는 내국법인은 각 사업연도의 소득금액이 없거나 결손금이 있는 경우에도 마찬가지이다.

과세표준 및 세액의 신고는 법인세과세표준 및 세액신고서(별지 제1호 서식)에 의하되, 다음의 서류를 첨부하여야 한다.

구 분	첨부서류	비 고
필수적 첨부서류	① 기업회계기준을 준용하여 작성한 개별 내국법인의 재무상태표 · 포괄손익계산서 및 이익잉여금처분계산서(또는 결손금처리계산서) ② 세무조정계산서(법인세과세표준 및 세액조정계산서(별지 제3호 서식))	과세표준을 신고할 때 이러한 서류를 첨부하지 않으면 무신고로 본다.
그 밖의 서류	③ 세무조정계산서 부속서류 ④ 현금흐름표* * 주식회사의 외부감사에 관한 법률의 규정에 따라 현금흐름표의 작성이 의무화되어 있는 법인만 제출	전자신고한 법인의 경우에는 세무조정계산서 부속서류 중 기획재정부령으로 정하는 서류를 첨부하지 않을 수 있다.

15-2 법인세의 납부

법인은 각 사업연도에 대한 법인세 산출세액에서 해당 사업연도의 감면세액·중간예납세액·수시부과세액·원천징수된 세액(가산세는 제외)을 공제한 금액을 각 사업연도의 소득에 대한 법인세로서 법인세 과세표준 신고기한까지 납세지 관할세무서·한국은행 또는 체신관서에 납부하여야 한다.

자진납부할 세액(가산세와 감면분추가납부세액은 제외)이 1천만원을 초과하는 경우에는 다음의 금액을 납부기한이 지난 날부터 1개월(중소기업은 2개월) 이내에 분납할 수 있다.

구 분	분납가능금액
① 납부할 세액이 2천만원 이하인 경우	1천만원을 초과하는 금액
② 납부할 세액이 2천만원을 초과하는 경우	납부세액의 50% 이하의 금액

15-3 결정과 경정

과세표준과 세액의 결정이란 정부가 납세의무를 처음으로 확정하는 처분이며, 경정이란 이미 확정된 납세의무를 정부가 변경하는 처분이다.

현재 법인세는 법인의 신고에 의하여 세액이 확정되는 신고납세제도에 의하므로 별도로 정부의 조사결정 또는 경정과정을 거치지 않는 것이 원칙이나, 예외적으로 무신고 또는 신고내용에 오류 또는 탈루가 있는 때에는 다음과 같이 정부의 결정 또는 경정에 의하게 된다.

1. 결정

납세지 관할세무서장 또는 관할지방국세청장은 법인이 법인세의 과세표준신고를 하지 않은 때에는 해당 법인의 각 사업연도의 소득에 대한 법인세의 과세표준과 세액을 결정한다. 이러한 결정은 법인세 과세표준 신고기한으로부터 1년 이내에 완료하여야 한다. 다만, 국세청장이 조사기간을 따로 정하거나 부득이한 사유로 인하여 국세청장의 승인을 얻은 경우에는 그렇지 않다.

2. 경정

납세지 관할세무서장 또는 관할지방국세청장은 법인세의 과세표준신고를 한 법인이 다음 중 어느 하나에 해당하는 경우에는 해당 법인의 각 사업연도 소득에 대한 과세표준과 세액을 경정한다.

① 신고내용에 오류 또는 누락이 있는 경우

② 지급명세서, 매출·매입처별계산서합계표 또는 매출·매입처별세금계산서합계표의 전부 또는 일부를 제출하지 않은 경우

③ 다음 중 어느 하나에 해당하는 경우로서 시설규모나 영업현황으로 보아 신고내용이 불성실하다고 판단되는 경우

㉠ 신용카드가맹점 가입요건에 해당하는 법인이 정당한 사유 없이 신용카드가맹점으로 가입하지 않은 경우

㉡ 신용카드가맹점이 정당한 사유 없이 신용카드에 따른 거래를 거부하거나 신용카드 매출전표를 사실과 다르게 발급한 경우

㉢ 현금영수증가맹점으로 가입하여야 하는 법인 및 현금영수증가맹점 가입대상자로 지정받은 법인이 정당한 사유 없이 현금영수증가맹점으로 가입하지 않은 경우

㉣ 현금영수증가맹점이 정당한 사유 없이 현금영수증 발급을 거부하거나 사실과 다르게 발급한 경우

④ 내국법인이 관련 법률에 따른 사업보고서 및 감사보고서를 제출할 때 수익 또는 자산을 과다계상하거나 손비 또는 부채를 과소계상하는 등 사실과 다른 회계처리로 인하여, 해당 내국법인 · 그 감사인 또는 그에 소속된 공인회계사가 경고 · 주의 이상의 조치를 받은 경우로서, 과세표준 및 세액을 과다하게 계상하여 국세기본법의 규정에 따라 경정을 청구한 경우

한편, 납세지 관할세무서장 또는 관할지방국세청장은 법인세의 과세표준과 세액을 결정 또는 경정한 후 그 결정 또는 경정에 오류나 누락이 있는 것이 발견된 때에는 즉시 이를 다시 경정한다(재경정).

3. 결정 및 경정의 방법

법인세의 결정과 경정은 원칙적으로 실지조사에 의하며, 예외적인 경우에 한하여 추계결정 또는 경정할 수 있다.

1) 원칙 : 실지조사

납세지 관할세무서장 또는 관할지방국세청장은 각 사업연도의 소득에 대한 법인세의 과세표준과 세액을 결정 또는 경정하는 경우에는 과세표준신고서 및 그 첨부서류에 의하거나 비치 · 기장된 장부나 그 밖의 증명서류에 의한 실지조사에 따라야 한다.

2) 예외 : 추계결정 · 경정

다음 중 어느 하나의 사유로 인하여 장부나 그 밖의 증명서류에 의하여 소득금액을 계산할 수 없는 경우에는 과세표준과 세액을 추계할 수 있다.

① 소득금액을 계산할 때 필요한 장부나 증명서류가 없거나 그 중요한 부분이 미비 또는 거짓인 경우

② 기장의 내용이 시설규모 · 종업원수와 원자재 · 상품 · 제품 또는 각종 요금의 시가 등에 비추어 허위임이 명백한 경우
③ 기장의 내용이 원자재사용량 · 전력사용량 기타 조업상황에 비추어 허위임이 명백한 경우

이러한 추계결정 또는 경정은 다음 중 어느 한 가지 방법에 따른다.

① 일반적인 경우(기준경비율법)

추계결정 또는 경정은 기준경비율에 의하여 세액을 계산하는 것을 원칙으로 하며 이 경우의 과세표준은 다음과 같이 계산한다.

> 과세표준 = 사업수입금액×(1 − 기준경비율) − 증명서류로 확인되는 주요경비*
> + 과세표준에 가산할 금액

* 매입비용, 사업용 고정자산의 임차료, 인건비(대표자 · 임원 · 사용인의 급여 · 임금 · 퇴직급여)

② 동업자권형방법

기준경비율이 결정되지 않았거나 천재 · 지변 기타 불가항력으로 장부 기타 증빙서류가 멸실된 때에는 기장이 가장 정확하다고 인정되는 동일 업종의 다른 법인의 소득금액을 참작하여 그 과세표준을 결정 또는 경정한다.

다만, 동일업종의 다른 법인이 없는 경우로서 과세표준신고 후에 장부 기타 증명서류가 멸실된 때에는 과세표준신고서 및 그 첨부서류에 따르고, 과세표준신고 전에 장부 기타 증명서류가 멸실된 때에는 직전 사업연도의 소득률에 따라 과세표준을 결정 또는 경정한다.

③ 소기업이 폐업한 경우(조세탈루혐의가 있는 경우는 제외)

이 경우의 과세표준은 다음과 같이 계산한다.

과세표준 = Min(①, ②, ③) + 과세표준에 가산할 금액
① 수입금액×(1 − 단순경비율)
② 수입금액×직전 사업연도 소득률
③ 기준경비율법에 따라 계산한 금액

한편, 법인세의 과세표준과 세액을 추계결정 또는 경정하는 경우에는 이월결손금의 공제와 외국납부세액공제(또는 손금산입)의 규정은 적용하지 않는다. 다만, 천재 · 지변 등으로 장부나 그 밖의 증명서류가 멸실되어 추계하는 경우에는 그렇지 않다.

4. 징수와 환급

납세지 관할세무서장은 법인이 각 사업연도의 법인세로서 납부하여야 할 세액의 전부 또는 일부를 납부하지 않으면 그 미납된 법인세액을 국세징수법에 따라 징수하여야 한다.

또한 납세지 관할세무서장은 중간예납 · 원천징수 또는 수시부과한 법인세액이 각 사업연도의 소득에 대한 법인세액(가산세 포함)을 초과하는 경우 그 초과액은 국세기본법에 따라 환급하거나 다른 국세 · 가산금 및 체납처분비에 충당하여야 한다.

제 16 장 그 밖의 법인세 납세의무

16-1 비영리법인의 각 사업연도 소득에 대한 법인세

비영리법인이란 학술·종교·자선·기예·사교 기타 영리 아닌 사업을 목적으로 하는 법인을 말한다. 이러한 비영리법인의 법인세 납세의무는 다음과 같다.

구 분	각 사업연도 소득	청산소득	토지 등 양도소득	미환류소득
비영리내국법인	국내·외 수익사업소득	비과세	과세	비과세
비영리외국법인	국내원천 수익사업소득	비과세	과세	비과세

1. 비영리법인의 범위

비영리내국법인이란 내국법인 가운데 다음 중 어느 하나에 해당하는 법인을 발한다.

① 민법 제32조에 따라 설립된 법인

② 사립학교법이나 그 밖의 특별법에 따라 설립된 법인으로서 민법 제32조에 규정된 목적과 유사한 목적을 가진 법인. 다만, 조합법인 등이 아닌 법인으로서 그 주주·사원 또는 출자자에게 이익을 배당할 수 있는 법인은 제외된다.

③ 국세기본법에 따른 법인으로 보는 단체

비영리외국법인이란 외국법인 중 외국의 정부·지방자치단체 및 영리를 목적으로 하지 않는 법인(법인으로 보는 단체 포함)을 말한다.

2. 과세소득의 범위

비영리법인의 각 사업연도 소득은 다음의 수익사업에서 생기는 소득에 한정된다.

① 사업소득

② 이자소득

③ 배당소득

④ 주식・신주인수권 또는 출자지분의 양도로 인한 수입

⑤ 고정자산의 처분으로 인한 수입. 다만, 고유목적사업에 직접 사용하는 고정자산의 처분수입은 제외한다.

⑥ 양도소득세 과세대상자산인 부동산에 관한 권리와 기타자산의 양도로 인한 수입

⑦ 채권매매익

3. 비영리법인에 대한 과세특례

1) 고유목적사업준비금의 손금산입

비영리내국법인은 그 법인의 고유목적사업이나 지정기부금에 지출하기 위하여 고유목적사업준비금을 손금으로 계상한 경우에는 일정한 범위에서 이를 손금에 산입한다. 이러한 고유목적사업준비금에 관한 규정은 법정기부금에 대해서는 적용하지 않는다.

(1) 손금산입의 방법

고유목적사업준비금의 손금산입은 원칙적으로 결산조정사항이다. 다만, 주식회사의 외부감사에 관한 법률에 따른 감사인의 회계감사를 받는 비영리내국법인의 경우에는 예외적으로 잉여금처분에 의한 신고조정을 허용한다.

즉 고유목적사업준비금을 세무조정계산서에 계상한 경우로서 그 금액 상당액이

해당 사업연도의 이익처분에 있어서 그 준비금의 적립금으로 적립되어 있는 경우 그 금액은 손금으로 계상한 것으로 본다. 이 경우 나중에 그 준비금을 익금산입할 때 그 적립금을 처분하여야 한다.

고유목적사업준비금의 손금산입은 본래 기업회계기준에 위배되는 것이다. 따라서 이를 결산서에 계상하게 되면 외부회계감사를 받는 경우에 문제가 될 수 있기 때문에 잉여금처분에 따른 신고조정을 허용하는 것이다.

(2) 손금산입범위액

손금산입범위액
= 이자 · 배당소득금액 + (수익사업 소득금액 − 이자 · 배당소득금액 − 이월결손금 − 법정기부금 손금산입액) × 50%(또는 특례비율(80% 또는 100%))

여기서 수익사업 소득금액은 고유목적사업준비금 및 법정기부금을 손금산입하기 전의 소득금액으로 한정한다.

(3) 상계와 환입

이처럼 손금으로 계상한 고유목적사업준비금을 고유목적사업이나 지정기부금에 지출하는 경우에는 그 금액을 먼저 계상한 사업연도의 고유목적사업준비금부터 차례로 상계하여야 한다.

이 경우 직전 사업연도종료일 현재의 고유목적사업준비금의 잔액을 초과하여 해당 사업연도의 고유목적사업 등에 지출한 금액은 이를 그 사업연도에 계상할 고유목적사업준비금에서 지출한 것으로 본다. 따라서 이 금액은 해당 사업연도의 고유목적사업준비금 손금산입범위액 안에서 손금으로 인정된다.

손금산입한 고유목적사업준비금의 잔액이 있는 비영리내국법인이 다음 중 어느 하나에 해당하게 된 경우 그 잔액은 해당 사유발생일이 속하는 사업연도의 익금에 산입한다.

① 해산한 경우

② 고유목적사업을 전부 폐지한 경우

③ 법인으로 보는 단체가 법인의 승인이 취소되거나 거주자로 변경된 경우

④ 고유목적사업준비금을 손금으로 계상한 사업연도의 종료일 이후 5년이 되는 날까지 고유목적사업 등에 사용하지 않은 경우

⑤ 고유목적사업준비금을 손금으로 계상한 사업연도의 종료일 이후 5년 이내에 고유목적사업준비금의 잔액 중 일부를 환입하여 계상한 경우(임의 조기환입)

위 ④, ⑤에 해당하여 고유목적사업준비금의 잔액을 익금산입하는 경우에는 다음 산식에 따라 계산한 이자상당액을 해당 사업연도의 법인세에 가산하여 납부하여야 한다.

$$\text{이자상당액} = \text{법인세액의 차액}^{*} \times \text{기간}^{**} \times \frac{3}{10,000}$$

* 해당 고유목적사업준비금의 잔액을 손금산입한 사업연도에 그 잔액을 손금에 산입함에 따라 발생한 법인세액의 차액

** 손금산입한 사업연도의 다음 사업연도 개시일부터 익금산입한 사업연도종료일까지의 일수

2) 이자소득에 대한 선택적 분리과세

비영리내국법인은 원천징수된 이자소득(비영업대금의 이익은 제외하고, 투자신탁의 이익은 포함)에 대해서는 과세표준신고를 하지 않을 수 있다(원천징수된 이자소득 중 일부에 대하여만 과세표준신고를 하지 않을 수도 있다). 이처럼 과세표준신고를 하지 않은 이자소득은 각 사업연도의 소득금액에 포함하지 않으며, 수정신고·기한후신고 또는 경정 등에 의해서도 이를 과세표준에 포함시킬 수 없다. 따라서 원천징수로써 과세가 종결되는 것이다.

3) 자산양도소득에 대한 과세특례

비영리내국법인(사업소득에 해당하는 수익사업을 하는 비영리내국법인은 제외)의 소득세법에 따른 양도소득세 과세대상 자산양도소득에 대하여는 법인세의 과세표준신고를 하지 않을 수 있다. 이처럼 법인세의 과세표준신고를 하지 않은 소득은 이를 각 사업연도의 소득에 포함하지 않는다. 그 대신 이에 대해서는 소득세법에 따른 양도소득세에 관한 규정을 준용하여 계산한 과세표준에 양도소득세율을 적용하여 계산한 금액을 법인세로 납부하여야 한다.

본래 비영리법인도 영리법인과 같이 부동산 등 양도소득에 대하여 각 사업연도의 소득에 대한 법인세를 부담하여야 한다. 따라서 사업소득이 없는 비영리법인도 부동산 등 양도소득이 발생하게 되면 일반법인과 같이 세무조정 등 제반 납세절차를 이행하여야 하는데, 이는 영세한 비영리법인에게 커다란 부담이 될 수 있다.

이러한 점을 고려하여 사업소득이 없는 비영리법인은 부동산 등 양도소득에 대하여 ① 일반법인세를 납부하는 방법과 ② 일반법인세 대신 양도소득세와 동일한 특례법인세를 납부하는 방법 가운데 하나를 선택할 수 있도록 한 것이다.

4) 그 밖의 특례

(1) 기장의무와 무기장가산세의 배제

비영리법인도 기장의무가 있다. 다만, 사업소득과 채권매매익에 해당하는 수익사업을 하지 않는 비영리내국법인은 예외적으로 기장의무를 지지 않는다. 한편, 기장의무를 지는 비영리내국법인도 무기장가산세는 적용받지 않는다.

(2) 필수적 첨부서류 제출의무의 면제

사업소득과 채권매매익에 해당하는 수익사업을 하지 않는 비영리 내국법인이 과세표준신고를 하는 경우에는 필수적 첨부서류(재무상태표 · 포괄손익계산서 · 이익잉여금처분계산서(또는 결손금처리계산서) 및 세무조정계산서)를 첨부하지 않는 경우에도 신고를 한 것으로 본다.

4. 구분경리

비영리법인이 수익사업을 영위하는 경우에는 자산·부채 및 손익을 해당 수익사업에 속하는 것과 수익사업이 아닌 그 밖의 사업에 속하는 것을 각각 다른 회계로 구분하여 기록하여야 한다. 여기서 구분경리란 구분하여야 할 사업 또는 수입별로 자산·부채 및 손익을 법인의 장부상 각각 독립된 계정과목에 따라 구분하여 회계처리하는 것을 말한다.

16-2 청산소득에 대한 법인세

청산소득이란 법인이 해산(합병이나 분할에 의한 해산은 제외)한 경우에 그 법인의 해산에 따른 잔여재산가액이 해산등기일 현재의 자기자본총액을 초과하는 경우 그 초과하는 금액을 말한다.

이러한 청산소득은 법인의 소득 중 각 사업연도의 소득에 포함되지 않은 나머지 부분을 반영하며, 주로 법인이 자산을 보유하는 기간 동안의 가치상승분(미실현이익)이나 각 사업연도의 소득에 대한 법인세 과세에 있어서 탈루된 부분 등으로 구성된다. 이와 같은 청산소득에 대한 과세는 각 사업연도의 소득에 대한 법인세와의 과세의 형평을 도모하기 위한 것으로서, 각 사업연도의 소득에 대한 법인세의 최종 정산에 해당한다.

1. 납세의무자

청산소득에 대한 법인세의 납세의무자는 해산으로 소멸하는 영리내국법인이며, 비영리법인과 외국법인은 청산소득에 대한 납세의무를 지지 않는다.

다만, 내국법인이 다음 중 어느 하나에 해당하면 청산소득에 대한 법인세를 과세하지 않는다.

① 상법에 따라 조직변경하는 경우
② 특별법에 따라 설립된 법인이 해당 특별법의 개정이나 폐지로 인하여 상법에 따른 회사로 조직변경하는 경우
③ 변호사법에 따라 법무법인이 법무법인(유한)으로 조직변경하는 경우
④ 협동조합기본법에 따라 법인 등이 협동조합으로 조직변경하는 경우 및 지방공기업법에 따라 지방공사가 지방공단으로 조직변경하거나 지방공단이 지방공사로 조직변경하는 경우

2. 과세표준 및 세액의 계산

1) 과세표준

내국법인의 청산소득에 대한 법인세 과세표준은 청산소득금액으로 하는데, 그 청산소득금액은 다음과 같이 계산한다.

청산소득금액(과세표준) = 잔여재산가액 − 해산등기일 현재의 자기자본총액

(1) 잔여재산가액

잔여재산가액은 다음과 같이 계산한다.

잔여재산가액 = 자산총액 − 부채총액

여기서 자산총액은 해산등기일 현재의 자산의 합계액으로 하되, 추심할 채권과 환가처분할 자산에 대해서는 추심 또는 환가처분한 날 현재의 금액(추심 또는 환가처분 전에 분배한 경우에는 그 분배한 날 현재의 시가)에 따른다.

(2) 자기자본총액

자기자본총액은 납입자본금과 잉여금(자본잉여금과 이익잉여금)의 합계액으로 한다. 이 경우 청산기간 중 국세기본법에 따라 환급되는 법인세액이 있을 때에는 그에 상당하는 금액은 그 법인의 해산등기일 현재의 자기자본총액에 가산하며, 해산등기일 현재 소멸되지 않고 남아 있는 세무상 이월결손금(발생시점 불문)은 자기자본총액과 상계한다(자기자본총액에서 이미 상계되었거나 상계된 것으로 보는 이월결손금은 제외). 다만, 상계하는 금액은 자기자본총액 중 잉여금의 금액을 초과하지 못하며, 초과하는 이월결손금이 있는 경우에는 그 이월결손금은 없는 것으로 본다.

자기자본총액 = 납입자본금 + 잉여금 + 환급법인세액 − 이월결손금

(3) 청산기간 중에 생기는 소득의 처리

내국법인의 해산에 따른 청산소득의 금액을 계산할 때 그 청산기간에 생기는 각 사업연도의 소득금액이 있는 경우에는 그 법인의 해당 사업연도의 소득금액에 산입한다.

이에 반하여 법인이 해산등기일 현재의 자산을 청산기간 중에 처분한 금액(환가를 위한 재고자산의 처분액 포함)은 이를 청산소득에 포함한다. 다만, 청산기간 중에 해산 전의 사업을 계속하여 영위하는 경우 해당 사업에서 발생한 사업수입이나 임대수입, 공・사채 및 예금의 이자수입 등은 그렇지 않다.

2) 세율

청산소득에 대한 법인세의 세율은 각 사업연도의 소득에 대한 법인세의 세율(10%, 20%, 22%, 25%)과 같다. 청산소득에 대한 과세는 각 사업연도의 소득에 대한 최종 정산이기 때문에 이는 당연한 것이다.

3. 신고 및 납부

1) 확정신고납부

청산소득에 대한 법인세의 납세의무가 있는 내국법인은 다음의 기한까지 청산소득에 대한 법인세 과세표준과 세액을 납세지 관할세무서장에게 신고하고 그 세액(중간신고납부한 세액이 있는 경우에는 그 합계액을 공제한 금액)을 납부하여야 한다. 이 경우 청산소득이 없는 때에도 신고는 하여야 한다.

구 분	확정신고납부기한
해산의 경우	잔여재산가액확정일이 속하는 달의 말일부터 3개월 이내
해산으로 인하여 청산 중인 내국법인이 잔여재산의 일부를 주주 등에게 분배한 후 사업을 계속하는 경우	계속등기일이 속하는 달의 말일부터 3개월 이내

2) 중간신고납부

해산에 따른 잔여재산가액이 확정되기 전에 그 일부를 주주 등에게 분배한 경우 그 분배한 날이 속하는 달의 말일부터 1개월 이내에 다음의 세액을 납세지 관할세무서장에게 신고하고 납부하여야 한다.

중간신고납부세액 = (분배하는 잔여재산가액 − 해산등기일 현재의 자기자본총액) × 세율

해산등기일부터 1년이 되는 날까지 잔여재산가액이 확정되지 않은 경우 그 1년이 되는 날이 속하는 달의 말일부터 1개월 이내에 다음의 세액을 납세지 관할세무서장에게 신고하고 납부하여야 한다.

중간신고납부세액 = (잔여재산의 예정액 − 해산등기일 현재의 자기자본총액) × 세율

4. 결정 · 경정 및 징수

납세지 관할세무서장(또는 관할지방국세청장)은 내국법인이 청산소득에 대한 법인세의 확정신고(또는 중간신고)를 하지 않은 경우 그 과세표준과 세액을 결정한다. 그리고 확정신고(또는 중간신고)를 한 내국법인이 그 신고한 내용에 오류 또는 누락이 있는 경우에는 그 과세표준과 세액을 경정한다. 이처럼 결정 또는 경정한 후 그 결정 또는 경정에 오류 또는 누락이 있는 것을 발견한 경우에는 즉시 이를 다시 경정한다.

이러한 결정 또는 경정은 장부나 그 밖의 증명서류에 의하며, 장부나 그 밖의 증명서류에 의하여 소득금액을 계산할 수 없는 경우에는 추계방법을 적용할 수 있다.

납세지 관할세무서장은 내국법인이 확정신고 자진납부하여야 할 청산소득에 대한 법인세의 전부 또는 일부를 납부하지 않으면 그 미납세액을 국세징수법에 따라 징수하여야 한다. 또한 납부하였거나 징수한 세액이 결정 · 경정한 세액에 미달하는 경우에는 그 미달세액을 징수하여야 한다.

한편, 청산소득에 대한 법인세를 징수할 때에는 국세징수법에 따른 가산금과 중가산금을 적용하지 않는다.

16-3 각 연결사업연도의 소득에 대한 법인세

개별법인 별로 과세소득을 산출하여 신고 · 납부하는 개별납세제도(separate tax return system)와는 달리 연결납세제도(consolidated tax return system)란 모회사와 자회사가 경제적으로 결합되어 있는 경우 경제적 실질에 따라 해당 모회사와 자회사를 하나의 과세단위로 보아 소득을 통산하여 법인세를 과세하는 제도를 말한다.

연결납세제도는 기업의 조직 선택에 있어서 이를 같은 기업 내의 사업부로 하든 별도의 자회사로 하든 세부담이 동일하게 유지되도록 조세의 중립성을 보장하여 세부담의 수평적 형평성을 제고하고, 기업경영의 효율화에 기여하는 제도이다.

1. 연결납세제도의 개요

1) 연결납세방식의 적용

(1) 연결납세방식의 적용방법

다른 내국법인을 완전지배하는 내국법인(이하, 완전모법인이라 한다)과 그 다른 내국법인(이하, 완전자법인이라 한다)은 완전모법인의 납세지 관할지방국세청장의 승인을 받아 연결납세방식을 적용할 수 있다. 이 경우 완전자법인이 둘 이상일 때에는 해당 법인 모두가 연결납세방식을 적용하여야 한다.

따라서 연결납세방식은 완전모법인과 완전자법인이 연결납세방식을 선택하여 승인을 받은 경우에만 적용하며, 승인을 받으면 연결집단 내의 모든 완전자법인은 연결납세방식을 의무적으로 적용해야 한다.

(2) 연결납세방식의 적용요건

여기서 완전지배란 ① 내국법인이 다른 내국법인의 발행주식총수의 전부를 보유하는 경우(직접 100% 보유)를 말하며, ② 내국법인과 내국법인이 완전지배하는 다른 내국법인이 보유한 또 다른 내국법인의 주식 등의 합계가 해당 내국법인의 발행주식총수의 전부인 경우(간접 100% 보유)를 포함한다.

이처럼 발행주식총수의 100% 보유를 기준으로 하는 이유는 100%보다 출자비율을 낮출 경우, 연결납세방식을 적용받는 기업집단이 많아져 세수감소가 크고 외부 소수주주가 있으면 연결세무조정이 복잡해지는 문제점이 있기 때문이다.

다음의 ①~⑥은 완전모법인이 될 수 없고, ③~⑥은 완전자법인이 될 수 없다.

① 비영리내국법인

② 다른 내국법인(비영리내국법인은 제외)의 완전지배를 받는 법인

③ 해산으로 청산 중인 법인
④ 유동화전문회사 등에 대한 소득공제를 적용받는 법인
⑤ 동업기업과세특례를 적용하는 동업기업
⑥ 해운기업과세특례를 적용하는 법인

2) 연결사업연도와 납세지

연결납세방식을 적용받는 각 연결법인의 사업연도는 연결사업연도와 일치하여야 한다. 이 경우 연결사업연도의 기간은 1년을 초과하지 못하며, 연결사업연도의 변경에 관하여는 사업연도의 변경을 준용한다. 이처럼 각 연결법인의 사업연도를 연결사업연도에 일치시킨 이유는 각 연결법인의 소득금액을 통산하여 연결집단의 담세력을 측정하여야 하기 때문에 연결집단의 소득을 계산하는 기간을 일치시킨 것이다.

이를 위해서 내국법인이 사업연도 중에 연결납세방식을 적용받는 경우에는 그 사업연도 개시일부터 연결사업연도 개시일의 전날까지의 기간을 1 사업연도로 한다. 다만, 본래 사업연도가 법령 등에 규정되어 연결사업연도와 일치시킬 수 없는 완전자법인의 경우에는 연결사업연도를 해당 내국법인의 사업연도로 보아 연결납세방식을 적용할 수 있다.

한편, 연결법인의 납세지는 본래의 납세지에도 불구하고 연결모법인의 납세지로 한다. 따라서 연결모법인의 본점 소재지를 기준으로 관할세무서장이 결정된다.

3) 연결납세방식의 적용절차

연결납세방식을 적용받으려는 내국법인과 해당 내국법인의 완전자법인(이하, 연결대상법인 등이라 한다)은 최초의 사업연도 개시일부터 10일 이내에 연결납세방식 적용신청서를 해당 내국법인의 납세지 관할세무서장을 경유하여 관할지방국세청장에게 제출하여야 한다. 이 경우 연결대상법인 등은 연결사업연도를 함께 신고하여야 하고, 연결사업연도와 사업연도가 다른 연결대상법인 등은 사업연도의 변경을 신고한 것으로 본다.

이처럼 연결납세방식 적용신청을 받은 관할지방국세청장은 최초 연결사업연도 개시일부터 2개월이 되는 날까지 서면으로 통지하여야 하며, 통지하지 않은 경우 승인한 것으로 본다.

완전모법인의 납세지 관할지방국세청장은 다음 중 어느 하나에 해당하는 경우에는 연결납세방식의 적용 승인을 취소할 수 있다.

① 연결법인의 사업연도가 연결사업연도와 일치하지 않은 경우
② 연결모법인이 완전지배하지 않는 내국법인에 대하여 연결납세방식을 적용하는 경우
③ 연결모법인의 완전자법인에 대하여 연결납세방식을 적용하지 않은 경우
④ 추계결정 및 경정의 사유로 장부나 그 밖의 증명서류에 의하여 연결법인의 소득금액을 계산할 수 없는 경우
⑤ 연결법인에 수시부과사유가 있는 경우
⑥ 연결모법인이 다른 내국법인(비영리내국법인은 제외)의 완전지배를 받게 되는 경우

이처럼 연결납세방식의 적용 승인이 취소된 연결법인은 취소된 날이 속하는 사업연도와 그 다음 사업연도의 개시일부터 4년 이내에 끝나는 사업연도까지는 연결납세방식의 적용 당시와 동일한 법인을 연결모법인으로 하여 연결납세방식을 적용받을 수 없다(5년간 적용 제한).

연결납세방식의 적용을 포기하려는 연결법인은 연결납세방식을 적용하지 않으려는 사업연도 개시일 전 3개월이 되는 날까지 연결모법인이 연결납세방식 포기신고서를 납세지 관할세무서장을 경유하여 관할지방국세청장에게 제출하는 방법으로 연결납세방식의 포기신고를 하여야 한다.

다만, 연결납세방식을 최초로 적용받은 연결사업연도와 그 다음 연결사업연도의 개시일부터 4년 이내에 끝나는 연결사업연도까지는 연결납세방식의 적용을 포기할 수 없다. 따라서 어떤 연결법인이 한번 연결납세방식을 적용받기 시작하면

5년간은 의무적으로 연결납세방식을 적용받아야 한다.

이처럼 연결납세방식의 적용을 포기한 연결법인은 연결납세방식이 적용되지 않는 최초 사업연도와 그 다음 사업연도의 개시일부터 4년 이내에 끝나는 사업연도까지는 연결납세방식의 적용 당시와 동일한 법인을 연결모법인으로 하여 연결납세방식을 적용받을 수 없다.

한편, 연결모법인이 새로 다른 내국법인을 완전지배하게 된 경우에는 완전지배가 성립한 날이 속하는 연결사업연도의 다음 연결사업연도부터 해당 내국법인은 연결납세방식을 적용하여야 한다. 다만, 법인의 설립등기일부터 연결모법인이 완전지배하는 내국법인은 설립등기일이 속하는 사업연도부터 연결납세방식을 적용하여야 한다.

연결모법인은 이처럼 연결자법인이 변경된 경우에는 변경일 이후 중간예납기간 종료일 또는 사업연도 종료일 중 먼저 도래하는 날부터 1개월 이내에 연결법인 변경신고서를 납세지 관할세무서장을 경유하여 납세지 관할지방국세청장에게 제출하는 방법으로 변경신고를 하여야 한다.

연결모법인의 완전지배를 받지 않게 되거나 해산한 연결자법인은 해당 사유가 발생한 날이 속하는 연결사업연도의 개시일부터 연결납세방식을 적용하지 않는다. 예컨대 연결모법인이 보유하는 연결자법인의 주식의 일부를 양도하는 경우에 즉시 연결납세방식을 적용하지 않는다.

2. 각 연결사업연도 소득금액의 계산

1) 기본구조

먼저 연결집단을 구성하는 연결법인의 각 사업연도 소득금액을 개별납세방식으로 계산한다. 즉, 각 연결법인의 결산서상 당기순이익에 익금산입·손금불산입액을 가산하고 손금산입·익금불산입액을 차감하여 차가감소득금액을 계산한 다음, 공익성 기부금 한도초과액과 이월손금산입액을 가감하여 연결법인별 각 사업연도

소득금액을 계산한다.

연결집단의 각 연결사업연도 소득금액은 다시 연결법인별 각 사업연도 소득금액에서 출발하여 연결세무조정사항을 가감하여 각 연결법인별 소득금액을 계산한 다음, 이들 연결법인별 소득금액을 합산하여 연결집단의 각 연결사업연도 소득금액을 계산한다.

2) 연결세무조정사항

(1) 연결법인별 연결조정항목의 제거

연결조정항목이란 개별납세방식에서 각 연결법인별로 세무조정한 항목을 제거하고 연결집단을 하나의 내국법인으로 보아 연결기준으로 다시 계산하여 조정하는 항목으로 다음의 항목이 이에 해당한다.

① 각 연결법인이 다른 내국법인으로부터 받은 수입배당금액

② 연결모법인에 해당하는 지주회사가 자회사로부터 받은 수입배당금액

③ 각 연결법인이 지급한 접대비

④ 각 연결법인이 지출한 기부금

이들 연결조정항목은 각 연결법인을 기준으로 수입배당금 익금불산입액, 접대비 및 기부금 손금불산입액으로 각 연결법인의 각 사업연도 소득금액을 계산할 때 이미 반영되어 있다. 그런데 연결집단을 기준으로 수입배당금액 익금불산입액, 접대비 및 기부금 손금불산입액을 다시 계산하므로, 개별납세방식에서 당초 행한 세무조정에 대한 반대조정으로 각 연결법인의 소득금액에서 제거한다.

연결조정항목	제거조정
내국법인 · 지주회사의 수입배당금액 익금불산입액	익금산입(기타)
기부금 한도초과이월액의 손금산입액	손금불산입(기타)
접대비 손금불산입액	손금산입(기타)
기부금 손금불산입액	손금산입(기타)

(2) 연결법인 간 거래손익의 조정

① 개요

연결납세방식은 연결집단을 하나의 법인으로 보아 과세하기 때문에 연결법인 간 내부거래는 이를 없는 것으로 보고 그 거래에서 발생한 손익은 제거해야 한다. 그러나 연결법인 간 모든 거래를 제거하는 것은 연결납세제도를 너무 복잡하게 하므로 현행 법인세법에서는 다음의 거래만 제거하도록 하고 있다.

구 분	연결법인 간 거래의 처리방식
연결법인 간 수입배당금 · 접대비 · 대손충당금	• 손익제거방식: 연결법인 간 거래로 인하여 발생하는 손익을 영구히 제거하는 방식
연결법인 간 자산양도손익	• 이연양도방식: 연결법인 간 거래로 인하여 발생한 손익의 인식을 양수법인이 외부로 처분하는 등의 사유가 발생할 때까지 이연하였다가 양도법인에게 귀속시키는 방식

② 연결법인 간 수입배당금 · 접대비 · 대손충당금의 제거

연결법인이 다른 연결법인으로부터 받은 수입배당금액 상당액을 익금에 산입하지 않고, 다른 연결법인에게 지급한 접대비 상당액과 다른 연결법인에 대한 채권에 설정한 대손충당금 상당액은 손금에 산입하지 않는다. → 손익제거방식

제거대상 연결법인 간 거래손익	제거조정
연결법인이 다른 연결법인으로부터 받은 수입배당금	익금불산입(기타)
연결법인이 다른 연결법인에게 지급한 접대비	손금불산입(기타)
연결법인이 다른 연결법인에 대한 채권에 설정한 대손충당금	손금불산입(기타)

③ 연결법인 간 자산양도손익의 제거

㉠ 연결법인 간 자산양도손익의 이연

연결법인(양도법인)이 양도손익이연자산을 다른 연결법인(양수법인)에 양도함에 따라 발생하는 양도법인의 양도소득 또는 양도손실은 익금불산입(△유보) 또는 손금불산입(유보)하고, 추후 양수법인에게 일정한 사유가 발생하는 날이 속하는

사업연도에 양도법인의 익금 또는 손금에 산입한다. → 이연양도방식

구 분	자산 양도시	추후 실현시
연결법인이 다른 연결법인에게 양도손익이연자산을 양도함에 따라 발생하는 양도소득	익금불산입(△유보)	익금산입(유보)
연결법인이 다른 연결법인에게 양도손익이연자산을 양도함에 따라 발생하는 양도손실	손금불산입(유보)	손금산입(△유보)

다만, 해당 양도손익이연자산의 양도에 대하여 부당행위계산부인의 규정이 적용되는 경우에는 양도손익을 이연하지 않는다.

㉡ 양도손익이연자산의 범위

양도손익이연자산이란 다음 중 어느 하나에 해당하는 자산으로서 양도시점에 국내에 소재하는 자산을 말한다.

양도손익이연자산의 범위	금액 제한
① 유형고정자산(건축물은 제외) ② 무형고정자산 ③ 매출채권, 대여금, 미수금 등의 채권	거래 건별 장부가액이 1억원을 초과하는 경우에만 해당
④ 금융투자상품(증권과 파생상품) ⑤ 토지와 건축물	금액 제한 없이 양도손익이연자산에 포함

㉢ 연결법인 간 자산양도손익의 인식시기

연결법인 간 자산양도손익 이연금액은 양수법인에게 다음 중 어느 하나에 해당하는 사유가 발생한 날이 속하는 사업연도에 다음 각각의 산식에 따라 계산한 금액을 양도법인의 익금 또는 손금에 산입한다.

양수법인에게 발생하는 사유	양도법인의 익금산입 또는 손금산입 금액
① 양도손익이연자산을 감가상각하는 경우*	양도소득(또는 양도손실) $\times \frac{\text{양수법인의 감가상각비}}{\text{양수법인의 장부가액}}$
② 양도손익이연자산을 양도(다른 연결법인에 양도하는 경우 포함)하는 경우	양도소득(또는 양도손실) ×양도손익이연자산의 양도비율
③ 양도손익이연자산에 대손이 발생하거나 멸실된 경우	양도소득(또는 양도손실) $\times \frac{\text{대손금액 또는 멸실금액}}{\text{양수법인의 장부가액}}$
④ 양도한 채권의 지급기일이 도래하는 경우	양도법인의 양도가액 − 양도법인의 장부가액

* 위 ①의 산식 대신 다음의 산식을 적용하여 계산할 수 있다. 이 경우 월수는 역에 따라 계산하되 1월 미만의 일수는 1월로 한다.

$$\text{양도소득(또는 양도손실)} \times \frac{\text{해당 사업연도의 월수}}{\text{양도손익이연자산의 내용연수 중 경과하지 않은 기간의 월수}}$$

한편, 양도법인 또는 양수법인이 연결납세방식을 적용받지 않게 된 경우 양도법인이 양도손익이연자산을 양도할 때 익금불산입 또는 손금불산입한 금액 중 해당 산식에 따라 익금 또는 손금에 산입하고 남은 금액(유보 · △유보의 잔액)은 연결납세방식을 적용받지 않게 된 날의 전일이 속하는 사업연도에 양도법인의 익금 또는 손금에 산입한다.

4) 연결법인의 수입배당금액의 익금불산입

먼저 연결집단을 하나의 내국법인으로 보아 일반적인 수입배당금액의 익금불산입 규정을 준용하여 다음 산식에 따라 익금불산입액을 계산한다.

$$\text{익금불산입액} = (\text{수입배당금액} - \text{차입금이자}^{*} \times \frac{\text{익금불산입대상 주식의 장부가액적수}}{\text{자산총액적수}^{**}}) \times \text{익금불산입률}^{***}$$

* 차입금 및 차입금이자는 각 연결법인의 차입금 및 차입금이자를 더하여 계산하되 연결법인 간 차입금 및 차입금이자(해당 차입거래에 대해 부당행위계산의 부인이 적용되는 경우는 제외)를 뺀 금액으로 한다.

** 재무상태표상 자산총액은 각 연결법인의 재무상태표상 자산총액의 합계액(연결법인에 대한 매출채권・대여금・미수금 등의 채권, 연결법인이 발행한 주식에 해당하는 자산을 제거한 후의 금액)으로 한다.

*** 각 연결법인이 수입배당금액을 지급한 내국법인에 출자한 비율을 더하여 계산한다.

이처럼 계산한 익금불산입액은 다음 산식에 따라 해당 연결법인에게 배분하여 익금불산입을 한다.

$$\text{각 연결법인별 배분액} = \text{수입배당금 익금불산입액} \times \frac{\text{해당 연결법인의 출자비율}}{\text{각 연결법인의 출자비율의 합계액}}$$

5) 연결법인의 기부금의 손금불산입

연결집단을 하나의 내국법인으로 보아 기부금의 손금불산입 규정을 준용하여 계산한 손금불산입액 중 각 연결법인별 배분액은 다음의 금액으로 한다.

각 연결법인별 배분액 = ① + ②
① 비지정기부금으로서 해당 연결법인이 지출한 기부금
② 기부금 한도초과액 손금불산입액 중 각 연결법인별 배분액

$$: \text{기부금 한도초과액 손금불산입액} \times \frac{\text{해당 연결법인의 기부금 지출액}}{\text{각 연결법인의 기부금 지출액의 합계액}}$$

한편, 손금불산입한 법정·지정기부금 한도초과액을 이월하여 손금에 산입하는 경우 먼저 발생한 사업연도의 손금산입 한도초과액부터 손금에 산입하며, 그 이월하여 손금에 산입하는 금액 중 각 연결법인별 배분액은 다음의 금액으로 한다.

> 각 법인별 배분액
> = 연결집단을 하나의 내국법인으로 보아 계산한 이월손금산입액
> $\times \dfrac{\text{해당 연결법인의 해당 기부금의 한도초과액}}{\text{각 연결법인의 해당 기부금의 한도초과액의 합계액}}$

6) 연결법인의 접대비의 손금불산입

연결집단을 하나의 내국법인으로 보아 접대비의 손금불산입 규정을 준용하여 계산한 손금불산입액 중 각 연결법인별 배분액은 다음의 금액으로 한다.

> 각 연결법인별 배분액 = ① + ②
> ① 적격증명서류 미수취 접대비 손금불산입액 중 해당 연결법인이 지출한 금액
> ② 접대비 한도초과액 손금불산입액 중 각 연결법인별 배분액
> : 접대비 한도초과액 손금불산입액$\times \dfrac{\text{해당 연결법인의 접대비 지출액}}{\text{각 연결법인의 접대비 지출액의 합계액}}$

3. 과세표준의 계산

각 연결사업연도의 소득에 대한 과세표준은 각 연결사업연도 소득의 범위에서 연결이월결손금, 비과세소득 및 소득공제액을 차례로 공제한 금액으로 한다. 다만, 중소기업과 회생계획을 이행 중인 기업 등의 연결법인을 제외한 연결법인의 경우 이월결손금에 대한 공제의 범위는 연결소득 개별귀속액의 70%로 한다.

1) 결손금의 이월공제

각 연결사업연도의 개시일 전 10년(2008년 이전분은 5년) 이내에 개시한 연결사업연도의 결손금(연결법인의 연결납세방식의 적용 전에 발생한 결손금 포함)으로서 그 후의 각 연결사업연도(사업연도 포함)의 과세표준을 계산할 때 공제되지 않은 금액은 각 연결사업연도의 소득의 범위에서 먼저 발생한 사업연도의 결손금부터 공제한다.

여기서 연결사업연도의 결손금이란 각 연결사업연도의 소득이 0보다 적은 경우 해당 금액을 말한다.

2) 결손금의 이월공제의 한도

결손금을 이월공제하는 경우 다음 중 어느 하나에 해당하는 결손금은 그 해당 금액을 한도로 공제한다.

결손금	공제한도
① 연결법인의 연결납세방식의 적용 전에 발생한 결손금	연결소득 개별귀속액
② 연결모법인이 적격합병에 따라 피합병법인의 자산을 장부가액으로 양도받는 경우 합병등기일 현재 피합병법인(합병등기일 현재 연결법인이 아닌 법인만 해당)의 공제대상 결손금	연결모법인의 연결소득 개별귀속액 중 피합병법인으로부터 승계받은 사업에서 발생한 소득
③ 연결모법인이 적격분할합병에 따라 소멸한 분할법인의 자산을 장부가액으로 양도받는 경우 분할합병등기일 현재 소멸한 분할법인의 공제대상 결손금 중 연결모법인이 승계받은 사업에 귀속하는 금액	연결모법인의 연결소득 개별귀속액 중 소멸한 분할법인으로부터 승계받은 사업에서 발생한 소득

3) 승계되는 이월결손금 차감

연결모법인의 완전지배를 받지 않게 되거나 해산한 연결자법인에 귀속하는 결손금 상당액(해당 법인에서 발생한 결손금으로서 연결과세표준을 계산할 때 미공제된 금액)은 해당 연결자법인이 승계하므로 공제대상 연결사업연도의 결손금에서 차감한다.

이 경우 같은 사업연도에 둘 이상의 연결법인에서 발생한 결손금이 있는 때에는 연결사업연도의 과세표준을 계산할 때 해당 연결법인에서 발생한 결손금부터 연결소득 개별귀속액을 한도로 먼저 공제하고 해당 연결법인에서 발생하지 않은 둘 이상의 다른 연결법인의 결손금은 해당 결손금의 크기에 비례하여 각각 공제된 것으로 본다.

4. 세액의 계산

연결과세표준	
(×) 세율	→ 2억원까지는 10%, 2억원 초과분은 20%, 200억원 초과분은 22%, 3천억원 초과분은 25%
(=) 연결산출세액	→ 토지 등 양도소득에 대한 법인세와 기업의 미환류소득에 대한 법인세 가산
(−) 세액감면·세액공제	→ 각 연결법인별 합계액
(+) 가산세	→ 각 연결법인별 합계액
(=) 연결총부담세액	
(−) 연결중간예납세액	
(−) 원천징수세액	→ 각 연결법인별 합계액
(=) 연결차감납부세액	

1) 연결산출세액

각 연결사업연도의 소득에 대한 연결산출세액은 연결과세표준에 세율을 적용하여 계산한 금액으로 한다.

연결산출세액 = 연결과세표준×세율

연결법인이 비사업용토지나 주택을 양도한 경우(해당 토지 등을 다른 연결법인이 양수하여 연결법인 간 거래손익의 조정이 적용되는 경우를 포함) 또는 기업의 미환류소득(연결납세방식을 적용하지 않고 계산한 미환류소득을 말함)이 있는 경우에는 토지 등 양도소득에 대한 법인세와 기업의 미환류소득에 대한 법인세를 합산한 금액을 연결산출세액으로 한다.

이처럼 연결산출세액을 계산한 후에는 각 연결법인에 귀속되는 연결법인별 산출세액을 다음과 같이 계산한다.

연결법인별 산출세액 = 과세표준 개별귀속액* × 연결세율**

* 해당 연결법인의 연결소득 개별귀속액
　− 해당 연결법인의 이월결손금 · 비과세소득 · 소득공제액

$$** \text{연결세율} = \frac{\text{연결산출세액(토지 등 양도소득에 대한 법인세는 제외)}}{\text{연결과세표준}}$$

2) 세액감면 등

연결산출세액에서 각 연결법인의 감면세액의 합계액을 뺀다. 이 경우 각 연결법인의 감면세액은 연결법인별 산출세액을 법인세 산출세액으로 보아 법인세법 및 조세특례제한법에 따른 세액공제와 세액감면을 적용하여 계산한 금액으로 하며(개별 적용), 연결집단을 하나의 내국법인으로 보아 최저한세를 적용한다(연결기준 적용). 구체적으로 연결법인의 감면세액은 감면소득(과세표준 개별귀속액을 한도로 함)에 연결세율을 곱한 금액(감면의 경우에는 그 금액에 해당 감면율을 곱하여 산출한 금액)으로 한다.

5. 신고 및 납부

1) 연결과세표준 등의 신고

(1) 신고기한

연결모법인은 각 연결사업연도의 종료일이 속하는 달의 말일부터 4개월 이내에

해당 연결사업연도의 소득에 대한 법인세의 과세표준과 세액을 납세지 관할세무서장에게 신고하여야 한다. 각 연결사업연도의 소득금액이 없거나 결손금이 있는 연결모법인의 경우에도 마찬가지이다.

(2) 제출서류

연결모법인이 연결과세표준 등의 신고를 할 때에는 「각 연결사업연도의 소득에 대한 법인세과세표준 및 세액신고서」에 다음의 서류를 첨부하여야 한다.

구 분	첨부서류	비 고
필수적 첨부서류	① 연결소득금액 조정명세서 ② 기업회계기준을 준용하여 작성한 개별 내국법인의 재무상태표·포괄손익계산서 및 이익잉여금처분계산서(또는 결손금처리계산서), 세무조정계산서, 세무조정계산서 부속서류 및 현금흐름표	연결과세표준 등 신고를 할 때 이러한 서류를 첨부하지 않으면 무신고로 본다.
그 밖의 서류	③ 연결법인 간 출자현황신고서 및 연결법인 간 거래명세서	–

한편, 연결모법인은 각 사업연도의 종료일이 속하는 달의 말일부터 3개월 이내에 주식 등 변동상황명세서를 제출하는 규정에도 불구하고 연결과세표준신고기한까지 주식 등 변동상황명세서(연결자법인의 주식 등의 변동사항 포함)를 제출할 수 있다.

2) 연결법인의 중간예납

(1) 기본구조

각 연결사업연도의 기간이 6개월을 초과하는 연결모법인은 해당 사업연도 개시일부터 그 6개월 간을 중간예납기간으로 하여 연결중간예납세액을 중간예납기간이 지난 날부터 2개월 이내에 납세지 관할세무서 등에 납부하여야 한다. 이 경우 연결중간예납세액이 1천만원을 초과하는 경우 정규 법인세의 경우와 마찬가지로 분납할 수 있다.

중간예납의무가 있는 연결모법인은 직전 사업연도의 실적을 기준으로 하는 방법과 가결산방법 중 한 가지를 선택하여 연결중간예납세액을 계산할 수 있다. 다만, 다음의 경우에는 반드시 가결산방법에 따라 연결중간예납세액을 계산하여 납부하여야 한다.

① 직전 사업연도의 확정된 연결산출세액이 없는 경우

② 해당 중간예납기간의 만료일까지 직전 사업연도의 법인세로서 확정된 연결산출세액이 없는 경우

(2) 연결중간예납세액의 계산방법

① 직전 사업연도의 실적을 기준으로 계산하는 방법

$$연결중간예납세액 = (직전\ 연결사업연도의\ 확정\ 연결산출세액^{*} - 직전\ 연결사업연도\ 감면세액 \cdot 각\ 연결법인이\ 법인세로\ 납부한\ 원천징수세액의\ 합계액) \times \frac{6}{직전\ 사업연도\ 월수}$$

* 가산세는 포함하며, 토지 등 양도소득에 대한 법인세 및 미환류소득에 대한 법인세는 제외한다.

② 가결산방법

이는 연결모법인이 해당 중간예납기간을 하나의 사업연도로 보고 다음과 같이 계산한 금액을 연결중간예납세액으로 하는 방법이다.

연결중간예납세액 = (중간예납기간의 연결산출세액 − 중간예납기간의 감면세액 및 각 연결법인이 법인세로 납부한 원천징수세액의 합계액)

3) 연결법인세액의 납부

(1) 연결모법인의 자진납부

연결모법인은 연결산출세액에서 다음의 법인세액(가산세는 제외)을 공제한 금액을 각 연결사업연도의 소득에 대한 법인세로서 연결과세표준신고기한까지 납세지 관할세무서 등에 납부하여야 한다.

① 해당 연결사업연도의 감면세액

② 해당 연결사업연도의 연결중간예납세액

③ 해당 연결사업연도의 각 연결법인의 원천징수된 세액의 합계액

(2) 연결자법인의 지급의무

이처럼 연결법인세액은 연결모법인이 납부하므로, 연결자법인은 연결법인세액의 납부기한까지 연결법인별 산출세액에서 다음의 금액을 뺀 금액에 가산세를 가산하여 연결모법인에게 지급하여야 한다.

① 해당 연결사업연도의 해당 법인의 감면세액

② 해당 연결사업연도의 연결법인별 중간예납세액

③ 해당 연결사업연도의 해당 법인의 원천징수된 세액

이처럼 연결모법인이 연결자법인으로부터 지급받았거나 지급받을 금액은 납부한 법인세를 환급받는 것과 같으므로 익금에 산입하지 않으며, 연결자법인이 연결모법인에게 지급하였거나 지급할 금액은 연결모법인을 통하여 법인세를 대신하여 납부한 것이므로 손금에 산입하지 않는다.

(3) 연대납부의무

연결법인은 각 연결사업연도의 소득에 대한 법인세(각 연결법인의 토지 등 양도소득에 대한 법인세와 미환류소득에 대한 법인세 포함)를 연대하여 납부할 의무가 있다.

(4) 분납

연결모법인이 연결법인세액을 납부하는 경우 정규 법인세와 마찬가지로 분납의 규정을 준용한다.

6. 결정 · 경정 및 징수 등

각 연결사업연도의 소득에 대한 법인세의 결정, 경정, 징수 및 환급에 관하여는 개별납세방식에 따른 결정, 경정, 징수 및 환급에 관한 규정을 준용하되, 장부나 그 밖의 증명서류에 의하여 소득금액을 계산할 수 없는 경우에 적용되는 추계결정・경정에 관한 규정은 적용하지 않는다. 그 밖에 가산세 및 중소기업 관련규정의 적용기준은 다음과 같다.

1) 가산세

연결모법인은 각 연결법인별로 가산세에 관한 규정을 준용하여 계산한 금액의 합계액을 각 연결사업연도의 소득에 대한 법인세액에 더하여 납부하여야 한다.

2) 중소기업 관련규정의 적용

각 연결사업연도의 소득에 대한 법인세액을 계산할 때 법인세법 및 조세특례제한법의 중소기업에 관한 규정은 연결집단을 하나의 내국법인으로 보아 중소기업에 해당하는 경우에만 적용한다(연결집단 기준으로 적용).

이 경우 연결납세방식을 적용하는 최초의 연결사업연도의 직전 사업연도 당시 중소기업에 해당하는 법인이 연결납세방식을 적용함에 따라 중소기업에 관한 규정을 적용받지 못하게 되는 경우에는 연결납세방식을 적용한 최초 연결사업연도와 그 다음 연결사업연도의 개시일부터 3년 이내에 끝나는 연결사업연도까지는 중소기업에 관한 규정을 적용한다.

찾아보기

『ㄴ』

『ㄷ』

『ㅁ』

『ㅂ』

『ㅅ』

『 ㅇ 』

『ㅌ』

『ㅍ』

『ㅎ』

저자약력

이종태

부산대학교 상과대학 경영학과(경영학 학사)

일본 와세다대학 대학원 상학연구과(상학 석사)

일본 와세다대학 대학원 상학연구과(상학 박사)

미국 University of Illinois at Urbana-Champaign 객원교수

미국 University of Akron 객원교수

세무사시험 출제위원

사법시험 출제위원

현재 경성대학교 상경대학 회계학과 교수

[주요논문 및 저서]

일본의 회계기준 설정주체와 설정과정

파생금융상품의 회계에 관한 연구

벤쳐기업의 회계상 과제

환서태평양 지역에서의 회계기준의 조화

국제회계기준 도입의 문제점 외 논문 다수

최신회계원리(저서, 교육과학사)

회계학과 재무론의 연구방법론(공역, 석정)

법인세법

2019년 3월 20일 1판 1쇄 인쇄
2019년 3월 25일 1판 1쇄 발행

저 자 : 이 종 태
발행자 : 한 정 주
발행처 : 교육과학사

저자와의 협의하에 인지생략

경기도 파주시 광인사길 71
전화 (031)955-6956~8/팩스 (031)955-6037
Home-page : www.kyoyookbook.co.kr
E-mail : kyoyook@chol.com
등록 : 1970년 5월 18일 제2-73호

낙장 · 파본은 교환해 드립니다.
Printed in Korea.

정가 19,000 원
ISBN 978-89-254-1354-9